U0140463

读史有智慧

下

冷成金◎著

贵州出版集团

贵州人民出版社

卷四

法家智慧

最严苛的法家智慧

　　"明主之所导制其臣者，二柄而已矣。二柄者，刑、德也。"法家智慧的核心在于法、术、势。法的实质是强力控制，势的实质是强权威慑，术的实质是权术阴谋。

　　法家智谋是中国智谋型文化中最刻毒、最黑暗的部分，但却是被历代帝王最经常使用的部分。

　　法家智谋虽然没有道家智谋那样有深刻的哲学思想作为基础，但其"法学理论"还是有的。首先，《韩非子》就从人性的角度来论述实行"法制"的必要性。他说："凡治天下，必因人情。人情者，有好恶，故赏罚可用，赏罚可用则禁令可立，而治道具矣。"他还说过："民者，固服于势，寡能怀于义。……民者固服于势，诚易以服人。"这是从根本上来论述法家智谋是适应社会需要的。《韩非子》和《商君书》还从实用的角度来论述实行"法制"的必要性。《韩非子》中说："人臣之于其君，非有骨肉之亲也，缚于势而不得不事也。……万乘之主，千乘之君，后妃夫人，嫡子为太子者，或有欲其君之早死者。"《商君书》中说："怯民使之以刑则勇，勇民使之以赏则死。""仁者能仁于人，而不能使人仁；义者能爱于人，而不能使人爱。""赏多威严，民见战赏之多则忘死，见不战之辱则苦生。"

　　由此可见，法家是从人的本性与社会功用两个方面来建立自己的理论基础的。这是法家之法的法源、法理和法用。

　　然而，法家之法与今天意义上的法律是有本质区别的。**法家之法作为君王牧民的手段，法、术、势都是建立在非正义、非公正、非道德的基础上的。**

在法家那里，没有平等和正义可言："法"的实质是强力控制，"势"的实质是强权威慑，"术"的实质是权术阴谋。这些法律都是直接为维护封建王权服务的。法之为法，就在于它"公之于官府，著之于宪令"，而不在于是否符合道义，更不管是否符合人民的权益。而今天的法律，是由平民通过斗争争取过来的，它的目的在于保护人民的权益，限制特权的存在和发展，进而培养全民的奉公守法的精神。总之，法家之法与现代之法的本质区别就在于平等与不平等。

法家之法的根源在于集权制，因此，它就特别强调"势"。在法家的代表人物中，首先倡导"势"的是慎到。"势"就是绝对的权威，是不必经过任何询问和论证就必须承认和服从的绝对权威。关于这一点，慎到认为要首先在理论和观念上确立，但更重要的是君主要实际掌握住这种绝对的权威。如果做不到这一点，就会出现主帅无谋、大权旁落的局面，最终就会导致政权被颠覆。所以，"势"是"法"的保障。当然，二者还是相辅相成的关系。有"法"无"势"，"法"不得行；有"势"无"法"，君主不安。"法"是可以制订的，但如何才能保证"势"的绝对性，保证"势"不受到削弱呢？这就需要"术"。在法家的代表人物中，申不害是最强调"术"的，在他看来，"术"这一手段，实际上比"势"这一目的还重要。"术"就是统治、防备、监督和刺探臣下以及百姓的隐秘的具体权术和方法。这些"术"有的已经公开化、制度化，那么在这个意义上，它也是"法"的一部分。"术"的意义是十分明显的，没有"术"就没有"法"，但没有"法"又无法保证"术"。所以，归根到底，"术"还是十分重要的。中国古代的"法制"最发达的地方就在于"法"与"术"联手创造的御臣、牧民的法术系统。

如果我们认真地读一读韩非、管仲、商鞅等法家代表人物的著作，恐怕会有心惊胆寒的感觉。他们这哪里是在对待人？如果被这样系统、严格、刻毒的方法来驾驭和训练，就是野兽恐怕也会乖乖地俯首听命。我们在这里仅能对这个庞大的系统作简要的介绍。

在法家看来，要想让君主接受自己的建议，就必须解决这样一个前提条件，那就是要首先使君主把自己控制住，否则，那就有篡权乱国的嫌疑了。所以，第一个问题就是如何御臣。在论述君臣关系时，法家认为，君臣关系是对立的，君于臣绝不能以仁、义、忠、信来维系。"爱臣太亲，必危其身，人臣太贵，必易主位。"由于其间的利害关系，不仅道德、情感靠不住，即使是君王的亲生骨肉也同样靠不住，夫妻子女的关系都靠不住。以此类推，可以说一切关系都靠不住。因此，君王应对包括自己的妻子儿女在内的所有人，都只以利害关系为准。

在这样的基础上，《管子》提出了用臣"八策"：一、"予而夺之"；二、"使而辍之"；三、"徒以而富之"；四、"父（斧）系而伏之"；五、"予虚爵而骄之"；六、"收其春秋之时而消之"；七、"有集礼我而居之"；八、"时举其强者以誉之，强而可使服事"。韩非的"结智之法"是：一、"一听而公会"；二、"自取一，则毋堕壑之累"；三、"使之讽，讽定而怒"；四、"言陈之日，必有策籍"。

根据《韩非子》所言，可以总结出御臣的三大策略：一、独断独揽；二、深藏不露；三、参验考察。独揽是指人君权柄独揽，绝不允许有任何分权的现象。臣下可以向君进谏，但没有任何做出决定的权力。君主一旦做出决定，臣下就必须无条件地执行。独断独揽是法家强调的"势"的核心，具体内容包括制定法律必须独断，刑赏之决必须独断，政令之决必须独断，设谋定计必须独断。深藏不露也十分重要。它是关涉君王权势、塞奸、听言等诸多方面的实现的可能问题，要求人主将自己的看法、喜怒深藏起来，使臣下完全不知君心，人主要尽可能藏形，其日常生活、饮食起居完全与臣下隔绝。这样一来，臣下就无法琢磨君主的心理，就不能使奸，只能竭忠尽智。参验考查术也是很有用处的，具体说来就是通过各种方法来调查、考察臣下的过去和现在的表现，分析其性格特征和心理，预测其未来。而这些往往是在秘密状态下进行的，臣下也必须无条件地配合。《韩非子》中列出的考察术就有十四项之多，这里就不一一介绍了。

法家之法术实有令人举不胜举之感。《韩非子》认为统治国家在于刑、德之"二柄"。其实，纵观法家之法术，又何尝有半点儿德的影子。

法家直接的现实社会效用使各国的君主对其青睐有加，尤其是在蓄谋统一中国的秦国。当秦王嬴政读到《韩非子》时，曾经十分感叹地说："若是能见到此人就好了！"足见他对法家之术的向往。秦国也确实是靠"法制"而逐步强大并最后统一全国的。然而其兴也快，其亡也速。法之一维，是不足以长久立国的。

法家对中国文化和政治的负面影响是巨大的。因为它坚决地主张封建集权制，甚至主张暴君政治，这在政治和文化上都是对自由的、富有新鲜活力的思想和行动的残酷压制。在数千年的封建社会中，许多帝王标榜自己愿意做尧舜之君，但实际情况是，上焉者尚且王霸杂之，中焉者外儒内法，下焉者就不堪闻问了。

"始作俑者，其无后乎？"当年，法家的代表人物制定了这些刻毒的法律，出了这些阴毒的谋计，这些人大多都没有好下场。君不见商鞅被车裂、韩非被鸩、李斯被腰斩族灭！

当然，法家智谋也不是毫无可取之处的。有时候，其"术"的一面也曾对维系民族稳定起到了一定的作用。现在，如果把法家维护封建集权制的法律本质置换掉，其"术"的一面十分符合中国的国情，确实有值得借鉴的地方。

流氓无赖何以得天下

在中国古代史上，似乎只有流氓和豪强才能做开国皇帝，何也？盖因流氓无顾忌而豪强有势力也！

如果认真算起来，这样的例子是不胜枚举的，但最典型的还是汉朝的开国皇帝刘邦。刘邦是个流氓，绝不是今人的定论，西汉初年的大史学家司马迁就已经为他"定性"。

刘邦之为流氓，可谓铁证如山。据说，刘邦是他的母亲与神龙交合而生，生有异秉，其父知道他不同凡响，就为他取名邦。但等长大以后，这位"龙子龙孙"却品行不端，不喜务农，整日游手好闲。哥、嫂不愿与其同过，刘邦的父亲只好把长子一家分出另过，刘邦仍随父母居住。刘邦长到弱冠之年，仍是不改旧性，父亲就斥责他说："你真是个无赖，什么时候才能像你哥哥一样买地置房？"刘邦并未觉悟，还是经常带着一伙狐朋狗友到哥哥家白吃。嫂子被吃急了，就厉声斥责，刘邦也不以为意。一次，刘邦一伙又赖在哥哥家蹭饭，嫂子急中生智，用勺子用力刮锅，弄出了震天的响声。刘邦一听，以为饭已吃完，自叹来迟，只好请朋友回去。等他送走朋友，回头到厨房一看，锅灶上正热气腾腾。刘邦这才知长嫂使诈，受了刺激，从此不再回来。

楚、汉相争之时，刘邦曾经兵败彭城，自己只身逃走，两个孩子也被冲散，其后又在逃难人群中被发现。但楚军紧追，刘邦急于逃命，嫌车重太慢，竟将两个孩子推下车去。部将夏侯婴看见，急忙把孩子放回车中，如此反复了三次。刘邦说："我如此危急，难道还要收管两个孩子，自丧性命吗？"夏侯婴反驳说："这是大王的亲骨肉，怎么能舍弃？"刘邦竟然舍人救己，拔剑就砍夏侯婴。夏侯婴无奈，再也不敢把孩子放在车上，只能挟在腋下逃跑。俗语谓虎毒不食子，也许因为刘邦非虎而龙，也就顾不得这条古训了。

楚、汉两军对峙时，项羽曾把刘邦的父亲捉到军中，想以此要挟刘邦。此举虽不太正大光明，但两军对垒，似乎也情有可原。一次，项羽把刘邦的父亲推到阵前说："你若不撤兵，我就把你的父亲烹了。"两军将士本以为刘邦会十分为难，情感也都倾向刘邦这一边。谁知大家是以君子之心度小人之腹了，刘邦根本就不在乎，竟然毫不犹豫地回答道："我们俩曾经结拜为兄弟，我爸爸就是你爸爸，你若把你爸爸煮了来吃，请把肉汤分一杯给我喝（分我一杯羹）。"面对这样的无赖，项羽能有什么办法呢？只得把刘邦的父亲放了。

刘邦最后据有天下，建立了汉朝。在一次群臣毕集的庆功会上，刘邦想起父亲当年指责他不如哥哥的话，一时气愤起来，居然当着群臣的面觍着脸向父亲问道："爸爸您看，我和哥哥相比，谁的产业更多呢？"父亲见他一副小人得志的样子，气得哼了一声，转身走入殿内。

刘邦历来轻视乃至侮辱儒生，更显出了他的流氓本色。书生郦食其的邻居是刘邦的卫士，郦食其要见刘邦，这个卫士对他说："大王并不喜欢儒生，许多头戴儒生帽子的人来见他，他就当众把他们的帽子摘下来，往里边撒尿。在和人谈话的时候，动不动就破口大骂。"如此看来，刘邦是不能"礼贤下士"的了。

以刘邦之德，何以偏偏能成就汉朝大业？如果将项羽和他相比，或许可以悟出一番道理。在秦始皇东游时，刘邦和项羽都见到了秦始皇的车马仪仗，那种威武雄壮的气势确实令人震惊。项羽看到这些，豪兴大发，高喊"彼当取而代之"，豪放直爽的气派跃然而出，但刘邦发出的叹息则是"大丈夫当如是"，其艳羡阴妒之情溢于言表。在后来的战争中，项羽勇猛善战，无人能敌，性格也直爽豪阔，塑造了西楚霸王这一令人敬畏的形象。但他又多妇人之仁，士兵有病，他垂泪，分自己的食物给人，却舍不得封官设将，把刻好的官印玩没了棱角还舍不得授印；对于贤士，更是有一范增而不能用，不败而何？

刘邦却正相反，虽不善带兵打仗，却能从善如流。在攻克咸阳后，刘邦进入秦宫，见到秦朝壮丽的宫殿、豪华的摆设和如云的美女，早已花了眼，哪里还想出来？樊哙突然闯进去吼道："你是想做个富家翁，还是想据有天下？"刘邦像傻了一样，没有反应，樊哙又厉声斥责说："秦宫奢丽，正是败亡的根本，请您立即还军霸上！"刘邦竟然显出了其无赖的本色，央求樊哙说："我觉得困倦，你就让我在这里歇一宿吧！"樊哙见自己说不动刘邦，只好出去找来了张良，刘邦架不住张良深明大义而又百折不挠的劝说，才出了秦宫。

曹操曾说："乱世用其才，治世用其德。"在用人方面，刘邦确有过人之处。开国之初，刘邦曾和韩信等群臣议论过各位将领的才能。刘邦问韩信说："你看我能不能统率百万大军呢？"韩信说："不能。"刘邦又问："能否统率十万军队呢？"韩信说："不能。"刘邦生气地说："依你说，我能带多少兵？"韩信说："能带一万就不错了！"刘邦反问道："那么，你能带多少兵呢？"韩信毫不客气地回答说："至于我嘛，越多越好。"刘邦既不解又气愤地问："既然这样，为什么我做皇帝，你只能做将军呢？"韩信回答说："陛下虽不善将兵，却善将将。"

刘邦也曾自己总结说：运筹帷幄，决胜千里，不如张良；输粮草，保供给，治国安民，不如萧何；亲临前线，挥兵杀敌，不如韩信；但自己的长处就在于善于"将将"。

在治国方略上也是如此。书生陆贾在刘邦面前谈论《诗经》《尚书》等儒家经典，刘邦很不高兴，大骂说："乃公居马上而得之，安事《诗》《书》！"陆贾"犯颜直谏"："居马上得之，宁可以马上治之乎？"刘邦居然醒悟，对陆贾说："那就请您总结秦朝失天下的教训和我得天下原因。"这样，陆贾奉旨写了《新语》。

流氓无赖何以得天下？得人才者得天下！德之为用，过于迂远，术之为用，则立竿见影。因而，救急之道，重术而轻德。只要用术得"道"，即可为天下之主。讲到这里，还能说什么呢？只能"读书人一声长叹"！

中国的"法"

依法治国乃至以法立国是我们十分向往的事情，似乎古今中外都是这样。然而，奇怪的是，中国古代的法家思想既然极为发达，我们为什么就一直不能依法治国呢？下面这则故事也许对我们理解这个问题有一些帮助。

有一次，秦襄王病了。一些百姓听说后，便祈祷神灵，想让襄王早些恢复健康。这确实是百姓对国君敬爱的表现。后来，他们知道秦襄王病愈，就又杀牛宰羊，祭祀神灵，表示感谢。

秦国的郎中阎遏、公孙衍外出，见百姓杀牛祭祀，深感奇怪，就问："现在既不是社日，也不是腊日，你们为何杀牛祭神？"

百姓们说："听说国君病了，我们为他祈祷，如今国君病好了，我们杀牛感谢神灵保佑。"

阎遏、公孙衍听说后，既吃惊又高兴，想向秦王邀上一功。于是，他俩赶紧回到宫里，向秦襄王道贺，说："恭喜大王，您在国中的德行应该是超过古代贤君尧、舜了。"秦襄王不解地问："此话何意？"阎遏、公孙衍说："尧、舜之时，也从未听说有百姓为他的健康长寿而祈祷。如今，您有病而百姓为您祈祷，您病愈百姓为您杀牛祭祀，感谢神灵，这是自古未有的事。所以，我们认为您的功德高于尧、舜。"

秦襄王听了这番话，想了一想，便问是什么地方的百姓这么干的。二人还以为国君要感谢那些百姓，便详细地说明了情况。秦襄王问明以后，便对那里的地方官及百姓进行了责罚。阎遏、公孙衍见此，虽然觉得莫名其妙，但也吓得不敢多问。

几个月以后，在一次宴会上，阎遏、公孙衍见秦襄王高兴，才敢趁机问道："臣下前些日子认为大王德超尧舜，并非阿谀奉承之言。尧舜病，未见民为之祈祷。如今大王有病，民为您杀牛祈祷。可您听说后，不但不喜，反而对百姓进行责罚，这是为什么呢？"

秦襄王说："你们应该知道这其中的缘故。老百姓之所以为我所用，不是因为我爱他们，而是因为他们惧怕我的权势，是因为我使用权势让他们服从我。如今，他们因我病而为我杀牛祈祷，说明我已经放弃了权势而与他们讲仁爱了，其实这样很危险。如果真是这样的话，一旦我对他们不爱了，他们就会不被我所用。所以我要责罚他们，以绝爱民之道，立法势的权威。"

真乃一语道破天机。原来，中国古代的法治思想并不是为了建立良好的社会秩序，以维护人民的利益、社会的稳定和发展，而是为了建立孤家寡人的绝对权威，为了任意地役使和屠宰人民。所以，尽管中国古代的法家思想已经发展到了无所不用其极的地步，但就是无法建立法制的国家。其实，道理再简单不过了，法家思想就是君主集权的思想，法家思想越发达，君主专制也就越发达，而现代意义上的民主与法治的思想也就越难建立起来。

不过，"坑灰未冷山东乱，刘项原来不读书"。秦国"依法治国"，最终也是因为使用严刑峻法而迅速地亡国。极端的集权就失去了民主，人民不敢说话了就失去了舆论导向，没有舆论导向，社会就会失去正确的发展方向。因此，不是读书和自由使国家灭亡，相反，**正是压制思想和自由才使国家灭亡。**秦朝焚书坑儒和极度集权的教训犹未过时。

（参见《韩非子》等）

诸葛亮的悲剧

杜甫有一首名诗《蜀相》，尾联尤为著名："出师未捷身先死，长使英雄泪满襟。"说的就是诸葛亮功败垂成的悲剧。然而，诸葛亮的真正悲剧似乎并不在此。

历史上的诸葛亮和《三国演义》中的诸葛亮已经合二为一，在人们的心目已经没有必要加以区分。文即史，史即文，文史不分，似乎已在中国人的心中牢牢扎根。总之，诸葛亮无论是作为历史人物还是文学形象，其贤相楷模的定论似乎是千古不易的。作为道德人格，他确实有不可否定之处。然而，作为一个政治家，他做得是否成功，却颇有值得商榷的地方。

诸葛亮最大的悲剧在于后继无人。俗话说"蜀中无大将，廖化作先锋"，可谓一语道尽了诸葛亮身后的凄凉境况。

遥想当年，诸葛亮六出祁山，胸怀凌云壮志，手下猛将如云，虽然没有达到预期的目的，但其情势至今犹动人心魄。

然而，也就是在这个时期，人才匮乏的问题已经开始暴露了，蜀国灭亡的先兆也开始显露。

三国后期，"五虎大将"已相继去世。等到廖化出台，诸葛亮治下的西蜀已如强弩之末，没有可以拿得出手的将领了。诸葛亮一生追随刘备，可谓言听计从，无所不依，但从建安十二年（207年）隆中决策，到建兴十二年（234年）病逝五丈原，长达二十七年，居然没有找到，也没有培养出一个接班人，这不能不说是一个巨大的失误。直到临死的那天夜里，他才哀叹自己平生所学的兵书，遍观诸人，无可传授者，于是退而求其次，勉勉强强地传给了姜维。

然而，姜维其德可嘉，其才却远不如诸葛亮，虽有丞相之心，却无丞相之才，再加上此一时彼一时，正所谓大厦将倾，独木难支。姜维数次北伐，皆无功而返，至于最后试图以假降来保全西蜀，实在是让人感喟莫名了。

其实，廖化并不是个一无是处的平庸将领，相对于姜维，他颇有些务实的态度。对于姜维的三番五次的无效进攻，他有着清醒的认识："兵不战必自焚，说的就是姜伯约（姜维）这种情况啊！智谋压不过敌人而力量又小于敌人，还要频繁出战，怎会不败呢？"廖化的评断，不仅指出了姜维的弱点，也映衬出了诸葛亮的不足。

诸葛亮的务虚不务实，早就在许多地方表现出来了。刘备临终之前特意告诉他马谡"言过其实，不可大用"，但他偏偏和马谡这样的人谈得来，其结果是失了街亭，葬送了一次东征，马谡也因此丢了性命。可是，诸葛亮在"挥泪"之时，只是自责用人不当，何尝对自己的性格作过深层的反思？

当其隆中"三分天下"之时，何其雄阔。然而，当其五丈原上遍视左右，无人可托时，又是何等的凄凉！诸葛亮秋巡五丈原，自觉凉风刺骨，不久于人世，不自觉地发出"悠悠苍天，曷其此极"的慨叹时，他可曾想到这一点？

对于诸葛亮，历史的评价与道德的评价往往是大相径庭。崔浩在《典论》中这样评价道：在九州鼎沸之际，英雄奋发之时，诸葛亮与刘备君臣相得，鱼水为喻。而不能与曹氏争天下，委弃荆州，退入巴蜀，诱夺刘璋，伪连孙氏，守穷崎岖之地，僭号边鄙之间。只可以说他像汉朝偏安一隅的赵佗，怎能与汉初的丞相萧何、曹参相比呢？

杜甫说："三顾频烦天下计，两朝开济老臣心。"对诸葛亮表现出了毫无保留的赞扬与同情。然而，当我们用道德的眼光来评价一切的时候，哪里还看得到历史呢？实际上，这种评价标准的背后，就隐藏着深刻的悲剧。

（参见《三国志》《三国志注》《三国演义》等）

"法家"的结局

在中国古代社会里，改革者似乎总没有好下场。这无论从政治的角度还是从人情的角度似乎都说不过去，然而，这又确实是铁打的历史事实。

何以会如此呢？有些人把古代中国难行改革的原因归结为老百姓不愿改革，其实这很不公平。古代中国的改革，历来跟老百姓没有什么关系。这倒不是说改革不涉及百姓，而是说改革实在都是上层社会的事，与百姓的关系不大。"民可使由之，不可使知之。"历来是统治者对待百姓的态度。

中国的改革往往是由当权者首先推行的，同样，也是由当权者首先阻止的。这种自上而下的改革，不管老百姓是否愿意，不管是否给老百姓带来了好处，老百姓都要被动执行。当然，好的改革措施会受到百姓的欢迎，坏的改革措施会受到百姓的抵制，但无论如何，百姓的好恶很难影响到统治集团的态度。改革的失败，往往源自封建统治集团内部的权、利之争。

中国最大的改革家之一的商鞅就是这样的。

商鞅是卫国人，起先在魏国做小官，魏惠王没有重视他，他听说秦国招纳人才，就跑到了秦国。

秦国是一个很奇特的国家。它远处西北边陲，本来很小，名不载诸侯之籍，但它总是从其他诸侯国招纳人才，利用这些人才使自己的国家一步步地强大起来。在秦国历史上，没有任何一次重大的历史发展是由秦国本国的人才推动实行的。秦国的这种开放的态度以及君主的进取精神，终于使秦国吞并了六国，统一了中国。

但在秦孝公这一代，秦国还不算很强大，东邻魏国就常欺负它，侵占了它的很多土地。秦孝公想使秦国迅速强大起来，就发布了一道命令，要招贤纳士。凡能使秦国强大的人，封高官，赏土地。

商鞅好刑名之学，属于法家一派，他琢磨着秦国只有用法治才能迅速富强起来，自己到那里可能有用武之地，于是跑去见秦孝公。他为了弄清秦孝公的真实心理，不敢一见面就表明自己的真实想法，而是先试探性地进行交谈。前两次，商鞅给秦孝公谈儒家的帝王之道，结果秦孝公大感厌烦，昏昏欲睡。这样，商鞅就弄明白了秦孝公是要以法兴国，于是，在第三次会谈时，他抛出了自己的真实想法：变法。这一下子把秦孝公抓住了，两人谈了三天三夜也不觉疲劳。

秦孝公当即任命他为主管变法的官员，进行变法。

商鞅为了取信于民，先耍了一点儿小手腕。他在国都南门外立了一根大木，下令说："谁若把这根大木扛到北门去，就赏他五十金。"那木头以中人之力就可搬动，而五十金之赏却非常之多。时人以为有诈，不敢搬运。后有一个粗鲁人见赏金很多，就将大木扛到了北门，结果真的得到了五十金的赏金。商鞅借此在民众中树立了威信。

接下来，商鞅分别在秦孝公六年（公元前356年）和秦孝公十二年（公元前350年）实行了两次变法，内容包括：

一、编订户籍，实行"连坐"。五家为"伍"，十家为"什"，一家犯法，其他家须告发，否则同罪。

二、奖军功，禁私斗。凡有军功者，不论其出身贵贱、职位高低，均可按功升官，按功分封土地。各城邑之间不得相互械斗，违者以严刑处罚。

三、奖耕织，鼓励发展农业，增加人口。凡种地收产多者，可获奖励，反之，则抄没其家，罚作官奴。

四、轻罪重罚。如把灰倒在道上，就要在面上刺字涂墨。

五、实行县制，集中中央的权力。

六、承认土地私有，鼓励开荒。

七、统一度、量、衡，以便加强统一管理，集中财富。

在这些变法措施中，有两条极其重要：一是军功无等级，使秦国军队的战斗力大大增强；二是承认土地私有，使秦国的经济得到快速发展。商鞅变法后的秦国，迅速成为诸侯国中最强大的国家之一。

秦孝公二十二年（公元前 340 年），秦国向魏国发动战争，在商鞅的策划之下，秦国大败魏国，收回了黄河以西的失地。商鞅因大功被封于商地，领有十五座城邑，号为商君。

商鞅变法除了法令过于苛刻之外，基本上是符合百姓利益的，所以百姓并不反对商鞅。商鞅之败，在于秦廷内部的权、利之争。

变法之初，就有许多旧贵族激烈反对。原因很简单，其中的一些条令损害了旧贵族的利益，关键的还是那两条：军功无等级和土地私有。但因秦孝公的支持，他们还不敢怎么着。秦孝公死后，秦惠文王即位，旧贵族势力就诬告商鞅谋反，秦惠文王下令逮捕了他。

商鞅在秦国根本无容身之地，为什么呢？因为商君之法规定，住店要有证件，而作为潜逃之人的商鞅哪里有证件？只好跑到魏国。魏国人要杀他，他又只好跑回自己的封地，在封地组织了一支军队，抵抗旧贵族前来逮捕他的军队。由于寡不敌众，兵败被擒。

商鞅最终遭受的刑罚是"车裂"，即把他的四肢系在马车之上，让马车把他的躯体生生地撕开。其刑罚之残酷，令人发指。

商鞅虽死，其法还在。秦国并未因此衰落下去，而是一直沿用商鞅之法，不断发展起来，在一百余年之后统一了中国。

宋朝的王安石变法虽无商鞅变法之激烈，结局也比商鞅好得多，但似乎更有意味。

先说其法反复以及新、旧两党的交替罢黜任免。王安石在宋神宗熙宁年间提出并推行了一些变法措施，诸如在青苗农贷、农田水利、省兵置将以及向中央集中财力等方面有所变革。这些措施确实是根据宋朝当时的社会积弊而提出的，其用意和动机无疑是良好的。实施的效果虽不能尽如人意，但毕竟有一些积极的成果。然而在朝廷内部，特别是一帮大臣之间，围绕新法形成了主张变法的王安石的新党和反对变法的司马光的旧党，两党展开了长期而又激烈的斗争。

这两党交锋了好几个回合，一会儿新党上台，贬斥旧党，一会儿旧党上台，抑制新党，再加上势利小人投机钻营，使得新、旧党斗争几乎完全变成以废、立新法为幌子来进行争权夺利的斗争。尤其是新党中的章惇等人，更是残酷迫害司马光的旧党一派，好多人被流放贬斥至死。事情到了这一地步，至于新法真正的利弊得失，哪里还有人去考虑。

新法时兴时废，完全成了党派权、利之争的借口和由头，已无什么实际意义。最后，新法还是被完全废除。早在新法被完全废除以前，王安石就被弃隐居了。他还算是幸运的，没有遭受太大的人身迫害，得尽天年。

但问题是后人对王安石的看法。平心而论，王安石实在是一位政治家、改革家和一位正直而十分有学问的大臣，但后人对他的评价实在令人感到心寒。且不说无聊之人作了一篇《拗相公饮恨半山堂》，被收在"三言二拍"之中，把王安石骂了个狗血喷头，糟蹋得不成样子，就是王安石以后的许多正直、有修养、有学问的大臣也没有人说他是个好人，几乎众口一词地说王安石变法是宋朝的一次灾难，是上天灾异的显现。王安石的新法像任何新生的东西一样，必然有许多不尽合理的地方，但何至于连人带法一起否定呢？尤其是对他的人格的侮辱，实在有些过分！

由王安石变法而引起的党争是非常能说明变法的特点的，那就是中国的变法绝非坏在老百姓的手里，宫廷内部的争权夺利才是使变法夭折的主要原因。

历史上还有许多改革家的命运也是一样，这里就不一一陈述。

如此看来，中国的改革就像一个祭坛，而改革家则是这个祭坛上的祭品。这个祭坛因充满了悲剧色彩而变得异常凄壮。如何使这个祭坛变得崇高起来，也许是今人需要思考的问题。

（参见《史记》《资治通鉴》《宋史》等）

再为曹操"翻案"

忠奸自古就有别。毫无疑问，照一般人看来，《三国演义》中的诸葛亮是忠臣，曹操是奸臣。千百年来，这似乎已成铁案，可很少有人会认真地想一想，他们忠在何处，奸在何处？

历史上曹操因讨伐奸臣董卓起家，没想到反而"以奸易奸"，除掉董卓后，他反被人看作奸臣。在伐董卓时，他是汉朝的忠臣义士，在灭董卓后，他弄权自重，目无天子，欺压群臣，其奸邪比董卓有过之而无不及。更有甚者，其子曹丕自称皇帝，以魏代汉，追谥曹操为魏武帝，那就更不用说了。

至于诸葛亮，则是大大的忠臣，其主刘备是汉室宗亲，更兼仁德宽厚，天下归心，在曹丕称帝后，刘备也做了蜀汉皇帝，俨然以汉室的继承者自居。忠于刘备，也就是忠于汉朝，无论从哪一个方面讲，诸葛亮是忠臣，是无可争辩的了。

其实呢，人的思维有时是很奇怪的，曹操不忠于汉室就是奸臣，那么，商汤反夏算不算奸臣？周武王伐殷算不算奸臣？唐高祖李渊起兵反隋算不算奸臣？赵匡胤搞兵变夺了后周孤儿寡母的政权算不算奸臣？如此算来，中国历史上几乎有一半朝代为当朝的臣子从主人手里夺过来的，这些人算不算奸臣呢？好像从未听到过谁有闲情逸致来议论过这个问题。这就是了，改朝换代原是正常的事，君主是否该杀，臣子是否可以造反，都要依具体情况而定。孟子在评论武王杀纣王时说："闻诛一夫纣矣，未闻弑君也。"孟子把纣王看成是残暴的独夫民贼，臣下杀了他，只是杀了一个有罪的人，不能算是犯上作乱。孟子的这个观点，在今天看来，也还是有进步意义的。

曹操要结束军阀混战的局面，统一中国，有什么不好呢？然而，人们还是找出种种理由来说曹操是奸臣，是乱臣贼子，这其实很不公平。说曹操目无天子，实在是因为天子懦弱无能，汉献帝虽还称不上是暴君，但也不能领导群臣，不能安邦定国，这样的君主是否该换一换呢？说曹操欺凌群臣，那么，群臣之中，有谁有能力、有志气统一中国呢？曹操曾说："设使天下无有孤，不知几人称帝，几人称王！"此话虽然不甚谦虚，倒确实一语中的。《三国演义》把汉献帝及其群臣描写成了弱者，同情心使我们自然而然地站到了弱者的一边，从而憎恶曹操。这实际上是不敢正视现实，在不知不觉中把自己变成了弱者，民族精神也由此变得虚弱起来。在这种现象的背后，其实掩藏着一种懦弱的心理：没有进步的信心，没有正视现实的勇气，只希望得到廉价的同情。

"皇天无亲，唯德是辅。"天下无主，唯有德者居之。曹操历来被描绘成一个以奸术治人的无德之人，但令人感到不解的是，曹操既然无德，其手下怎能谋臣如林、猛将如云呢？一个寡恩薄义之人反能收天下英雄于其麾下，天下英雄岂不是不可理喻了吗？说到底，并非曹操无德，而是我们不喜欢曹操之"术"罢了。

在这一点上，如果把曹操同诸葛亮相比，真是相映成趣。诸葛亮可谓文韬武略均超出曹操许多，但有一样，曹操有人，而诸葛亮无人。诸葛亮事必躬亲，每战必到，如不亲自设谋定计，恐怕就有败北的危险。诸葛亮手下，充其量也就是"五虎大将"，而曹操的手下，能独当一面的将领、谋士不下数十人，众寡悬殊，由此可见。诸葛亮之后只有姜维，姜维还是魏国降将，姜维麾下就更无人才了，所谓"蜀中无大将，廖化作先锋"，真是说透了这一点。姜维虽能竭忠尽智，怎奈孤掌难鸣，处处缚手缚脚，其结局是可想而知的。

曹操用人就大不相同了，其后的司马懿，其才智应说不在曹操、诸葛亮之下，终于在其后代手里灭蜀吞吴，统一了中国。在能否得人用人这点上，诸葛亮与曹操相去甚远。

当然，这还不是关键，据说，曹操之"奸"，在于他奉行了错误的思想、路线和方针。刘备在比较自己与曹操的不同时说："操以急，吾以宽；操以暴，吾以仁；操以谲，吾以忠。"《三国演义》就是按照这一模式来塑造了曹操和刘备的，读者也普遍接受了这一观点。世人皆谓曹操只求功利，以法术治人，有法家的阴险刻毒；刘备则爱民如子，不计得失，有儒家的慈母情怀。然而，我们是否想过，在喜欢刘备的潜意识里，是不是隐藏着一种深深的依赖、懒惰和畏惧外在世界的心理呢？是不是希望刘备式的明君如父母一般呵护我们，替我们包办一切呢？其实，当我们被人"做主"的时候，我们已经变成了奴隶。

所以，我们喜欢刘备，实在是因为我们想在他那里找到"安乐窝"；不喜欢曹操，其主要根源就在于害怕他惯于实行的"责任制"。我们可以在《三国演义》中找出千条万条理由来为自己辩护，把自己打扮成"正人君子"，难道就真的没有一丁点儿的上述心理吗？

因此，曹操之奸，并非真奸，尤其不能和历史上的奸臣相提并论。你硬要说他奸，那也是"奸"之有道，"奸"之有术，"奸"之有方。说他是"英雄"也好，"奸雄"也罢，曹操给人的感觉只是"畏"和"服"，却很少让人憎恶，这就足以说明问题了。

（参见《三国志》等）

温柔乡是英雄冢

中国有一句古语，叫作"温柔乡是英雄冢"。的确，中国人是十分注重世俗的幸福的，因为他们一向没有超越的价值观念，一旦有了世俗的幸福，就往往容易意志消沉。而且，少壮做英雄梦，垂老归温柔乡，一直是中国人理想的人生方式，因此，中国人往往在世俗的幸福中消解了悲剧意识，也消残了壮志。春秋五霸之一的晋文公，就曾经有过这样的经历，如果没有妻子和臣下的强制，也许他到老也不过是一介流落他乡的寓公而已。

春秋时期，晋献公的宠妾骊姬为使自己的亲生儿子奚齐被立为太子，就诬陷太子申生企图用毒药毒死国君，并说公子重耳是申生的同谋。结果，申生在自己的封地曲沃自杀，重耳逃出晋国，在外国过着流亡生活。

重耳一行来到齐国，齐桓公热情接待他，并为他娶妻姜氏，送了他八十匹马。在此之前，重耳曾在狄国、卫国等地流亡十多年，遇到无数次有礼或无礼的待遇，挨过饿，向乡下人讨过饭，吃了许多苦。来到齐国，受到这样好的招待，重耳迷恋上了安逸的生活，从此不思进取，甚至不想回国复位。跟随重耳流亡的大臣们都是晋国的贵族，他们不安于流亡生活，时时都想着回到晋国，恢复往日的地位。他们追随重耳，是因为看到重耳有志向、有抱负、有作为，希望有一天辅佐他登上晋君之位，自己也好得到应有的对待。如今，看到重耳变成这个样子，他们心里很着急，于是在桑园里聚集，商量着怎样使公子重耳离开齐国。

不料，姜氏家中一个养蚕的侍女正在桑树上采桑叶，重耳随从们在树下所说的话全都被她听到了。侍女连忙回到家里，将这件事告诉了姜氏。姜氏是一个十分有志向的人，正对重耳意志消沉、不思进取的状态十分担心，她希望丈夫将来有所作为。为了不走漏风声，她就杀掉那个侍女，然后对重耳说："您是一个有远大志向的人，难道不想回国了吗？"重耳不知她的意思，以为是在考察他，就急忙表示愿意与姜氏长期厮守。

姜氏说："您的随从们一天也没忘记回国，刚才他们还聚在一起商议着如何帮您离开齐国呢！"重耳大惊，忙问："你听谁说的？"姜氏笑了笑，说："我听采桑侍女说的。别怕，我已经把她杀掉了。"重耳摇了摇头，说："没有的事。"姜氏又劝道："快走吧，男子汉应该有远大志向。留恋妻子，贪图安逸，确实不是有出息的人所为。"重耳还是不肯。

重耳手下有个谋臣，叫子犯，是重耳的舅舅，十分有决断，姜氏就和他商量。二人定计将重耳灌醉，然后把他抬上车，由众随从护送，乘着夜色，离开了齐国。等到重耳酒醒时，一行人早已出了齐国边境。

重耳是靠别人的帮助才闯过了温柔乡这一关的。当然，在中国历史上，能够清醒而又自觉地远离温柔乡的人也不少。唐朝的名将李光颜就是其中的一个。

唐宪宗元和十年（815年），蔡州刺史吴元济叛乱，放纵兵马侵扰劫掠，到了东都洛阳周围的地区。宪宗颁诏削夺了吴元济的官职与爵位，命令宣武等十六道进军讨伐吴元济。忠武节度使李光颜也奉命参加讨伐，并在征战中屡立战功。当时军阀混战，作为淮西诸军都统的韩弘，很想借着这次征讨吴元济来扩大自己的势力和地盘。韩弘早在宪宗元和十年正月被皇上加封为守司徒，镇守宣武。他仗恃着军队的力量，自以为很了不起，十多年不肯入京朝见，朝廷也就不把他当作忠诚笃厚的臣下对待。给他加封官职，目的是要借助他所据有的有利地理形势去扼制吴元济。

韩弘实际上也明白朝廷的用意，于是暗中极力扩充地盘，培植亲信，并且不急于平定淮西，想把这次平叛作为捞取资本和向朝廷讨价还价的条件。

在诸位将领中，韩弘看到李光颜作战最为出力并且屡建战功，认为他是个很有前途的将才，很想收买他。那么，用什么办法才能博取李光颜的欢心，而使他归顺自己呢？韩弘反复思量着。这时有部下献计道："自古英雄爱美人，何不如法炮制？"韩弘觉得这个建议十分有道理，就欣然采纳。于是，韩弘从大梁城中寻得一位漂亮女子，教给她唱歌跳舞、弹奏乐器、待人接物的礼数，并用价值百万的珠宝玉石、金银翡翠将她打扮起来，派遣使者将她赠送给李光颜。

使者首先将韩弘的书信交给李光颜，此时李光颜正在帐中宴请将士。使者将歌妓进献上来时，看到歌妓的容貌姿色冠绝当代，满座将士都惊呆了。李光颜在看完书信和美女之后，沉思良久，告诉使者说："韩相公同情我客居他乡，赐给我漂亮的歌妓，这份恩德诚然深厚，但是，我这里有数万将士，都是丢下家庭、别妻离子远道而来的，他们不顾生死，奋勇拼杀，难道我能够忍心单独以娇声美色娱乐自己吗？"说着，他流下了眼泪，在座诸将也因有这样的统帅感激落泪。李光颜当即在席上赠给使者许多缯帛，并连同歌妓让使者带了回去，还说："替我多谢韩相公。我已决心为国效命，立誓不肯与忤逆的贼人共同于世，就是死了，也不会有二心！"众将士听了李光颜的话，都十分敬佩他，并宣誓永远追随他，为国家效力，早日平定叛乱。

使者回去以后，将出使的前前后后如实禀报给韩弘。韩弘十分羞愧，从此更加看重他了。

《三国演义》中，周瑜与诸葛亮较量总以失败告终，尤其是用美人计来笼络刘备，人人都以为是贻笑千古的愚蠢之举，所以才有了"周郎妙计安天下，赔了夫人又折兵"的说法。殊不知，这套做法在中国历史上往往会取得成功，有时还能起到不可替代的作用。**实际上，周瑜的计策是十分高明的，因为这十分符合中国人的文化心理，只是遇上了诸葛亮和刘备这样的特殊对象，才告失败罢了。然而，这并不能改变中国人的"温柔乡是英雄冢"的文化心理。看来，中国人要想做出一番事业，也许一定要付出一些特殊的痛苦代价。**

（参见《左传》《十六国春秋》等）

无情最是帝王家

所谓"高处不胜寒""无情最是帝王家"，这些话确实道出了封建官场，尤其是帝王之家的无情。人伦之中，夫妇、父子、母子之情最为重要，但偏偏就在这些方面，封建官场与帝王之家显出其无情本色。

按照中国的传统观念，"糟糠之妻不下堂，贫贱之交不能忘"。吕雉与刘邦既是结发夫妻，又是患难夫妻，即使刘邦当了皇帝，吕雉的正室地位也是不能动摇的。在楚汉相争时，刘邦兵败彭城，自己只身逃走，他的父亲及吕雉被掳往项羽军中，后来被项羽放还。刘邦做了皇帝之后，吕雉即为皇后，吕雉的儿子刘盈被立为太子。

然而，在传统社会里，夺嫡立庶之事时有发生。戚姬和刘邦只是露水夫妻。刘邦在彭城被项羽打败时，一个人落荒而逃，逃到一处人家乞饭借宿。这家主人听说他是汉王，就把女儿许配给他，这就是戚夫人。

戚姬年轻漂亮，能歌善舞，粗通文墨，又会体贴奉迎，以至被刘邦溺爱不已。戚姬看透了吕雉的野心和残忍，为了自己的将来，乞求刘邦立她生的儿子如意为太子。刘邦开始不同意，在戚姬的痛哭哀求下，刘邦不免动心。还有一个更重要的原因，就是太子刘盈生性软弱，刘邦素来不喜，而如意却聪慧刚毅，刘邦觉得他很像自己，十分爱惜。吕后早已察觉到这一点，十分恐惧，但刘邦全部身心都在戚姬身上，她一点儿办法也没有。

不久，如意已满十岁，按当时的惯例，应当改封到封地去。这样一来，如意就很难见到皇上，感情就会疏远，无法讨得皇上的欢心了。戚姬很害怕，见到刘邦就跪在地上痛哭不已。刘邦知道戚姬的心意，说："我知道，你是为了如意的事，我本想立如意为太子，只是废长立幼、废嫡立庶是国家大事，不可轻易从事，等等再说吧。"在戚姬的哀求下，刘邦决定第二天跟群臣商量改立太子的事。

第二天早朝，刘邦突然提出废立太子的事，大臣们都觉惊惧，纷纷说太子册立数年，没有什么过失，无端废立，恐怕会引起混乱。刘邦不听，催命词臣草诏。就在这时，御史大夫周昌大喝不可，周昌口吃得很厉害，越是情急，就越是说不出，憋了半天，才说："臣口不能言，但'期期'知不可行。陛下欲废太子，臣'期期'不奉诏。"周昌连续说出了两个"期期"，刘邦忍不住笑了，群臣也笑出声来。刘邦这一笑反解了刚才的怒气，就此不再催写诏书，罢朝而去。

周昌走到门外，见吕后正站在那里等候，他正要上去给皇后行礼，不料吕后却突然向他下跪行礼。周昌不知何故，也慌忙下跪，吕后连忙把他扶起来说："今日若非您据理力争，太子恐怕已被废了，我感念您保全了太子，所以才行此大礼。"周昌忙说："为公不为私，皇后不必在意。"

其实，吕后这一招十分厉害，既收买了人心，也是故作姿态，让群臣知道太子废除不得。然而，吕雉也知道，刘邦只是一时罢议，到了一定时候，他又会重新提出废立太子的事。这时，有人面见吕后说："张良足智多谋，且得陛下信任，皇后何不去问计于张良？"吕后闻言，顿开茅塞，急忙派兄长建成侯吕释之去向张良问计。

吕释之见到张良说："君为陛下谋臣，向来多谋善断，今陛下想废立太子，君还能在家高枕无忧吗？"张良听后，知道事关重大，自己不便轻言，但又知来人不好得罪，于是说："从前，陛下常处危急之中，能用臣计；今天下已定，如因爱心而要废立太子，本是父子骨肉之间的事，虽有像我这样的臣子，又有何用？且此是家事，不是国事，就更不便说话了。"吕释之见张良有意推托，就胁迫他出谋划策。张良无奈，只好说："当今陛下仰慕而又没得到的只有四人，即东园公、绮里季、夏黄公、甪里先生。这四人，年龄已高，因陛下轻慢儒士，他们逃匿商山隐居，号商山四皓，发誓不为汉臣。您可卑诚厚礼，持太子书信，遣能言善辩之人，前往商山聘请。如四皓肯下山相助，且常随太子出入朝中，太子地位就可保了。"吕释之听完，辞别张良，回报吕后。吕后闻计，非常高兴，立即派人去请四皓。四皓见来人心诚，答应下山，面见太子。及到长安，太子刘盈待四人极为尊重，四皓只好留住都城。

汉高祖十一年（公元前196年）七月，淮南王英布反叛，刘邦因有病在身，想让太子领兵讨伐。四皓知道后，找到吕释之说："我们到此，是为太子，今陛下想叫太子领兵，这样，有功不能赏，无功却要有罪，储君之位就危险了！你可叫皇后去面见陛下，就说：'英布是天下枭将，叫太子统兵，就如同令绵羊率领虎狼，众将一定不肯用力。英布知道后，定会挥军西进。陛下虽有病在身，但如抱病亲征，诸将不敢不尽力，定会平定英布。'吕后对刘邦说了，刘邦听了她的这一番话，觉得十分有道理，只得亲自引兵东征。

第二年（公元前195年）十一月，刘邦打败英布后返回长安，又提出废立太子，因当时著名的儒臣叔孙通以死相谏，只得暂时放下。

一日，刘邦置酒于宫中，令召太子前来侍宴。刘盈奉诏进宫，刘邦见太子身后跟着四位老人，年纪都在八十岁以上，鬓眉皓白，衣冠楚楚，不同凡俗，心里觉得奇怪，问道："四老为何人？"四皓不待刘盈介绍，依次向前施礼，各自通报了姓名。刘邦听后，大吃一惊，十分不解地问道："我请公等数年，公等避而不见，今天为何来到长安，反而跟从我的儿子？"四皓回答说："陛下轻士爱骂，我们不愿受辱，才不来见您。现太子仁孝，恭敬爱士，天下贤者都愿为太子引颈去死，臣等所以前来辅佐太子。"

刘邦听了这番话，长叹道："公等肯屈身辅佐我儿，我还有何言可说？还望始终扶持，造福天下！"宴罢，四皓随刘盈离去。刘邦急忙唤来戚姬，指着四皓远去的背影说："我本想改立太子，但太子已得四皓相佐，羽翼已成，再难动摇了。"说完，借酒高歌，唱道："鸿鹄高飞，一举千里。羽翮已就，横绝四海。横绝四海，当可奈何，虽有矰缴，尚安所施！"歌罢又歌，声调凄怆。自此，刘邦再也不提废立太子之事了。

戚姬就这样彻底地失败了。

刘邦死后，刘盈即位，是为惠帝，吕雉操纵了大权。她首先把以往恨之入骨的戚姬打入冷宫，令人剃光了戚姬的满头乌发，又用铁箍子束住她的头颈，再扒下她的宫装，换上赭红色的粗布村装，赶入永巷内圈禁起来，让她整天舂米劳作。

戚姬且哭且舂，不久，她编出了一首"舂歌"，在舂米时边舂边唱：

子为王，

母为虏。

终日舂薄暮，

常与死为伍。

相离三千里，

当使谁告汝？

吕雉知道后，愤然骂道："贱奴尚敢依靠儿子吗？"她知道，只有除掉了如意才能算是斩草除根。公元前194年，吕雉让人毒杀了赵隐王如意。

吕雉杀死了戚姬的儿子，就更加残酷地摧残戚姬，先把她的手指、脚趾斩掉，再割去乳房，又剜掉双眼，并熏聋耳朵，饮以哑药，然后放入厕所。吕雉给戚姬取了个名字叫"人彘"。

后来，吕雉竟叫惠帝前来观看，惠帝问那是什么，有人告诉他那就是戚姬。第二天，戚姬就死了。惠帝见到戚姬的遭遇后，回到宫中大哭不已，生病一年，不能起床。后来托人传话给吕雉说："把戚姬治成那个样子，不是人能干出的事。我作为您的儿子，到底还是不能治理天下。"从此，汉惠帝纵酒淫乐，不理朝政，消极颓废，于公元前188年忧郁而死。

吕雉只有刘盈这么一个亲生儿子，刘盈死后，她就找了一个宫女生的名叫刘恭的男孩即位，同时杀掉了他的生母。至此，吕雉临朝称制。

吕雉临朝称制的八年间，打破了刘邦非刘氏宗族不可称王的规定，大封诸吕，刘氏政权在某种程度上改成为吕氏政权了。

后来，刘恭年龄渐大，知道自己不是吕雉的亲生儿子，有一次恨恨地说："太后怎能杀死我母而将我立为皇帝呢？我长大以后，一定要报仇。"吕雉听说后，立即把他幽禁起来，不久即废掉杀死，然后又立恒山王刘弘为傀儡皇帝。

公元前180年7月，吕雉病重，她知道群臣不服自己，她死后必生大乱，就提前对诸吕作了军事安排，并告诫他们说："我死之后，大臣恐变，一定不要出宫为我送葬，以免为别人控制，要紧握兵权，守住皇宫。"然而，诸吕之中没有一个人才，吕雉病死后，周勃及陈平等人联合其他将领，利用诸吕的慌乱，一举剪除了他们，并诛杀殆尽，迎立代王刘恒为汉文帝。

帝王之家，本非善所。人们只见其富丽煊赫之表面，何尝见得其阴暗残酷之内里。明朝崇祯皇帝在自缢之前曾挥剑砍下了自己亲生女儿的手臂，并说

"愿世世无生帝王家"，可谓痛彻肺腑了。

（参见《史记》《纲鉴易知录》等）

以臣代君的政变术

时下的观点认为中国文化十分保守，其实谬矣。且不说别的，就说这"皇帝轮流做，明年到我家"的俗语，便足以证明中国人的开放。你若不信，看看欧洲的一些国家，他们至今尚保留着"女皇""王族"，而中国人却早已"彻底推翻"了封建专制。更何况，那数千年历史中走马灯般的改朝换代，哪里有一点"保守"的影子？这真是让欧洲人汗颜了。

中国历史上的改朝换代当然往往靠武力推动，但也有相当一部分是"和平过渡"。这"和平过渡"的政变之术，尤其耐人寻味。

先说说"三分公室"。

鲁国是孔子的出生地，然而，就在孔子删订《春秋》、大骂乱臣贼子的时候，鲁国却出现了春秋战国时期以来最大的"乱臣贼子""犯上作乱"的事件，即"三分公室"。

春秋战国时期，鲁国出现了孟孙氏、叔孙氏、季孙氏三个势力集团，这"三桓"的出现，有一个相当复杂的历史过程。

鲁桓公有许多儿子，他死后由儿子鲁庄公即位。公元前662年，做了三十多年国君的鲁庄公病危，他的许多兄弟都想争位，尤其是异母弟庆父。庆父是一个十分阴险毒辣的人，他蓄谋已久，私藏兵器，遍结死党，本打算刺杀庄公，正赶上庄公病危，就认为谋反的良机已到。庆父派他的死党、胞弟叔牙先到庄公那里，假意探视病情，实是侦察情况。庄公也知他并非只为探病而来，就故意问他说："我已病入膏肓，无药可救了，我死之后，由谁来继承君位呢？"叔牙竟毫不避讳地说："兄死弟及，自古如此。庆父是你弟弟，才德兼备，是最合适的继承人，你还犹豫什么呢？"

庄公敏锐地觉察到庆父的篡权阴谋，他不愿意让庆父继承国君之位，于是立即召他的另一个弟弟季友前来商量。季友对庄公十分忠诚，一听庄公介绍完情况，马上就说："没有什么可犹豫的了，他对你说这样的话，实际上是公然的挑衅，他们马上就要动手作乱了，若不及时处置，后果不堪设想。"庄公全权委托季友办理，季友立刻逮捕了叔牙，将其斩首。然而，由于他的宗法观念太重，顾及所谓的亲情，明知叔牙为庆父所指使，竟未追查，由此种下了祸根。

鲁庄公死后，季友立庄公的儿子公子般即位，不到两个月，庆父居然急不可耐，指使一名马夫刺杀了公子般，然后又嫁祸于这名马夫，将其杀死灭口。随后，庆父与庄公的夫人哀姜合谋，立庄公的另一个儿子公子开为国君。季友在公子般被刺杀时就明白自己无法在鲁国待下去了，逃到了陈国。公子开即位后，国内的局势只稳定了一年多，因为庆父急于做国君，竟又派人杀死了公子开。

庆父在不到两年的时间里杀死了两个国君，弄得朝野上下乌烟瘴气，民怨沸腾，当时人们就喊出了这样的口号："庆父不死，鲁难未已。"庆父看到人心已失，再留在鲁国就会死无葬身之地，于是慌忙逃到了莒国。季友联合鲁国的其他大夫立庄公的另一个儿子公子申为国君，是为鲁僖公。

季友为了索回庆父，平息鲁国人的怨愤，给莒国国君送了许多礼物，要莒国交出庆父。庆父还幻想像当年一样得到宽恕，利用宗法的名义向季友求情，要求逃到别的国家去。他实际上是想窥伺时机，卷土重来。季友看破了这一阴谋，坚决拒绝，庆父只好自杀。季友平定了庆父之乱，鲁僖公对他大加封赏，但季友的宗法观念太重，他对僖公说："被杀掉的叔牙、庆父跟我一样都是先君桓公的儿子，按照古礼，应该封他们俩的后代。"于是，鲁僖公立公孙敖继承庆父的地位，称孟孙氏；立公孙兹继承叔牙的地位，称叔孙氏；季友称为季孙氏。这是三家大夫立足之始，又因都是鲁桓公的后代，史称"三桓"。

这三家大夫与鲁僖公的公室不同，他们知道自己的地位来之不易，而且很不稳固。要想使子孙长享爵禄，只靠国家是无法保证的，只有壮大自己的势力，方可免于争权夺利带来的灭顶之灾。于是，他们采取了许多在当时看来能够笼络人心的措施，尤其是庆父的后代，更为谨慎突出，与他们的父辈大不相同。在季文子死时，人们称赞他"妾不衣帛，马不食粟""相三君而不私积"。他们这种十分节俭朴素的生活，与当时的鲁国公室和其他大夫的生活形成了鲜明的对比，从而赢得了人心。尤为重要的是，他们十分注意结纳人才，在选贤任能方面，比起鲁国公室来，显得更为自由和充分。当时说话极有影响力和分量的孔子的学生子贡就曾说过，季文子能散财济贫，收揽人心，将来必会大有作为。

三家发展自己势力的重要措施是增加人口和田地。他们收留了从各方逃奔他们的饥民、难民及慕名而来的人，把国君的公田一步步地化为私田。到了春秋末期，他们三家的势力都得到了壮大，仅季孙氏就有私家武装七千人，其军事力量已超过了国君。

在这种情况下，鲁国的公室不能忍受公田大量变成私田、国家的收入急剧减少的现状，就索性承认了私田的合法性，但有一点，就是公田和私田一样交税。这实际上是增加了公室的财政收入，剥夺了私田的特殊权益，把公田和私田等同起来。这样，三家和公室的斗争也就更为尖锐激烈了。

三家自强不息，经过三十多年的积累和努力，不仅有了足以和国君匹敌的军事实力和经济实力，还在公室里把持了一定的权力。公元前562年，季武子将鲁国的上、下二军改为上、中、下三军，三家各得一军，各征其土地赋税，这就是历史上著名的"三分公室"。从此以后，三家的势力变得格外强盛。

为了适应当时的形势，季孙氏采用了新的剥削方式，即把土地租给别人耕种，规定税收的数额；孟孙氏采用旧的奴隶制；叔孙氏则新旧各半。实行的结果是，新的征税制极大地调动了生产积极性，使季孙氏不仅在经济实力上，而且在军事力量上都比其他两家更加强大。

公元前537年，季孙氏废掉了原来的三军，仍恢复原来的二军，再把二军平分为四份，进行"四分公室"，季孙氏一家就占了其中的两份，并完全占有了公室的军赋。就这样，三家把鲁国分了个干净，百姓向三家交纳赋税，再由三家转交国君。这时，鲁国国君只不过是一个名义上的君主。

三家在代替国君履行政权的过程中，曾和公室发生过多次军事冲突，每次均以三家胜利告终。最后，鲁昭公逃出鲁国，本想到晋国避难，但晋国不准其入国都，只准他住在乾侯，鲁昭公最后死在那里。鲁国史官评论说："鲁国君主世世代代不能很好地治理国家，季氏世世代代能够勤政爱民，老百姓早把鲁君忘掉了，他死在国外，又有谁会可怜他呢？"

纵观鲁国这起以臣代君的重大历史事件，真觉其意味深长。卿大夫夺权虽不为正统观念所容，但"得人心者得天下"又是不易之论。孟子说："闻诛一夫纣矣，未闻弑君也。"鲁国的季孙氏致力于笼络人心，最后三分了鲁国的公室，就是当时的人也无法否认他的行为的合理性。

再来看"三家分晋"。

怎样维护王室内部的团结一致是中国传统社会所要解决的问题，但无论谁都没有办法将它解决好，因为这是由传统社会的性质所决定的。

春秋时期，晋献公继位前后曾经历了公族嫡庶之间的长期征杀，深感公族分封及争权夺利给国家和人民带来了深重的灾难，因此，他平定晋国以后，首先做了两件事：一是杀戮许多近亲，使公族嫡系没有竞争对手；二是不给国君家族的子弟权位，以免其培植私人势力。其实，这第二条规定直到晋献公的儿子晋文公重耳执政时才得以实行，因为献公一生虽雄才大略，晚年还是没有处理好继承人的问题，使晋国陷入了近二十年的混乱。

晋文公鉴于这一惨痛教训，才坚定实行了这条规定。然而，他没有想到的是，不予家臣，外人却毫不客气地前来争夺了。晋国后期的政权一直由十多个卿大夫把握，他们经过长期的兼并，只剩下了韩氏、魏氏、赵氏、智氏、中行氏、范氏六家，史称"六卿"。

这"六卿"根本不把晋国国君放在眼里，肆无忌惮地瓜分晋国的土地和人民。为了进一步消除异己势力，以范氏为首的新贵族向先前遗留下来的旧贵族栾氏等家挑战，经过艰苦的战争，终于完全消灭了旧贵族。在消灭了栾氏的力量以后，范氏自以为功劳很大，十分骄傲。有一次，他对鲁国的使者公孙豹说："古人有句话，叫'死而不朽'，这话该怎么讲呢？我的祖宗从周代以后就很贵盛，到现在还是如此，应当说不朽了吧！"公孙豹巧妙地回答说："这只是世世代代享受爵禄，还谈不上不朽，像我们鲁国的先大夫臧文仲，生前说的话，死后还被人们常记不忘，那才算是真正的不朽呢！"范氏想自夸身世，结果讨场无趣。范氏目无国君的骄横自大，同时也给自己埋下了败亡的种子。

范氏、中行氏力量较为强大，但在施行新的制度、争取民心方面却远不如韩、赵、魏、智等四家，尤其是赵氏，非常注意为百姓着想，所以很得民心。范氏、中行氏联合郑国，想一举消灭韩、赵、魏三家。在战斗中，赵简子采取了解放奴隶等赏罚措施，大大地提高了军队的战斗力，消灭了范氏、中行氏。嗣后，智氏又以势力强大而欺凌三家，分别向三家索地。韩氏、魏氏因惧怕智氏，又不愿单独结仇，就分别割地相让，唯独赵氏断然拒绝，于是，智氏就率韩、魏两家围攻赵氏的晋阳城。围困两年没有攻下，智伯决晋水灌城，晋阳城中连锅灶里都生活着蛤蟆，老百姓还是坚决拥护赵襄子，不肯背叛。最后赵襄子派人向韩、魏两家说明利害，指出如果赵氏灭亡，韩、魏不能独存的道理，策动两家背叛了智伯，里应外合，一举彻底消灭了智氏的军队，杀死了智伯及智氏全族。

智氏灭亡后，三家平分了智氏的土地。后来干脆分裂成韩国、赵国、魏国三个国家。从此，晋国不复存在，最多称这三个国家为"三晋"，但已不是指原来的晋国了。

三家既然已经各自立国，周天子也无法改变这一事实，乐得做个顺水人情，承认了这三国。其实，即使是周天子，到了此时，也只好承认成者王侯败者贼了。

然后我们讲讲"田氏代齐"。

齐国曾是春秋五霸的首霸，是战国七雄之一，甚至和秦国对峙到最后，可谓经久不衰。然而，人们也许并不知道，齐国曾经经历了一场从内到外的彻底的蜕变，"田氏代齐"也成为中国历史上的著名事件。而田氏在齐国的得宠，有其深长曲折的历史渊源，其中的过程，实在耐人寻味。

早在春秋初年，陈国发生内乱，陈国的公子完逃奔到齐国，此为陈氏（陈即田，古音陈、田不分）在齐国出现最早的记载。齐桓公很赏识他，要他做卿官，他只接受了管理工匠的工正的职务。后来在反对权臣庆封的斗争中，田完四世孙田桓子积极地站在国君这边，在反对齐惠公的后代——栾氏、高氏的斗争中，他也站在国君这一边。这些斗争逐渐使田氏在齐国站稳了脚跟，而且其政治、经济势力也越来越强大。

齐景公在位多年，早年曾想重操霸业，在受挫后就消沉起来，生活比较淫靡，内政也很腐败。有一次，他问晏子说："你经常到市面上走，你知道什么东西贵，什么东西贱吗？"晏子回答说："踊贵而履贱。"踊是被砍掉脚的人用的假脚和假鞋。当时，齐景公滥施刑罚，经常对人施以刖刑，晏子借此来劝说齐景公。由此可见景公残暴之一斑。但这种情形正为田氏收取人心、发展势力提供了良好的条件。

田桓子用大斗出、小斗进的手段笼络人心。齐国原有的量具分两种进制，田桓子自己改用了统一的进制量具，比公家的量制显然增大不少。在往外借粮时，田桓子使用自己的家量，收回粮食时使用公量，虽然自己吃了亏，但却赢得了广大百姓的好评。据说当时的民众大量逃往田氏门下，"归之如流水"，而田氏则把这些人藏起来，并不上报户数，称之为"隐民"。

田氏在取得绝对的政治、军事优势之前，经历了两次大的斗争。

第一次发生在公元前489年夏天。齐景公临死前托付高张、国夏两人照看太子荼，两人因而成为权力很大的托孤大臣。田氏要想取得齐国政权，就要除掉他们。田乞假装对二人十分恭顺，实际上处处窥伺他们的过错及动向，并不时地向卿大夫们传播，争取了朝中的人心。后来，高张、国夏两人密谋除掉田乞，田乞得信，即鼓动大夫联络甲士一起攻进了公宫，准备挟持国君。高张、国夏听到消息，立刻带兵来救，在街上与田乞的人相遇。田乞由于深得民心，很快就把对方打败。这样，国君也就成了他手里的傀儡。

第二次斗争发生在公元前481年。齐简公在位时，十分宠信监止，让田乞的儿子田常和监止分别做左、右相，实际上监止处处得到简公的支持。田常看到二人不能并存，就密谋除掉监止。田氏家族先派族人田豹打入监止家内部，做了他的家臣，取得了他的宠信，窃取了监止想除掉田氏的消息，然后，族人田逆等逼迫田常劫持了齐简公。监止失去了国君的支持，又因人心归田，他也就无计可施，只得逃走。逃跑时竟迷了路，逃入了田氏的封地，被当地人捉住杀死。

后来，齐简公逃到了舒州，不久也被田常抓住杀死。田常立简公的弟弟骜为国君，是为齐平公，自己做了国相，掌握了实权。到公元前476年，齐国的政权已完全掌握在田氏的手里了。田常死后，其子襄子代位。襄子颇富才略，又将田氏的势力进一步扩大，田氏代姜氏，已势在必行。

公元前 386 年，田襄子的孙子田和，干脆把名义上的齐康公迁到海边，自立为齐国的国君。前 379 年，齐康公死于海岛，从此姜齐绝脉。在田氏掌握了朝政之后，曾对齐国历来的权臣大族鲍氏、晏氏、监氏及公族进行了一次大清洗，杀掉了其中将来有可能争权的人物，消除了潜在的危险，并大封田氏，把齐国要职大多交给田氏把持。田氏齐国也就稳如泰山了。

公元前 386 年，周安王仿照当初"三晋"的例子，正式封田和为齐侯，即田太公。田氏在齐国的发迹，据《左传》记载，曾有"五世其昌""八世之后莫之与京"的卦辞。从公子完逃到齐国，到田桓子娶齐侯之女为妻，奠定田氏在齐的地位，恰好五代；至田襄子成为实际上的国君，恰好是八代。其实，这卦辞的"应验"，很可能是后人根据历史事实造出来的。

田氏以逃亡贵族而终取人国，在中国历史上是绝无仅有的，这跟他们实行的策略是紧密相关的。在对待姜氏贵族上，起初因为力量薄弱，他就采取拉一派、打一派的方法，分化瓦解他们；在力量强大之后，就毫不手软地加以消灭。在表现方式上是恭顺柔和，亲服其劳，借此取得信任，实际上又巧妙地寻找间隙，制造不和，挑起火并，坐收渔人之利。在对待士阶层及百姓的策略上，其特点尤显突出。他们数代人一以贯之，苦心经营，收服人心，这是田氏立足于不败之地的根基所在。田氏之所以能够稳扎稳打，一步步地上升，就在于其取得了民众的支持。这种支持不仅表现在舆论和其他软性斗争上，就是在兵戎相见时，也发挥了巨大的作用。

最后我们谈后周代后汉。

在中国古代封建集权制的社会中，兵权就是政权，政权就是兵权，二权实为一权。中国历史上历次王朝的更替无可争辩地说明了这一点。

后汉刘承佑即位时，只有十八岁，没有多少行政能力。而他的母亲李太后的弟弟们都想趁此机会谋取功名富贵，刘承佑左右很多受宠信的人也渐渐掌权。朝廷中的一些大臣对这种现状深为不满。李太后的一位老友的儿子，请求在军队中谋一个职位，当时恰好在史弘肇的手下犯了事。史弘肇是归德节度使、侍卫亲军马步都指挥使兼中书令，负责宫廷与京城治安保卫，他为人很正直，见此情景竟然不由分说就把他斩首了。这样一来，就得罪了许多想捞取好处的皇亲国戚。

　　刘承佑登基后，李业尤其受到宠爱。正好，宣徽使出缺，李业想得到这个官位，刘承佑、李太后也暗示宰相保荐。但史弘肇等人认为宫中官员的升迁有一定的标准，皇亲国戚不可以越级出任，这件事只好罢休。内客省使阎晋卿、枢密承旨聂文进、飞龙使后匡赞、茶酒使郭允明，都受刘承佑宠爱，因很久没有升官，便众口一词，怨恨宰相。平卢节度使刘铢凶残暴躁，从青州任上离职，也常指着宰相府骂。

　　刘承佑刚服完三年丧，便欢宴歌舞，听伶人奏乐，赏给伶人锦袍玉带。伶人们晋见史弘肇叩谢，史弘肇大怒说："战士们在边疆苦战，没有一丝赏赐。你们有什么功劳，却得到这些财物？！"说完将赏赐全都夺回，送还国库。刘承佑打算封他最宠爱的耿夫人为皇后，没有得到宰相的同意；耿夫人死后，刘承佑又想用皇后的仪式安葬，遭到了否决。刘承佑这时已二十岁了，对高官重权的压制十分不满，时间长了，心中越来越愤愤不平。他左右侍从于是抓住机会，进谗言说："宰相以及史弘肇等人专权横行，迟早有一天会出事的。"刘承佑听了他的这一番话，觉得十分有道理，疑心要发生紧急情况。他变得草木皆兵，听到作坊锻铁造兵器的声音，竟然整夜不寐。朝廷中有许多大臣对宰相以及史弘肇都心怀不满，司空、同平章事苏逢吉与史弘肇之间，结怨尤深，知道李业等憎恨史弘肇，多次用话刺激李业，唆使他密谋杀死这些人。这样一来，刘承佑就得到了一些大臣的支持，他与后匡赞、郭允明、李业、聂文进秘密谋划，要诛杀宰相以及史弘肇等人。这件事传到了李太后那里，李太后考虑到各方面的原因，表示反对，但他们不听。他们利用进宫参加朝会的机会，安排一群武装士卒从广政殿突然杀出，把宰相等三人砍死在东厢之下。接着，聂文进紧急召集文武百官到崇元殿朝见，宣读诏书："谋反诸臣，已经伏诛，当跟你们共同庆贺。"又召集各军将领到万岁殿大厅进行安抚。

　　当时，郭威是枢密使兼侍中，负责军事，任邺都留守兼天雄节度使，统领黄河以北各州军务防守之事，在士兵和朝廷中都有较高的威望，与史弘肇等人也关系良好。刘承佑为了免除后患，砍杀宰相等人后立即派供奉官孟业携带密诏前往澶州和邺都，命镇宁节度使李洪义（此人是李太后之弟）诛杀王殷，命邺都行营马军都指挥使郭崇威、步军都指挥使曹威诛杀郭威和宣徽使王峻。同时，刘承佑又紧急调兵遣将，护卫京师。李业等命令权知开封府刘铢屠杀郭威、王峻的家眷亲属。两家被满门抄斩，无人幸免。

这时，京城已控制在刘承佑的手中。但孟业带着朝廷的密诏抵达澶州，李洪义担心王殷已得到京城的消息而早有准备，所以不敢动手，反而带着孟业晋见王殷。王殷立刻把孟业囚禁起来，紧急派副使陈光穗把密诏送给郭威。郭威请来枢密使魏仁浦，请他阅读密诏，问："该怎么办？"魏仁浦说："你是帝国的栋梁，功劳名望一向显赫，且又手握重兵，镇守重镇，一旦被小人陷害，哪里是几句话就可化解的？事已至此，进可生，退必死，不应该坐在这里等死。"郭威思忖良久，召集郭崇威、曹威及其他部将，告诉他们杨等被冤杀的情况，并把密诏给他们看，说："我与杨、史诸公披荆斩棘追随先帝夺取天下，又受托孤重任，竭尽能力保护国家。而今，杨、史诸公已死，我怎么忍心独自偷生！你们应接受诏书，砍下我的人头，回奏天子，或许可得封赏。"郭崇威等都哭泣着说："天子年纪太轻，一定是被左右小人的诡计所迷惑。假如他们当权，国家怎么能够太平？我们又能有什么好处？愿追随大帅前往朝廷，肃清朝廷小人，不可死在一个使节之手，蒙受千年恶名！"掌管天文的翰林赵修己对郭威说："白白送死有什么意思？不如顺从大家的愿望，率军南下。这是上天替你开路。"郭威于是留下他的义子郭荣（按：即柴荣。后来柴荣继承了后周的皇位，殿前都点检赵匡胤又发动了兵变，建立了宋朝）镇守邺都，命郭崇威为先锋出发。

刘承佑听到郭威起兵南下的消息，毫无经验的他自然十分惊慌，忙召集大臣们商议防御之事。前开封尹侯益说："邺都官兵们的家属都留在京师，我们不可以轻率地出城作战，最好是紧闭城门，先挫挫他们的勇气，然后让留在城里的母亲妻子登上城墙呼唤她们的儿子、丈夫。这样用不着打仗，就可把他们生擒活捉。"这实在是一条毒辣的计策，但泰宁节度使慕容彦超不以为然，说："侯益衰朽老迈，满脑子都是懦夫的想法，这怎么能阻挡住叛军呢？"刘承佑赞同慕容彦超的意见，派阎晋卿、侯益等率禁军直趋澶州。可是，就在当天，郭威抢先一步进入澶州，李洪义开城迎接。王殷晋见郭威，诉说家人被杀的情况，悲伤痛哭，率自己的部队加入了郭威军队，渡黄河南下。

刘承佑派一个宦官去侦察郭威大军的动向，被巡逻的士卒擒获。郭威审讯清楚后，把奏章放到宦官的衣领中，命他回去向刘承佑禀报。奏章中说："我前些天接到诏书，伸长脖子等候诛杀。可是郭崇威等不忍下手，一致认为是陛下左右的那些贪权小人谗言陷害，逼迫我南下前往宫门听候审判。我求死不得，又不能控制部属，大概几天之后，就会抵达宫前。陛下如果认为我真的有罪，我怎么敢逃避处罚？如果真有人暗中陷害，也希望能把他们交到军营，使三军快心称意。届时，我虽死无恨。"

郭威大军来到滑州，义成军节度使宋延渥迎接郭威进城。郭威得以用滑州库存的钱财犒军，他向部众解释说："天子被谗邪小人迷惑，诛杀有功的大臣。我率军南下，实为不得已之举。现在快要与朝廷派出的军队相遇了。如果战场相遇交战，那与我进京朝见的本意完全相反。如果放弃抵抗，一定会遭他们屠杀。你们的家都在京师，不如仍依照密诏行事，我虽死也没有遗恨。"将士们都说："国家辜负您，您不辜负国家。请大帅火速发令前进，不要耽误。安邦定国，报仇雪恨，正在此时！"王峻接着向大家宣布："我接到大帅指令，攻克京师的时候，允许你们抢劫十天！"众士卒都欢呼雀跃。

刘承佑本打算亲去澶州督战，听宦官回来禀报，知道郭威已到澶州，才打消念头。他见到宦官衣领中的奏章，脸上掩不住懊悔和恐惧的神色，私下对宰相窦贞固说："先前那件事，确实太草率。"但事已至此，刘承佑也只好硬着头皮对付。郭威主力抵达封丘，逼近京城，民心惶恐。刘承佑派慕容彦超率轻骑发动攻击，郭威命何福进、王彦超、李筠等率骑兵迎战。慕容彦超败退，部下一百余人战死，各路人马士气崩溃。到天黑时，朝廷大军大多数都投降了郭威。刘承佑与宰相及随从官员数十人逃奔郊野，被乱兵诛杀。

大军进入京城后，郭威与王峻率文武百官，前往明德门，向李太后请安，请求指立新君。后来请李太后临朝执政。十二月，契丹入寇，河北诸州告急，太后命郭威北征。郭威率军到澶州驻留。十二月二十日，大军将要开拔，将士数千人突然大声喧哗呐喊，登墙越屋而入，请求郭威做皇帝。有人撕裂黄旗当作龙袍，披到郭威身上，拥上来将其扶到上座，山呼万岁。大军于是簇拥郭威南下，进入京城。后汉乾祐四年（951年）春正月，郭威称帝，国号定为周。

上述政变案例，真称得上"各领风骚数十年"。世上原没有一成不变的事情，所谓"三十年河东，三十年河西"，其实并非世事无常的轮回，实在是"非惟天时，抑亦人谋"也！

（参见《史记》《左传》《旧五代史》《纲鉴易知录》等）

阴谋的胜利

中国历史上的"谜"实在太多，尤其是由帝王将相导演、发生在宫廷里的那些"谜"。

这些"谜"，与其说是谜，倒不如说是阴谋。其实，在某种意义上说，中国古代的政治，就是阴谋政治。

中国的春秋战国时期，是一个诸侯纷争、胜者为王的时代，也是一个阳谋与阴谋混杂不分的时期。这时候的观念是：不管阴谋还是阳谋，只要胜了就是好谋。

齐国的晏婴大名鼎鼎，这个人其貌不扬、身材短小，却才智非凡。他因善于劝谏齐王而名垂千古，后人还根据他的事迹编成《晏子春秋》。他屡次出使，能够不辱使命、为国扬威，也算难得。但就是这么一位"正人君子"，也少不了要搞阴谋。

一次，鲁昭公到齐国访问，齐景公想趁此机会发动外交攻势，让鲁国脱离和晋国的联盟而与齐国结盟，所以，齐景公隆重地接待了鲁昭公。在宴会上，鲁昭公让叔孙舍做襄礼，齐景公就让晏子做襄礼。在齐景公的下边，站着三个铁塔般的勇士，他们是齐景公平时最宠爱的人。这三个勇士往那里一站，就把晏子比下去了。他心中不忿，觉得这三个人在这里挡道，景公就不会认识真正的人才，人才也不会来。于是，就想把他们除掉。

晏子对景公说："主公种了几棵稀有的桃树，今年该结桃子了，我想去看看，摘几个桃来给二位君主尝尝鲜，不知可否？"景公同意了。

晏子只摘来了六个桃子，对景公说："桃子未熟，只此几个。"并行酒令，把桃子献到鲁昭公和齐景公的面前说："桃大如斗，天下稀有，君王吃了，千秋同寿。"鲁昭公和齐景公一人吃了一个。晏子和叔孙舍相互推赞，都说对方辅佐君主有功，也各吃了一个。这样，就只剩下了两个桃子。

晏子对齐景公说："现在还剩下两个桃子，我想不如让下面的大臣各说自己的功劳，谁的功劳大谁就吃桃子。"齐景公同意了，晏子就传下令去，让下面侍立的大臣各表功劳。

站在齐景公近处的三勇士性子最急，其中一个叫公孙捷的走出一步说："在桐山打猎时，一只老虎冲出来，直向主公扑来，是我打死了老虎，救了主公的命，应该说说功劳不小吧！"晏子说："你救了主公的命，确实功劳不小，应该吃一个桃子。"晏子就请景公赏了他一个桃子、一杯酒，公孙捷拜谢退下。

另一个名叫古冶子的大力士上前一步说："打死老虎算什么？我跟主公渡黄河的时候，一头大鳄鱼咬住了主公的马，是我和那鳄鱼拼死搏斗，杀死了鳄鱼，才救了主公的马。"

齐景公插言说："要不是古冶子，别说我的马，就连我的命也保不住了。"晏子一听，忙让齐景公赏给古冶子一个桃子和一杯酒。古冶子喝了酒，吃了桃子，拜谢而退。

最后一个大力士叫田开疆，他一看桃子被前两个人吃光了，气得大声嚷嚷："打死老虎、杀掉鳄鱼算什么？主公让我去打徐国，我杀死了徐国的大将，俘虏了五百敌人，连郯国和莒国都归附了我们，这样的功劳算不算大呢？与他们相比如何？凭我的功劳，能否吃到一个桃子呢？"

晏子在一旁添油加醋地说："开疆拓土比杀虎斩鳄的功劳要大，只是桃子吃完了，就让主公赏你一杯酒吧。"

齐景公也说："要论功劳，数你最大，可惜说得晚了！"

田开疆十分生气地说："我为国争光，帮主公打败敌国，反倒不如杀虎斩鳄的人，还站在这里丢什么脸哪？"说完，拔剑自刎。

公孙捷说："我凭这么点儿功劳，竟也抢桃子吃，想想真是脸红，我也不活了！"说完，也拔剑自刎。

古冶子大叫道："我们三个人是生死兄弟，你们俩死了，我还能活吗？"说完，也拔剑自刎了。

这就是中国历史上著名的"二桃杀三士"的故事。两个桃子，杀了三个盖世英雄，非桃之力，乃阴谋之功也。

宋太宗继宋太祖而立，也是一个有为的皇帝，然而，他在即位问题上却留下千古悬案。在今天看来，这虽已成不解之谜，但根据当时的许多蛛丝马迹来推测，这恐怕是一场阴谋。

当时，宋太祖赵匡胤的中国统一大业尚未完成，他自己也正年富力强，还会大有作为，却于五十岁时突然去世，由他的弟弟赵光义即位。史书对这件事的记载多有征引猜测。赵光义是赵匡胤的胞弟，与赵匡胤不同，赵光义因为有哥哥的经济支持而读了好多年的书，所以，虽然他少了许多武功，却在文采学识方面明显地优于他的哥哥。赵匡胤当后周禁军首领时，赵光义就已进入朝廷的核心，成为赵匡胤的得力助手。在陈桥兵变、拥立赵匡胤做皇帝的事件中，赵光义是主谋之一。因为拥立有功，赵匡胤十分重视他这个胞弟，有意栽培提拔，先把他任命为殿前都虞侯，领睦州防御使，后来又任命他为开封府尹。

开封府尹是个十分重要的官职，在这一位置上，既可通上，又可达下，对于经营自己的势力十分有利。赵光义在这一位置上培植了大批亲信，这在他即位以后所任用的官吏中即可看出，而这些人也确实为巩固他的地位发挥了巨大作用。

关于赵匡胤之死，官修的《宋史》均语焉不详，原因恐怕是自宋太宗赵光义以后北宋皇帝均是由太宗一支继承有关。这些人既不愿说清事实，又不好胡编历史，最妙的办法就是绕过去。但一些非官方的记载和传说却很丰富。

宋代有个叫文莹的山林老僧写了一本《湘山野录》，其中记载了赵匡胤之死。说赵匡胤听信了一个术士的话，知道自己气数已尽，便召胞弟赵光义入宫安排后事。当时，赵匡胤患病在身，他把宦官和宫人赶得远远的，自己和赵光义对酌。宦官和宫人远远地看去，只见烛光之下，赵光义时时避席而走，似有激动难忍之状，又像是推辞不受的样子，后来又见赵匡胤拿柱斧砍在雪地之上，大声对赵光义说："好做，好做。"最后，赵匡胤入内就寝，当夜留赵光义在宫内住宿。刚入睡时，赵匡胤鼾声如雷，天还未明，便无声息。内侍急忙入内查看，只见赵匡胤已死去多时。

还有的传说赵匡胤十分宠爱原后蜀主的花蕊夫人费氏，在赵匡胤死前的那天晚上，赵匡胤召赵光义进宫问事，并留宫侍候。赵光义见哥哥睡熟，就乘机调戏花蕊夫人。赵匡胤被惊醒，就用柱斧去砍赵光义。皇后和太子闻声赶到，赵匡胤已气息奄奄，第二天清晨就去世了。

关于赵光义即位，也是众说不一。有人说他在灵前即位。有人说赵匡胤病危之时，派宦官王继隆召他的儿子秦王赵德芳来见，王继隆却跑到开封府，找来了赵光义。皇后见王继隆回来，忙问："德芳来了吗？"王继隆却说："晋王（赵光义）到了。"赵匡胤和皇后都大吃一惊，皇后哭着对赵光义说："我们母子的性命，都交给官家（皇上）了。"赵光义安慰皇后说："共保富贵，不必担忧。"

还有一个"金匮之盟"的传说企图为赵光义继承皇位作"合理"的注解，把子承父业变成兄终弟及的转化说成是维持赵宋王朝的要求。

赵普是宋朝的开国功臣，深受宋太祖赵匡胤的宠信，但他利用职权，做了许多违法的事，赵匡胤知道后，就撤了他宰相的职务，到太宗赵光义即位后他仍郁郁不得志，于是就说出了一个"金匮之盟"的故事来，赵光义按他说的地方去找，果真找到了这个"金匮"，发匮得书，果如赵普所言。

据赵普说，早在太祖建隆二年（961 年）之时，皇太后杜氏病危，曾召入赵匡胤和赵普，问赵匡胤说："你知道这宋朝的天下是怎么得来的吗？"赵匡胤说："自然都是靠祖宗和太后的功德了。"皇太后说："不是这样，这是因为柴氏让幼儿寡母执政的缘故。如果后周立的是一位年长的君主，你能把后周的天下得到手吗？你百年之后，应该传位给光义，光义再传位给光美，光美再传给德昭。你如果能如此传位，使大宋不致有年幼的君主，那是天下的大福了。"

赵匡胤表示一定不违反母亲的指教，百年之后一定传位给弟弟。太后就让赵普当场记下这些话，作为誓书，并藏在一个金匣子里，交给一位可靠的宫人保管。

但宋人已不相信这个传说，赵普是否想靠假造"金匮之盟"献上一功，博得赵光义的重用，也已不可知。但无论如何，赵光义能在舆论上取得自己即位的合理支持，是十分高兴的。

由此，烛光斧影中，"金匮之盟"内，宋太宗赵光义即位遂成千古之谜。

其实，从常理揣度，就知这是一个阴谋。首先，如果太祖赵匡胤想传位给弟弟，在当时完全可以光明正大地公诸朝堂，没有任何阻碍，何必弄得这样鬼鬼祟祟？又是烛光，又是斧影，绝无必要。其次，那"金匮之盟"早就订好，何必要等赵光义即位五六年后才弄出来？赵普一直好好地在开封待着，又不健忘，为什么不在赵光义即位之时就公布出来？如此也好免去许多议论。

赵光义篡夺哥哥的位子，即便不是蓄谋将他害死，也是趁他生病之时伺机篡位，只是不像其他人那样笨拙，搞得血淋淋的罢了。由此看来，赵光义应该是个篡权的高手了。

（参见《湘山野录》《宋史》等）

谋国与谋家

忠与奸，是泾渭分明的两个概念，在大多数情况下是不易混淆的，但在有的时候却很难区分。说他奸，他却是全心全意地为国家社稷着想，乃至为某一姓一族效力，不论从哪一层意义上讲，都应当算作忠臣；但说他忠，他却又大权独揽，往往超越了人臣之礼。其实，这并非做人自相矛盾，而是封建专制观念给人规定了这么一个进退两难、左右不得的尴尬处境。西汉武帝、昭帝、宣帝时期的著名权臣霍光就应算是这类人物。

汉武帝曾是文治武功都很出色的皇帝，他弭除边患，开疆拓土，制定礼乐，兴倡儒术。但混账的地方也着实不少，他晚年奉仙信巫，屡次东游，企望得遇神仙，并因此蔽塞视听，使太子刘据被迫造反，弄得皇后自杀，太子自缢，给宫廷乃至国家和人民带来了灾难。在继承人问题上，武帝处理得并不出色。刘据自缢以后，武帝尚有三子，其中最受武帝喜爱的是钩弋夫人所生的少子弗陵。弗陵长相、性格均很像武帝，武帝就准备让弗陵即位。但他恐怕主少母壮，将来钩弋夫人定会干预朝政，为了免蹈刘邦时期吕雉专权的覆辙，武帝决定处死钩弋夫人。接下来的问题，就是选择辅佐少主的顾命大臣了。

武帝经数日深思，心中有了主张：首先，他择一重臣，交付托孤重任。在武帝看来，当时只有霍光、金日磾二人忠厚老成，可托大事。但金日磾身为胡人，恐难服众，只有将此意暗托霍光。于是，武帝令黄门绘了一图，赐予霍光。

霍光，字子孟，为前骠骑将军霍去病之弟，由去病携入都中，得授郎官，后官至奉车都尉、光禄大夫。霍光为官二十余年，谨慎守职，未曾有过大的过失，受到武帝信任。霍光受图归家，展开一看，见是一幅周公辅成王朝诸侯图，已知武帝之意，遂将图收起，不再送回。武帝见霍光受图归后，没有复问，知他已解己意，甚感欣慰。

辅佐幼子之臣已经找到，武帝便想除掉钩弋夫人。数日后，武帝见到钩弋夫人，借端发怒。钩弋夫人惯受武帝所宠，今见武帝一反常态，忙脱簪谢罪。武帝装作不理，喝令左右侍女，将其扯出，送入宫廷狱中。钩弋夫人闻此犹遭晴天霹雳，不由珠泪盈眶，频频回顾。武帝见了，心觉不忍，连忙催促道："快走！快走！不能让你再活了！"钩弋夫人还欲再言，已被侍女牵出，送入大狱，是日，诏下赐死。

不久，武帝闲居，问左右道："对钩弋夫人之死，外人有何议论？"左右道："人们都说，陛下即将立其子，为何又先杀其母？"武帝喟然道："其中道理岂是庸愚之辈可知？古来国家生变，多由主少母壮所致，你等没听说过吕后之事吗？"左右听了，方才无言。武帝办完两事，稍稍宽心，准备择日册立太子。

随后，武帝颁出诏书，立少子弗陵为太子，进霍光为大司马、大将军，金日磾为车骑将军，上官桀为左将军，再加上丞相田千秋、御史大夫桑弘羊，五人一起辅政。武帝传授顾命两天后，就驾崩五柞宫。

在这五位顾命大臣之中，除上官桀外，其余四名都是很有名的老臣，唯有上官桀的发迹有些特殊。他由羽林期门郎升至未央厩令，替皇帝喂养和管理宫廷马匹，他见武帝经常到马厩看马，就把马喂得格外肥壮。后来，恰逢武帝生病，好多日不到马厩中去，上官桀就懈怠了，马逐渐地瘦下去。武帝后来来到马厩一看，十分生气地对上官桀说："你以为我再也看不到马了吗？"上官桀慌忙向武帝叩头说："臣闻圣体不安，日夕忧惧，所以无心喂马，乞陛下恕罪。"武帝却以为他忠诚，不但将他免罪，还提升为骑都尉，后因捕人有功，又升为太仆。上官桀的为人，由此可见一斑。

弗陵即位，是为汉昭帝。他当时才八岁，朝中的大小事宜，全由顾命大臣的领袖霍光主持。霍光也可谓恭谨忠诚。为防不测，他搬进殿中居住，走到什么地方，坐在什么地方，都有一定之规，不敢稍有改动。因此，虽然昭帝年幼，国家倒也太平。由于昭帝母亲已被汉武帝处死，霍光考虑到宫中的其他嫔妃都不可靠，昭帝的饮食起居无人照料，就把昭帝的大姐鄂邑公主召进宫去，加封为盖长公主，让她日夕伴驾照料。谁知过了几个晚上，半夜里忽然有人跑到霍光那里报告，说是殿中有怪异出现。霍光正在和衣而卧，闻报急忙起身，来到殿中。霍光认为殿中御玺最为重要，急忙把掌管御玺的尚符玺郎招来，向他要玺。尚符玺郎不给，霍光来不及细说，就要向他怀中夺取玉玺，尚符玺郎按住剑说："臣职所在，宁死不肯私交！"说完，就退了下去。霍光命令殿上不得胡乱喊叫，违令者斩，等到天明，也没有什么怪异。上朝的时候，霍光承制下诏，加尚符玺郎俸禄二等，并说："你能如此守住御玺，我还有什么担心的呢？"自此以后，大家都佩服霍光的公正无私。

不久，燕王刘旦等人谋反。燕王刘旦与广陵王刘胥，都是昭帝的哥哥。刘旦虽然有学问，但性子过于傲慢；刘胥勇武，但过于爱好游猎。所以武帝没让他们继承帝位。当武帝死的消息传到刘旦那里时，他并不悲痛，而是对旁边的人说："这书信函封太小，恐怕说不尽话，难道是朝廷上有变故吗？"于是一面托言探丧，一面了解朝廷的情况，等知鄂邑公主也已入宫后，就说未见遗嘱，恐立嗣有诈。于是，刘旦派使臣向昭帝请求在各个诸侯封国建武帝庙。

霍光敏锐地觉察到刘旦可能有别的企图，没有同意建庙要求，只是给刘旦、刘胥和盖长公主加了封地。刘旦却傲慢地说："按照长幼顺序我应当为天子，还用得着别人赏赐我什么东西吗？"当时就与中山哀王之子刘长、齐孝王之孙刘泽互相勾结，诈称受了武帝的诏书，勤修武备，以防不测。不久，他就向封地内的人宣布，说霍光所立并非武帝之子，应当即位的是自己，希望天下人共同来讨伐弗陵。刘旦让刘泽起草檄文，到处散布。不料刘泽来到齐地，竟被青州刺史隽不疑逮捕，又有人告发刘泽谋反，于是，隽不疑飞报朝廷，朝廷派人稍加审讯，就弄明了真相。刘泽被杀，刘旦也应连坐受诛。霍光认为昭帝刚刚即位，不宜杀死亲兄长，只是让他谢罪了事。

不久，顾命大臣金日磾染病身亡，他的两个儿子年幼晓事，昭帝曾把他俩召入宫中，与他一同起卧游玩，感情很好。等金日磾死后，其中的一个儿子承袭了父亲的爵位，昭帝就向霍光请求把他的另一个儿子也封为侯爵，霍光说没有先例。昭帝说："封不封侯，还不就凭你我的一句话吗？"霍光板起脸说："高祖曾经说过，没有功的人不能封侯。"昭帝吓得不敢作声了。霍光的正直由此可见一斑。

到了第二年，霍光被封为安陆侯，上官桀被封为安阳侯，霍光的权势越来越大。就在这时，有人偏偏向霍光进言说："难道大将军没有听说过高祖时候吕雉的故事吗？高祖死后，吕雉及吕氏宗族专权，并不任用刘氏宗族，最后在天下人面前丧失了威望，失去了人心，所以全部被诛杀。现在将军你作为顾命大臣的领袖，辅佐少主昭帝，地位高，声望重，权势大，却唯独不与刘氏宗室共事，没有刘氏宗室的人出来号召天下，将来怎么能免于祸患呢？"霍光听了以后，既感到震惊，又立刻醒悟，对那人说："谢谢先生的指教，我一定照办。"很快，他把楚元王的孙子刘辟强召入宫廷，封为宗正。

在昭帝十二岁时，上官桀的儿子上官安想把自己才六岁的女儿送入宫中，希望她将来成为皇后，就去找霍光商量。上官安本以为霍光是自己的岳父，自己的女儿是霍光的亲外孙女，霍光是不会阻拦的，没想到霍光一口回绝，认为孩子太小，不宜入宫。上官安一看无回旋的余地，只好想办法去求助别人。

上官安想了好久，终于找到一条门路，就跑到盖长公主家里找到了门客丁外人。原来，盖长公主的丈夫早逝，公主不耐孀居，门客丁外人美貌多才，为人狡猾，两人就勾搭成双，几乎不避人耳目。后来霍光让盖长公主入宫服侍昭帝，两人就无法见面了，盖长公主常常请假，而且晚上住在家里，不愿回宫。霍光觉得很奇怪，派人一打听，才知是这个缘故。霍光为了让盖长公主安心服侍昭帝，索性让丁外人入宫值宿，成全他们。上官安找到丁外人密商，丁外人一口答应，立刻去向盖长公主游说，盖长公主本打算把故周阳侯的女儿配给昭帝，可为了情夫的欢心，只好答应。

不久，上官桀的女儿被迎入宫，封为婕好，既而被立为皇后。由于这些诏令都出于中宫，霍光也没有办法，再说也没违反什么条例，霍光虽不满意，也未再多加考虑。

上官安却是官运亨通，很快就升为车骑将军。由此他十分感激丁外人，想说通霍光封丁外人为侯爵。这封爵之事要霍光决定，他无论如何都不肯答应。上官安无奈，只好让父亲上官桀去说情。上官桀与霍光都是顾命大臣，又是儿女亲家，更是莫逆之交，谁知霍光还是不答应。上官桀无奈，便降格以求，说是封个光禄大夫也好。霍光悖然怒道："丁外人无功无德，怎好得封官爵？请你不必再说了！"上官桀碰了一鼻子灰，从此深深地怨恨霍光。

盖长公主因为情夫得不到爵位，也十分怨恨霍光。他们内外呼应，想除掉霍光，而霍光尚不知道，只是按自己的意思去做。不久，昭帝突然下诏，封上官安为桑乐侯，食邑五千户。霍光事先并不知道这件事，但觉得上官安是皇帝的岳父，也不算违例，也就未加过问。而上官安却十分傲慢，有一次，他入宫侍宴，罢宴回家以后，向门客夸耀道："我今天与女婿一起饮酒，很是高兴，只是我的女婿服饰很豪华，而我家的用具器物，还不得相配哩！"说着，就要把旧有的家具一概烧光，多亏门客劝阻，才未烧成。

上官桀父子认为，上官桀从前和霍光一样都是顾命大臣，现在反而每件事都要受霍光管辖制约，实在太不公平。于是，他们就广结宫廷内外的宦官、大臣，想趁机除掉霍光。尤其是燕王刘旦，因未得地位，总心怀不满，御史大夫桑弘羊的子弟多有失职，也对霍光怀有怨望，再加上盖长公主作为内援，在上官桀看来，确实是万无一失。

正在这个时候，霍光到广明去校阅羽林军，上官桀就想发难，但想来想去还是无法准备力量，不能保证事变成功。于是他就和桑弘羊秘密商量，诈以刘旦的名义，上书弹劾霍光。奏疏写道："我听说大臣霍光在外出校阅羽林军时竟令先行官预先准备食物，模拟天子的出游仪式。把没有功的大将军长史杨敞任命为搜粟都尉，又擅自调益幕府校尉，专权自恣。我怀疑他有不正常的举措，所以愿意把我的符玺归还朝廷，回到宫里保卫皇上，以免奸臣忽起事端，皇上遭遇不测。事关紧急，特此派快马传给皇上。"

昭帝看后，竟无动静，霍光听说有人弹劾自己，十分恐慌，第二天上朝的时候不敢进去，只在殿西画着《周公辅成王图》的那间房子里坐着。昭帝未见霍光，就派人宣他进殿，霍光跪地免冠谢罪。

昭帝说："我知道你没有罪，请戴上帽子起来吧。你到广明校阅羽林军往返才十多天，燕王刘旦怎能得知，又怎能写信送来？况且你如果有不臣之心，又何必用校尉？这明明是有人谋害将军，假造此书。我虽然年少，也不至于如此愚昧。"群臣听了，无不惊服。昭帝催促捉拿上书人，上书人就是桑弘羊，闻讯后他逃到上官桀的家里躲避，当然无法捉到，偏偏昭帝又连日催办，上官桀使内臣在昭帝跟前说霍光的坏话，昭帝发怒说："大将军是当今的忠臣，先帝嘱托他辅佐我，如有人再敢妄说是非，便即处斩。"昭帝从此只亲近霍光，不理上官桀。

上官桀忧愤交加，计无可出，竟与儿子上官安商议了几次，想联络盖长公主及燕王刘旦，假意应许刘旦登上皇位，实际他欲先杀霍光，后废昭帝，再将燕王刘旦诱至京城，设法除掉，自己乘机篡位自立。

于是上官桀一面修书一封，派人通报燕王，诈称废掉昭帝后，迎他入都即位；一面与盖长公主密谋，令她宴请霍光，乘机设下伏兵，将霍光刺死。

燕王刘旦闻报，遂对群臣说："今得盖长公主密报，说欲举大事，只患大将军霍光和右将军王莽。今右将军已经病逝，丞相田千秋又在病中，正好乘机发难，事必成功。不久，我就会被召入京，你等速速准备行装，待命而行。"众臣奉命，加紧准备，静候入都消息。盖长公主经与上官桀谋划，积极准备酒食，欲邀霍光前来赴宴，并预先伏下甲兵，准备伺机将其除掉。

一切筹划完毕后，上官桀父子在家静候佳音。有一同党对上官安说："君父子行此大事，将来如何处置皇后？"上官安说："逐鹿之狗，还顾得上兔子吗？我父子靠着皇后，得此显贵；一旦人主意变，我们就是求为平民，恐怕也难办到。今乃千载难逢的机会，怎可轻易错过？"说完，大笑不止。

不料，上官桀父子所谋，被盖长公主舍人之父稻田使者燕仓得知，燕仓遂将此事告诉了大司农杨敞，杨敞又转告给告谏大夫杜延年。杜延年闻后，立即又找到霍光，告发了此谋。大将军霍光听毕，大惊，当即入宫，告知了昭帝。昭帝经与霍光商议，密令丞相田千秋速捕逆党。

田千秋奉命，立令从事任宫、少史王寿往捕叛逆。二人受令，先后将上官桀父子和桑弘羊擒获斩首。盖长公主闻变，也自杀身亡。苏武之子苏元及燕使孙纵之等，凡参与此谋者，也都先后被捕入狱。

都中逆党已除，昭帝遂派使臣持了玺书，往责燕王刘旦。

燕王刘旦正在蓟城（今北京市西南）等候消息，忽来急报，说上官桀父子事败被诛。刘旦听后，当时就吓出一身冷汗，急忙招来燕相平道："现在事情已败，不如就此发兵，你看如何？"平道："左将军已死，百姓都已知道，没有内应，不能轻易发兵。"刘旦也知事已难成，遂设席万载宫，外请众臣，内宴妃妾。酒入愁肠愁更愁，自作歌道："归空城兮犬不吠，鸡不鸣，横术何广广兮，固知国中之无人！"宠姬华容夫人随歌起舞，环座闻歌，都禁不住流下了眼泪。宴罢，刘旦欲拔剑自杀，左右慌忙上前阻住。正在这时，忽闻朝使到，刘旦只得出迎朝使。朝使入殿，呈上玺书。刘旦展开一看，只见上面说："昔高皇帝王天下，封赏子弟，以此为藩，治理国家。先日诸吕阴谋大逆，赖绛侯周勃诛灭贼乱，尊立孝文，以安宗庙。往者樊哙、曹参等，携剑推锋，从高皇耘锄海内，受赏不过封侯。今宗室子孙，无暴衣露冠之劳，裂地而王之，分财而赐之，父死子继，兄终弟及，封赏可谓极厚！况如王骨肉至亲，如同一体，乃与他姓异族，谋害社稷，亲其所疏，疏其所亲，生悖逆之心，无忠爱之意，如使古人有知，又有何面目去见高祖之庙？请王自行定夺。"

刘旦看完玺书，自悲自叹道："死了！死了！"遂用绶带自缢而死，妃妾等随旦自杀者达二十余人。

使臣回报昭帝，昭帝遂谥旦为刺王，赦免旦子，废为庶人，削国为郡。至此，昭帝在霍光的辅佐下，彻底挫败了这次叛乱阴谋，巩固住了政权。

昭帝十八岁举行冠礼，朝政由霍光秉公主持，还算平静，但昭帝于二十一岁病死，并无子嗣。广陵王是昭帝的哥哥，霍光不愿立他为君，大面上的理由是因为武帝没有看中他，且不是昭帝的下一辈，实际上恐怕考虑到广陵王年纪已大，立为皇帝后无法驾驭，遂决定立武帝的李夫人之孙昌邑王刘贺为皇帝。

刘贺是个纵情声色、荒淫无度的人，专好游猎，半日能骑马奔驰三百里。一日，刘贺看见路面前有一只白犬，项下似人，股中无尾，而左右的人却偏偏并未看见。龚遂劝谏说："这是暗示左右的人如犬戴冠，如不悔悟，恐要亡国了。"不久，刘贺又独见一大白熊入宫，龚遂又说："野兽入宫如入无人之境，是说宫室要空了，这是凶兆。"未几又见血染席中，龚遂哭道："血为阴象，阴象上升，宫室要空了。"等长安使臣到来，刘贺半夜得书，才看到数行，就高兴得手舞足蹈，一帮狐朋狗友都来趋奉。第二天，刘贺启程，独自一人策马跑在前面，沿途搜掠妇女，无恶不作。

刘贺即位以后，十分荒唐，毫无人君的样子，朝野上下深以为忧。霍光受群臣委托又联络杨敞等人，在朝会上忽然发难，借上官皇后的名义，历数刘贺罪状，把刘贺削去王号，另给食邑两千户，仍使居昌邑。只是刘贺的那帮帮闲小丑二百多人，全被绑赴市曹斩首，有人大喊："当断不断，自取其乱！"意思是悔不当初杀霍光。

立君又成了大问题，有人提出，唯有武帝曾孙刘病已，流落民间，据说美丰仪，通经术，有才具，年已十八，可立为君。人们流传，在这一年，泰山大石自立，上林苑中大柳树叶虫食成文，也辨认出"公孙病已立"字样。这皆是皇帝起于民间之兆。

霍光主持迎立了刘病已，是为宣帝。当时，霍光坐在宣帝的身边替他赶马车去祭拜祖庙，宣帝后来回忆说当时的感觉是"如芒在背"，等换了张安世驾车后，他才安心。其实，这一方面反映了霍光的权威之大，另一方面也为霍家的败亡埋下了伏笔。

宣帝尚未立后，当时许多人都打算让霍光的小女儿做皇后，可宣帝却下令访求故剑，大家明白，这是宣帝不忘贫贱之交，只好立宣帝在民间时的结发夫人许氏为皇后。照例应该封许氏的父亲为侯，但霍光认为他已受过宫刑，是微贱之人，不能违例封侯。宣帝争执不过，只好作罢。

宣帝即位后两年，霍光见宣帝恭谨谦让，也还放心，就自请归政退休。皇帝偏不允许，并且还让众臣凡事先奏请霍光，然后再通报自己。这时，霍光的儿子霍禹以及霍光哥哥的孙子霍云、霍山及外孙等，陆续获取了官职，在朝廷上渐成盘踞之势。宣帝虽十分猜忌，但也只好暂且隐忍。

霍光的继室霍显是个心狠手辣的女人。霍显原是霍光女儿的婢女，因长相姣好，为人狡猾，博得了霍光的喜欢，后生了几个子女，霍光就把她升为继室。为了让自己的女儿当皇后，霍显处心积虑地想谋害许皇后。恰巧许皇后将要分娩，忽感身体不适，霍显就趁机把自己的相识淳于衍推荐进宫，害死了许皇后。宣帝十分气愤，霍显极怕淳于衍吐露真情，连忙求霍光设法，霍光知道了也很害怕，但事已至此，只好去到宣帝那里游说，让他放了全部医官。

从此时开始，民间竟传闻霍家毒死了许皇后。不久，宣帝迎霍显之女入宫，一年后立为皇后。宣帝地节二年（公元前68年），霍光寿终正寝，他没有解决好的问题也就逐渐地暴露出来了。

霍后尚未生子之时，宣帝欲立许后所生的刘奭为太子，霍显对女儿说："他是皇帝微贱时所生，怎能当太子？倘若你将来生了男孩，不是要为他所制吗？"霍显就交给她毒药，让她寻机毒死太子。无奈宣帝十分小心，霍后始终不得下手，她经常恼恨地咒骂，逐渐露出了不悦太子的神情。宣帝敏锐地觉察到了这一点，又风闻是霍家毒死了许皇后，就加倍注意起来。

霍家一门三侯，霍显尚不满足。霍显做了太夫人之后，无视礼法，竟擅自扩大霍光的故制，自己的生活更是纸醉金迷，尤其是与俊仆冯殷私通的事，闹得沸沸扬扬，无人不知。她的这些做法引起了公愤，许多人上书弹劾。宣帝只是念着霍光的功劳，才隐忍未发。

宣帝怕霍家势力太大，将来生变，就逐步撤去霍禹等人的兵权。霍家已感觉到势头不好，尤其是弹劾之人越来越多，关于毒死许皇后的议论也越来越凶，霍云、霍山等就找霍显想办法。霍显说出下毒之事，他们非常震惊，认为唯一一条路就是联络霍氏及诸女婿一同起事，并借上官太后的名义废了宣帝，方可无虞。谁知隔墙有耳，马夫听到了他们的议论，夜里又与别人私议此事，他的朋友偷听到后，为了图谋富贵，就跑到皇帝那里告了密。霍家的谋划至此泄露。

宣帝立刻传令捉人，但又马上传命止捕，就是这样，霍家也知谋泄，急忙联络诸亲戚准备起事，诸亲戚知道谋反必致连坐，为求一线生路，也都纷纷同意。好在朝廷又无声息了，大家就又安定了一段时日。

其实宣帝是在一步步地实行计划。他怕霍家谋反之事尚未足以传信众人，贸然下令逮捕，会遭人议论，所示要等到霍家充分暴露出来，才好服众。果然，霍家的问题越来越多，名声也越来越臭。霍家便又密谋杀魏相，废宣帝，立霍禹为天子。又有人探得了这一消息，报知了宣帝。

宣帝见时机已成熟，立即派兵，凡霍氏宗族亲戚，一概拿办。霍山、霍云服毒自杀，霍显、霍禹被腰斩，霍氏女婿、外孙，尽数处死，诛灭不下千家。

纵观霍光的一生，虽不能说真像周公辅佐成王那样尽善尽美，倒也确实能尽心尽力，秉公治朝治国，至于许多处理不当的涉及个人的事，细细地推敲起来，倒也未必是霍光原意，实在是情势所迫，无力回挽。应当说，周公辅政只是一个传说，一种理想，而到了霍光，是实实在在的具体操作，问题十分复杂，想以身作则而不得，能做到霍光这个样子，平心而论，已很不容易了。

但霍光是只知谋国，不知谋家的，他完全有理由考虑到身后家族的败亡。其一，毒死许皇后留下了祸根；其二，二十多年的执政结怨太多，且有许多越权之事；其三，妻子霍显起自微贱，欲壑难填，狂悖残忍；其四，诸子孙多是轻狂之人；其五，子婿盘踞朝廷，势力太大，极易遭忌；其六，不知收敛。这六条中的任何一条，均足以使家族败灭，霍光却未对任何一条做出具体的安排，更无任何善后措施，其败亡是无可避免的。不灭在宣帝的手里，也会灭在别人的手里。别说还要谋反，就是谨慎处世，也决计逃脱不了，只是谋反使败亡来得快一点儿、彻底一点儿罢了。

霍光只知谋国，不知谋家，按中国传统观点来看，他不是一个上档次的人物。至于霍光是忠臣还是奸臣，正如开篇所言，在意愿上他想做忠臣，但却往往做出一些奸臣的事来。有些事并不是霍光的错，而是封建正统观念给人设了一个两难的处境：家与国的统一与背离。在一定情况下，家与国是统一的，忠于皇帝一家，就是忠于国家人民；但在很多情况下是背离的，这就出现了上述的矛盾。

宦海之中，霍光并不以功业胜，但他的生前身后的遭际，却极具特色。看看霍光，再反观现实，在某些方面或许是意味深长的。

（参见《资治通鉴》《汉书》等）

开国与固权

"皇帝轮流做，明年到我家。"中国人其实非常解放，无不敢想，无不敢干。西方许多国家的王室维持了四五百年甚至一两千年，这在中国人看来是不可想象的。中国人生来就容易做开天辟地的梦，许多人还真的心想事成，否则，中国历史上哪来的那么多朝代呢？

然而，开国要有"道"。若回过头来看看，就会发现权力的转换有这样一条重要的"历史规律"：始作俑者未必成功，后继者才能完成大业。

中国历史上，陈胜、吴广首倡起义，但来势虽猛，却很快被秦军镇压下去，陈胜、吴广也随之身亡。在陈胜、吴广起义的旋风里，项羽、刘邦分别拉起了各自的队伍，于抗击秦军的过程当中"壮大了人民队伍"，最后推翻了秦朝。后来楚汉相争，刘邦战胜项羽，建立了西汉王朝。西汉末年，绿林、赤眉起义军把王莽的大军打得一败涂地，但最后成功的不是首倡起义的王匡、王凤和樊崇等人，而是随之起义的汉室宗亲、南阳豪强地主刘秀。刘秀后来壮大了自己的势力，攻灭了义军，重建了汉朝，称之为东汉。在反隋的农民大起义中，翟让、李密领导了瓦岗军，窦建德曾建大夏国，杜伏威等人也领导了一支强大的起义军。这三支起义军都未得到天下，倒是后来反隋的关陇贵族李渊、李世民父子既镇压了农民起义军，又推倒隋朝，建立了唐朝。元朝开国也是如此，成吉思汗虽具雄才大略，也只是统一了蒙古各部落，称为大汗，到了其子孙的手里，才灭金国和南宋，统一了中国。明朝的建立跟汉朝、唐朝的建立极其相似。韩山童、刘福通首举义旗，创建红巾军，声势浩大，元朝为之震动，但红巾军不久便败亡了，倒是其部下朱元璋率领义军一部渡过难关，获得了发展，既推翻了元朝，又打败了陈友谅的另一支义军，最后建立明朝。清朝的建立跟元朝十分相似，清朝的奠基者努尔哈赤，也像成吉思汗一样，只是统一了各个部落，他虽称清太祖，实未统一全国，真正的清朝的开创者，是他的后代。

如此算来，中国古代竟有一大半王朝是以这种方式建立的。**为什么开创**

者很难成功，而后继者却易于成功呢？其实，这并非上天不公，而是改朝换代的一种规律。其原因很简单。一，开创者往往只能对旧的王朝作猛烈的一击，大多不能持久，起义队伍要经过一个分化重组的过程。二，开创者往往不是能够做政治家的人，只能振臂一呼，逞血气之勇，缺少一个淘汰选择的过程，因缺少经验，所以易于败亡。三，后继者有三条优势：其一是旧的王朝已受重创，处于摇摇欲坠的状态，易于将其击垮；其二是后继者继承了前人的经验，不必再走弯路；其三是后继的领导者多是从艰苦的斗争中磨炼汰选而来，具备了做政治家的品格。有此三条优势，也就易于取得成功了。

取得王权，开国帝王要做的第一件事和最主要的事是什么？毫无疑问，是固权。所以，固权乃开国帝王第一义也。

开国皇帝何以比其他后继皇帝更需固权呢？

其实道理很简单，一是开国时泥沙俱下、鱼龙混杂，各色人等都有混进开国队伍的可能，如不清理，将来会酿成大祸；其二是开国期间有许多人手握重兵而又威望很高，如不诛杀，则功高震主、才大压主和权大欺主三位一体，将来必成后患。

至于第三点，则要计之长远，为子孙谋划了。关于这一点，朱元璋的"棘杖"之喻可谓意味深长。史载，朱元璋要赐死开国功臣李善长时，太子朱标曾向朱元璋进谏说："皇父诛杀的人太多太滥了，恐怕有伤和气。"朱元璋听了，默无一语。第二天，他又把太子叫来，将一根长满刺的荆杖扔在地下，要太子捡起来，太子面有为难之色，朱元璋笑道："我让你拿着棘杖，你认为棘杖上有刺，怕伤了手，若是把棘刺除去，就可以不必担忧了。我现在诛戮功臣，便是替你把刺去掉，你难道还不明白我的用意吗？"谁知太子却是一位饱读圣贤书的书生，听了父亲这话，大不以为然，反而叩头道："上有尧舜之君，下有尧舜之民！"这话明摆着说朱元璋是一个昏暴的君主，朱元璋大怒，当即提起身前的几案击打太子。幸亏太子在惊慌中抛出负子图，使朱元璋忆起了与马皇后背负太子同陈友谅作战的艰难岁月，太子才免遭杀戮。

在中国历史上，为巩固权力而杀人最多的开国皇帝，恐怕非明太祖朱元璋莫属了。朱元璋兴胡党和蓝党大狱，杀人数万，开国功臣诛戮殆尽，确实避免了异姓王的造反，但他费尽心机，却无法避免骨肉相残。燕王朱棣起兵造反，终于夺了建文帝的权，对亲族诛戮之残酷，可谓史无前例。

历史不是一匹驯服的马。像朱元璋那样彻底地杀掉功臣，很难将皇位维持长久；像东汉光武帝刘秀那样"以柔治国"，未杀一个开国功臣，而是与之结为姻亲，但裙带的柔情终究抵挡不住旺盛的权欲，还是招致了外戚和宦官专权的巨大弊端。那么舍其两极，取其中间，采取又打又拉、拉、打结合的办法是否可以呢？中国的历代王朝中也有做过不少这样尝试的，似乎也不太成功。怎样才能避免杀戮和混乱呢？难道历史就是用鲜血和权力的"棘杖"组成的吗？

孟子说："不嗜杀人者能一之。"其意是说以仁行事才能得天下、保天下。但这一信条，在历史上实现了多少呢？

明朝初立之时，朱元璋确实是宵衣旰食，每天忙到深夜，早上又早早起床，接见大臣，批阅奏章，没有什么文化娱乐活动，衣食起居也十分俭朴。尽管如此，在战争中崛起的新的地主、官僚还是用各种方法营私舞弊，盘剥农民，一些跟随朱元璋南征北战的功臣宿将也恃功自傲、恃权自专，或是徇私枉法，或是巧取豪夺，刚刚缓和的农民矛盾又趋尖锐，许多地方竟爆发了小股农民起义，再加上北方元朝的残余势力还在不断骚扰，东南沿海一带又有倭寇出没，刚刚建立的明朝处于内忧外困之中。

在这种情况下，朱元璋采取了一系列的固权措施。

第一，改革官制。

削弱了中书省和大都督府的权力，把这两个主管行政和军事的要害部门分成几块，又把亲王派往各地监军，这样，大权就集中到皇帝一人的手中了。

第二，建都察院，下设十三道监察御史，施行严刑峻法。

都察院的权力是纠察百官的得失。监察御史的官品虽然只有七品，但什么话都可以说，什么大官都可以告，凡是大臣奸邪、擅作威福、小人构陷、扰乱视听，以及贪赃枉法、变乱祖制和学术风气等都在纠劾的范围之内。

《明律》中的许多规定在今天看来确实是十分残酷的，例如：凡奸邪进谗言使未犯死罪而致死的人，处斩；如有人犯了死罪，有人用巧言进谏，使之免于死罪的，进言者也要被处斩；即使是掌管刑律的官员，如果听从了上司的指使，减轻或是加重了罪犯的刑罚，也要被处死，并将其妻子充作官奴，家产没入官府。对于贪污，朱元璋的认识十分深刻，认为这直接关系到政治风气乃至国家的生死存亡，他说："吏治之弊，莫过于贪墨。"认为此弊不除，欲行善政，绝无可能。于是，《明律》规定，官吏必须廉洁奉公，即使因公出差乘坐公车，也不能捎带私人财物，附载衣服等不得超过十斤，每超过五斤打十鞭，十斤加一等，直至笞至六十鞭。凡贪污者，至轻之罪也要发配到北方边地，如果贪污数额折价超过六十两银子，处以枭首、剥皮、实草之刑。其具体的做法是把犯官先砍去头，然后再剥下皮，把头挂在杆子上，把皮包上草秸，放在衙门口旁边的土地庙外，或是摆在公座之旁，其用意是警告后来的官吏，不得再行贪污。朱元璋的这一招虽不太人道，却十分有效，法令实行不久，吏治果然有所好转。

但尽管如此，还是有些官吏胆敢以身试法，洪武十八年（1385年），有人告发北平二司官吏李彧、赵全德与户部侍郎郭桓勾结贪污，朱元璋迅速查勘，追出赃粮七百万石。朱元璋大怒，把六部左右侍郎以下的官吏全部处死。经过拷打，又牵连了许多人，最后杀人总数，包括官吏和地主竟达数万人之多。在这种严刑峻法和"运动"打击结合的综合治理下，洪武年间的吏治总算呈现出了新的面貌。

第三，对官吏实行特务统治。

朱元璋设立了巡检司和锦衣卫，让巡检司专门负责盘查全国各地的过往行人，人们被限制在方圆一百里的活动范围之内，如有超出，须事先弄得"路引"，这是防止人民串联造反的重要措施；锦衣卫则是专门负责监视百官的动静的，就连街衢之上，也满布锦衣卫。这样，吏民的一言一行都逃不过皇帝的耳目。一次，博士钱宰罢朝回家，在路上信口吟道："四鼓咚咚起着衣，午门朝见尚嫌迟。何时得遂田园乐，睡到人间饭熟时？"第二天上朝，朱元璋对钱宰说："昨天做的好诗！不过我并未'嫌'你啊，改作'忧'字怎么样？"钱宰一听，吓得出了一身冷汗，连忙跪下叩头。好在朱元璋并不是要追究他的罪责，而是要显示自己的无所不知，钱宰才算没有惹出大祸。吏部尚书吴琳告老还乡，已是无所作为，但朱元璋还是不放心，常派锦衣卫去监视他。一天，特务向田间插秧的一个老农夫问讯道："这里可有个退了休的吴尚书吗？"那老人拱手答道："我吴琳便是。"朱元璋得到了这一消息，知道吴琳并无异志，十分高兴，奖赏了吴琳。大学士宋濂是著名的学者，对朱元璋可谓赤胆忠心，但朱元璋还不放心，经常派特务监视。一天，宋濂在家请客，特务竟把赴宴人等乃至菜肴全都列单汇报给了朱元璋。第二天上朝，朱元璋问宋濂请客及菜肴的情况，宋濂把所请客人和菜肴情况一一据实回答，朱元璋听后十分满意地说："宋学士所说皆实，没有骗我！"国子监祭酒宋讷有一天在家生闷气，监视他的人认为有可能是对皇上不满，就偷偷地把他生气的样子画了下来，交给了朱元璋。第二天上朝时，朱元璋问他何故生气，宋讷做了解释，朱元璋知道他生闷气与朝事无关，才不追究。宋讷非常奇怪地问太祖怎么知道他的家事，太祖就把那张画像拿出来给他看，结果宋讷几被惊倒。

就这样，朱元璋掌握了臣下的一言一行，臣下深恐动辄得咎，真正做到了前人所谓的"慎独"，哪里还敢有不臣之心呢？

第四，实行舆论控制，以建立他在人们意识中的崇高地位。

在时人看来，朱元璋的出身十分微贱，祖祖辈辈都是替地主干活的农夫，而且他本人还做过和尚，因此，朱元璋做皇帝，不仅不符合当时的标准，简直对民众是一种侮辱。尤其是许多贵族出身的文人，更是看不起朱元璋，根本不愿出来做明朝的官。对于这部分文人，朱元璋毫不留情。

例如贵溪儒士夏伯启叔侄两人为了找借口不出来做官，竟致把手指截断。朱元璋听说了，就特意把他们招来，当面质问："过去世道动乱的时候，你们住在哪里？"他们回答说："红寇窜乱之时，我们住在闽、赣一带。"朱元璋一听，勃然大怒，他起自红巾军，夏伯启竟敢把红巾军称为寇，实是胆大包天，当即下令把他们处死，并命令凡是不听征召、不与政府合作的知识分子，一律杀头抄家。

无意当中冒犯了他，甚至被人无中生有地构陷的人，朱元璋也横加杀害。例如，尉氏县教谕许元为本府作的《万寿贺表》中有"体乾法坤，藻饰太平"之句。其中"法坤"读作"发髡"，即剃去头发，朱元璋怀疑是讽刺自己当过和尚。"藻饰太平"与"早失太平"同音，这位教谕当然也就成了枉死城里的新鬼。怀庆府学训导吕睿为本府作《谢赐马表》中有"遥瞻帝扉"，"帝扉"可读作"帝非"，朱元璋也怀疑这是吕睿暗示他不能当皇帝，也将之杀头。亳州训导林云为本州作《谢东宫赐宴笺》中有"式君父以班爵禄"，其中"式君父"可读作"失君父";祥符县学谕贾翥为本县作《正旦贺表》中有"取法象魏",其中"取法"可读作"去发"。朱元璋认为这些立辞都是对自己不敬,将作者全部处以死刑。逢年过节或是谢恩上表,这些文人总免不了要写一些歌功颂德的话,谁知却大遭其殃。最为怪诞的是杭州学府教授徐一夔为本府起草的《贺表》里有"光天之下,天生圣人,为世作则"之句,这本是极尽颂扬的话,谁知朱元璋见了大发其火,他说:"'生'者,僧也,这是骂我当过和尚;'光'则秃也,说我是个秃子;'则'音近贼,是说我当过盗贼。"这位拍马屁拍到驴腚上的教授,只好一命呜呼了。在这种严酷的文字狱的统治之下,文人学士只好缩头缩脑,别说高谈阔论,发表什么政治见解,就是平时说话作文,也要小心万分,否则,不知什么时候,横祸就会飞到自己的头上。

朱元璋识字不多,却特别忌讳有人在文字上冲撞他,对于能合他心意的一些诗文词句,也格外见爱。一次,朱元璋微服出访,到了江淮一带的多宝寺,见寺中多颂多宝如来的佛号,就对侍从说:"寺名多宝,有许多多宝如来。"随行的学士江怀素知道太祖又在考较群臣,就马上趋奉道:"国号大明,无更大大明皇帝。"朱元璋一听大喜,把江怀素提升为吏部侍郎。朱元璋在江淮一带遇到以前的故友陈君佐。陈君佐少有才名,朱元璋就带他出入淮扬一带。一天,朱元璋在一家小店吃饭,忽有所思,又出对道:"小村店三杯五盏,没有东西。"陈君佐脱口而出对道:"大明君一统万方,不分南北。"朱元璋极其高兴,想让他随侍左右,当一词臣,陈君佐却过惯了逍遥自在的生活,不愿意随侍,朱元璋也未勉强。又过了几天,朱元璋遇一士人,见他文采风流,相问之下,知他是重庆府监生,朱元璋便命他属对,自出上联道:"千里为重,重水重山重庆府。"那士人也不假思索,开口对道:"一人为大,大邦大国大明君。"朱元璋闻言大喜,第二天就遣人送去了千两黄金。

朱元璋用这些手段改善了吏治,巩固了统治,树立了自己的威信。同时,他对于一些谋反或是不驯的功臣,也绝不手软。"胡惟庸谋反案"和"蓝党大狱"不仅是明朝的两次大狱,也是中国历史上著名的大狱。这两次大狱共杀死了四五万人,朝廷官员几乎为之一空。自此以后,朱元璋的权力"棘杖"上的确没有扎手的硬刺了。

在明朝的开国功臣之中，武臣立功最著者，当推徐达、常遇春；文臣立功最著者，当推李善长、刘基。刘基是一位奇人，他洞察世事，无有不中，对朱元璋封赏的官职多次拜辞不受，因为他知道朱元璋生性忮刻，很难容人，跟他共事长久，必不免有杀身之祸。而李善长却官至右丞相，封韩国公，有骄矜之态。朱元璋渐感不满，想换掉李善长，让刘基为右相。刘基说："善长是有功的老臣，能够调和各将的人际关系，不宜马上把他换掉。"朱元璋很奇怪地问道："善长多次说你的短处，你怎么多次说善长的长处呢？我想让你做右相，不知怎样？"刘基顿首说："换相好比换殿中的柱子，必得用大的木材，若用小的木材，不折断也必定仆倒，我就是那种小材，怎能当右相呢？"朱元璋问："杨宪如何？"刘基说："宪有相材，无相器。"又问："汪广洋如何？"又答："器量褊浅，比宪不如。"又问："胡惟庸如何？"刘基急忙摇头道："不可！不可！区区小犊，一经重用，必至辕裂犁破，祸且不浅了！"

不久，杨宪因诬陷人而被处死，李善长又被罢去相职，胡惟庸逐渐升为丞相。他听说了刘基对自己的评价，怀恨在心，就诬陷刘基的儿子，又害了刘基。刘基忧愤成疾，被朱元璋派人护送回青田，不久去世。

害死刘基之后，胡惟庸更加洋洋得意，肆无忌惮。他恃权自专，朝中生杀陟黜之事，不待奏闻，就自行决断，对于送来的奏章，他也先行拆阅，凡不利于己者，就藏匿不报。朝廷势利之徒，竟走其门，胡家珍宝金帛，积聚无数。魏国公徐达看不顺眼，就给朱元璋上了密本，说胡惟庸奸邪，应加诛除。朱元璋没有相信徐达的话，反给胡惟庸知道了这件事，胡惟庸因此对徐达怀恨在心，就私下里买通了徐达家里的看门人，让他诬告徐达。谁知弄巧不成，这计谋被自己的守门人报告了徐达，反而遭到了朱元璋的怀疑，胡惟庸每天上朝都提心吊胆，恐怕遭到不测，等了几天，竟然没事发生，才逐渐放下心来。自此他收敛了一阵。

后来胡觉得自己应当再找个牢靠的靠山，就看上了李善长，李善长虽不当丞相了，但还是十分受朱元璋倚重，经常出入宫廷。胡惟庸请人作伐，把女儿嫁给了李善长的弟弟李存义的儿子，胡惟庸有了李善长这一靠山，不觉又趾高气扬起来。正巧，胡惟庸定远老家宅中的井里忽然长出了竹笋，高及数尺，一班趋炎附势之徒都说这是大吉兆，又有人说胡家的祖坟上每天晚上有红光照耀天空，远及数里。胡惟庸听了，更觉得是吉兆，越发得意。

恰在这时，德庆侯廖永忠因擅自使用皇帝的龙凤仪仗而被赐死。平遥训导叶伯巨上书劝谏朱元璋，说他分封太多，用刑太繁，求治天下之心太过迫切，结果使得朱元璋大怒，把他关进大狱，活活饿死。安吉侯陆仲亨擅乘驿车，平凉侯费聚招抚蒙古无功，均被朱元璋下旨严厉责罚。汪广洋罢相数年，由胡惟庸推荐，重登相位，不久又因刘基案被贬谪，汪广洋知道胡惟庸的不法行为，但一直替他隐瞒，在二次罢相之后，出居云南，不久即被赐死。

官吏屡屡得咎，使得朝廷之上人心惶惶，人人生怕祸及己身。尤其是汪广洋被赐死，更使胡惟庸觉得震动，他知道朱元璋迟早要惩治自己，就下定了反叛的决心。

首先，他把那些遭到朱元璋惩治而心怀不安的官吏争取过来，结成党羽，然后又托亲家李存义到他的哥哥李善长那里探听口风，李善长知道这是祸灭九族的事，起初不肯应允，经李存义再三说明利害，最后默许了。

从李善长的态度里胡惟庸得到了鼓舞，于是加紧谋反的准备活动。他把一些亡命之徒结纳为心腹，又暗地里招募了一些勇士组成卫队，并把天下兵力部署情况了解得一清二楚，再派人去同东南沿海一带的倭寇联结，引为外援，还结交了一些掌握兵权的人，准备一旦事发，就起兵响应。他又秘密结交日本国派来的贡使，作为事败之后的退路。

胡惟庸在觉得一切准备完毕之后，就于洪武十三年（1380年）正月，奏告朱元璋说京宅井中出了一眼甜泉，乃是大吉大利之兆，请朱元璋前去观看。朱元璋竟信了他的话，车驾从西华门出发，准备前往。就在这时，内使云奇突然闯入跸道，勒住了朱元璋的马缰绳，极力劝阻朱元璋，说是不可前往，由于情势太急，云奇声调急促，以致不能说得明白。朱元璋见此情景大怒，以为云奇放诞不敬，就喝命左右用金锤挝击。云奇断了胳膊，扑倒在地，气息奄奄，但却用手指着胡惟庸宅第的方向。

这时，朱元璋忽然有悟，忙登上高处向胡惟庸的宅第方向看去，但见胡宅中隐隐透出兵气，朱元璋大惊，立即发兵前往捕捉。不一会儿，羽林军就将胡惟庸及埋伏的甲士捉拿归案，经人对质，胡惟庸无法抵赖，只得承认。

胡惟庸被牵至市曹，凌迟处死。

朱元璋当然不肯罢休，派出官吏四处拷掠，把胡惟庸一案的新账旧账一同清算，由擅权枉法到私通日本、蒙古，再到串通李善长等人谋反，由此牵连到的胡惟庸的亲族、同乡、故旧、僚属以及其他关系的人皆被连坐诛族，此案先后杀掉了三万多人。

　　过了十二年，蓝党之狱又成。

　　凉国公蓝玉，是著名的武将，也是开国功臣，但为人桀骜不驯。蓝玉与太子朱标是间接的亲戚，往来很亲密。蓝玉在北征时看到燕王朱棣的行止，深感不安，回来后对太子说："我看燕王在他的封地里实在是太威风了，其行止不亚于皇帝。我还听说燕地有天子气，愿殿下细心防备，免生不测。"太子生性忠厚，不愿生事，就对蓝玉说："燕王对我十分恭顺，绝不会有这样的事。"蓝玉见太子不信，只好自找台阶说："我蒙受殿下的恩惠，所以才秘密地告诉你涉及利害的大事。但愿我说的不中，不要被我言中。"

　　不久，太子病死，朱元璋觉得燕王朱棣为人阴鸷沉稳，很像自己，就想立他为太子，但一些大臣反对，觉得于古礼不合，也对其他皇子无法交代，朱元璋只得立了朱标的儿子做皇太孙。

　　燕王朱棣见太子已死，无人替蓝玉说话，在入朝奏事的时候就对朱元璋说："在朝诸公，有人纵恣不法，如不处置，将来恐成尾大不掉之势。"朱棣虽未明指蓝玉，但大家心里都清楚，蓝玉曾在太子面前说过朱棣，朱棣现在要施行报复了，再加上"纵恣不法"四字，更是确指蓝玉。

　　在这种情况下，蓝玉竟还率性而为，一点儿也不检约自己。他出征西番，擒得逃寇，且捉住了建昌卫的叛帅，自认功劳更大了，愈发得意扬扬，本以为回朝后定会大有封赏，没想到朱元璋根本就不理他。到册立皇太孙时，他满以为会让自己做太子太师，却没想到自己还是太子太傅，反倒让冯胜、傅友德两人做了太子太师。蓝玉十分愤怒，扯着袖子大喊道："难道我还做不得太子太师吗？"他这一番闹腾弄得朱元璋更不高兴。

　　自此以后，蓝玉上朝奏事，没有一件能够获准，但他不仅不知收敛，还更肆无忌惮，即使陪皇上吃饭，也出言不逊。一次，他见朱元璋乘舆远远经过，便指着说："那个乘舆的人已经怀疑我了！"

　　此语一出口，大祸即来。其实，蓝玉并未像胡惟庸那样谋逆，只是"祸从口出"罢了。

锦衣卫听到了这句话，立刻告及朱元璋说蓝玉谋反，并说他与鹤庆侯张翼、普定侯陈桓、景川侯曹震、舳舻侯朱寿、东莞伯何荣、吏部尚书詹徽、户部侍郎傅友文等人设计起事，欲劫皇上车驾。朱元璋听了，正想杀人而找不到借口，便不问青红皂白，一齐拿到朝廷，并亲自审问，再由刑部锻炼成狱，以假作真，全部杀死。

仅此还嫌不足，凡与蓝玉偶通讯问之人，皆不使其漏网，四面构陷，八方株连，朝廷中的勋旧，几乎一扫而空。此次前后共杀一万五千余人，与胡惟庸案杀人并算，共计近五万人。

至此朱元璋还不罢休，蓝党之狱过后年余，颍国公傅友德奏请土地，不仅不准，反予赐死。宋国公冯胜，在缸上设板，用碌碡打稻谷，以做打谷场，声响远震数里，有仇人状告冯胜私藏兵器，朱元璋把他召入廷内，赐以酒食，说是绝不相信别人的谣言。冯胜喜不自禁，谁知刚刚回到家里，即毒发而死。定远侯王弼，在家里曾叹息说："皇上春秋日高，喜怒无常，我辈恐怕很难活下去了！"这一句话果然被特务告密，王弼立即被赐死。

这样一来，开国功臣已所剩无几，即便有几个，也早已远离朝廷，不涉政事了。

徐达、常遇春、李文忠、汤和、邓愈、沐英六人得保首领，死皆封王。但徐、常、李、邓四人都死在胡狱或蓝狱之前；沐英镇守云南，总算偏远无事；只有汤和绝顶聪明，他洁身远引、解甲归田，绝口不谈政事，得以寿终正寝，活了七十多岁。

纵观中国历史上的各个朝代，把开国功臣杀得如此彻底的，确实应数只有明一代。朱元璋从改变官制、改善吏治、严格法令、压制舆论、杀戮功臣和特务统治六个方面集中权力，巩固他的统治地位，可以说收到了相当的成效。自洪武年间及以后，明代的君权在相当长的时间内没有旁落过，至于燕王朱棣起兵争位，那是皇帝家里自己的事了。

历史的血腥至今犹能闻到，权力的"棘杖"又何曾一时光滑可手过呢？杀了近五万人来巩固皇权，试图为子孙后代削出一把可以挥压万民而又光滑可手的权力之杖，其结果怎样呢？还不照样是叔侄争位、宗室相残？还不照样是奸佞迭出、祸乱频行？

其实，权力的"棘杖"内外都是刺，去了外刺，内刺犹在，是无论如何也去不了的。此杖弃之不得，握之扎手。这就是历史，任何人对之都无可奈何。

（参见《明史》《史记》《后汉书》《明通鉴》等）

谁是中国历史剧的最大导演

这里说的不是影视导演，而是活的历史的导演。

要寻找这样的导演，首先要寻找具体而又典型的历史大戏。

赵匡胤的"黄袍加身"就符合这样的条件，因为用现代戏剧观点看，赵匡胤兵变、登基的过程具备了十分典型的"戏剧结构"。

赵匡胤是如何登基的，历来有两种不同的说法：一是"黄袍加身"，一是陈桥兵变。

大史学家司马光他在的《涑水纪闻》中就说："或以黄袍加太祖之身。"意思是说有人强行将黄袍披在赵匡胤的身上，这就是所谓的"黄袍加身"。宋代的官僚文人这样说，后来的正史也多持这样的观点。但民间似乎就不同了，疑为宋人所作的《大宋宣和遗事》和明代的《喻世明言》就直称"陈桥兵变"。不要小看这称呼的不同，其中的区别可大了。如果是黄袍加身，赵匡胤就是无辜的、无奈的、被迫的，在道义上就可以不受谴责；如果是陈桥兵变，赵匡胤可就变成篡权者了。

到底真相是什么，还是让历史事实来说话。

显德七年（960年）正月初一，后周的都城东京（开封）。

京城里一派节日气象，尤其是大臣们，在忙着朝贺新年。就在这时，朝廷接到了北边镇州、定州的紧急军报，说割据山西的北汉会合契丹人向后周发动进攻。

其实这是一件很奇怪的事。为什么？怎么也得让皇帝过好这个新年，谁有那么大的胆子敢在大年初一上奏这样的军情？即使十万火急也不行。可偏偏就在这时，边报来了。如果皇帝能够指挥若定，这时来了边报也不可怕，

"兵来将挡，水来土掩"就是了，可偏偏后周当时的情况是"主少国疑"。所谓主少国疑，就是君主年少，国人疑惧，也就是说国家缺少主心骨，全国上下疑惧不安，不知如何是好。

所谓"无巧不成书"，无巧似乎也不成历史。但历史真的那么巧吗？是否背后有人处心积虑地操作呢？不得而知，因为历史上本来就有很多谜！

接下来的情景是什么样子呢？可以想见，是朝堂上一片混乱，本来大家都是满面红光地祝贺新年，现在却一个个变成六神无主了。

我们还可以想到什么呢？发兵啊！对了，这正是有人想要的结果。两个宰相，范质、王溥，不加任何核实，不采取任何防备措施，当时就以周恭帝的名义下诏让赵匡胤带兵北征。这样做，在历史上有个专有名词叫"仓促遣将"，而仓促遣将，十有八九是要出大问题的。

这是不是因为后周朝廷听从了赵匡胤的调遣，我们不得而知，但接下来赵匡胤做了什么，我们却是知道的。

首先，他让殿前副都点检慕容延钊于正月初二率军先行。慕容延钊不仅在资历、声望诸方面都超过他，更重要的是，慕容延钊并非铁杆的拥赵派，不是他的核心成员，如果让慕容延钊与自己同行，无疑是多了一层顾虑；而让慕容延钊先行，赵匡胤紧随其后，不仅免除了心腹之患，且一旦兵变成功，就可以切断慕容延钊的后路，使他进退维谷，自然就容易倒向赵匡胤这一边。这叫清除外围。

第二，赵匡胤并不是把所有的亲信将领全都带走，而是把石守信、张令铎等留在开封，目的是既做内应，又牵制负责守卫京城的韩通。这叫设置内应。

第三，赵匡胤特地来向韩通辞行，不仅表示了对对方的尊重，还仿佛说："我走了，这里的事情就靠你了。"使韩通放松了对他的戒备。这叫麻痹对手。

第四，九年前，郭威拥兵入城自立，在开封纵兵剽掠，人们对此不仅记忆犹新，更是心有余悸。如何使人心安定下来，并能接受自己回城，实在是令赵匡胤大伤脑筋的一件事。对此，赵匡胤处理得可谓十分巧妙。他先是在慕容延钊出兵当日就散布流言，说是"将以出军之日，策点检为天子"。这令人们十分惊慌，唯恐当年的一幕再度重演。正当人们惊慌失措的时候，赵匡胤于正月初三率军出行，奇怪的是，他的军队纪律出奇的好，这无疑向开封市民宣布，如果我这个点检真的回来做了天子，绝不会抢掠你们，你们不用害怕。这样，将来自己真的突然君临开封，市民就会顺理成章地接受他，说不定，市民还会对他感激涕零呢！对于市民的心理，赵匡胤可谓琢磨透了。这叫舆论准备。

如果不是一个成熟的政治家、军事家，如果不是处心积虑，如何能做如此周密的安排呢？

至此，赵匡胤该出发了。

正月初三的当晚，赵匡胤到达离开封东北四十里的陈桥驿。

所谓"百丈风波，起于青萍之末"。从何处突破呢？

最好的方式，就是"神道设教"。

所谓神道设教，就是假借上天、神或是其他超人间的方式来言语或是解释某些事情，从而达到自己的目的。在历史上，这种方法是极其盛行的。如陈胜、吴广起义的时候，就在夜晚设了篝火，学狐狸的声音叫喊说："大楚兴，陈胜王"；元朝末年，韩山童派人到处传唱一句童谣："石人一只眼，挑动黄河天下反。"他见歌谣流传很广，就秘密派白莲教教徒用石头凿了一个独眼人，背后刻上"莫道石人一只眼，此物一出天下反"两行字，然后趁着夜色偷偷将独眼石人埋到将要开挖的黄河河道中。这些都直接成为农民大起义的由头，其作用是巨大的。

赵匡胤似乎也早就准备好了一个合适的人选，这个人就是禁军军校苗训。苗训是殿前散员第一直散指挥使，《宋史》称他为"知星者"，"善天文占候之术"。这样的人在当时本来就极容易发挥影响力，更何况有一定的军权。这时，苗训站了出来，《宋史》记载，他"引门吏楚昭辅，视日下复有一日，黑光摩荡者久之"。这是什么？是表演。当时的情景也许是苗训大呼小叫地跑去找到赵匡胤的心腹幕僚楚昭辅，说我发现了一个奇迹，这样就引得许多好奇的人来观看。苗训指着天上说："天上居然有两个太阳，黑光摩荡已经很久了。"楚昭辅也看了一会儿天上，煞有介事地说："嗯，是的。一日克一日，自古如此，这是天命。"楚昭辅是个"文化人"，对于军人，"文化人"总是很神秘的。那时的军人显然缺少"科学精神"，"宁可信其有，不可信其无"是他们的基本信条，何况改朝换代往往会给军人带来抢掠的机会，也会给他们枯燥的生活带来些许刺激。

应该说，序幕进行得十分顺利。如果不是这样，这点儿事情，正史、野史、笔记、杂谈就不会对此加以记载甚至津津乐道了。

由天命到人事，是发展的必然逻辑。大家将另一个"日"与赵匡胤联系起来，是水到渠成的事。但如何将这件事说出来，仍然需要一个理由。这个理由，对于军人来讲也不难找到。《长编》（卷一）和司马光的《涑水纪闻》都记载说，当时就有一大群将领聚集在一起，叽叽喳喳地议论，后来终于达成了一致的意见，这个意见就是："主上幼弱，未能亲政，令我辈出死力，为国家破贼，谁能知之？不如先立点检为天子，然后北征未晚也！"多好的理由啊，可谓有情有理。情是人之常情——皇帝年幼无知，大权被"奸臣"把持着，我们出了死力，国君也不知道，岂不是白出力吗？这样的傻事谁干？理是正理——我们绝不是不顾国家，而是"先安内后攘外"，而且只有先安内，其后才能更好地攘外，否则国家是保不住的。

至此，兵变已正式开始。不过，这仅仅是开端。

接下来应该往哪个方向发展呢？按照中国的传统，这时应该有一个特殊的人物出现，这个人物就是谋士，也就是军师。如果仅靠一群武夫，是成不了大事的，甚至会把事情搞坏。只有文武相济，才能大功告成。果然，此时那个后来以"半部《论语》治天下"而闻名的人出来了，这个人就是赵普。赵普的及时出现，将兵变纳入了正轨。

有的记载说，赵匡胤的心腹李处耘把将领们汹汹不安的情形告诉了赵匡胤的弟弟赵匡义，然后二人又找到了赵普，正在商量的时候，众将一拥而入。

据史书对此事的记载，我们可以看出，赵普对此事的处理可谓是一个经典案例。

赵普首先对众将说："策立新君，是天下最大的事。这样的大事，是要详细周密地安排的，你们这样随便，这样狂乱，怎么可以？"言外之意，如果策立不成，大家都要有族诛的危险。众将听了，面面相觑，没想到兵变还有这么大的学问。这样，将士的气焰就被压制住了，只有压制住了将士的骄横之心，才能控制他们——这是弹压。

但如果压制得过分，使他们不敢兵变，那也不行，因此就需要激将。于是赵普说："如今外敌入侵，我们应该先打败入侵的外敌，回来再讨论这件事。"众将最不爱听的就是这话。因为战场乃是生死之地，谁也不能保证自己活着回来，而不立新主，战胜的可能性很小，再说，如果真凯旋，到那时谁还愿意兵变？所以众人坚决反对，并且说："现在政出多门，我们无所适从，不如赶紧回到京城，让太尉（赵匡胤）做新君，然后大军慢慢地北上，破敌不难。如果太尉执意不肯做皇帝，恐怕军队就不肯北上！"——这是激将。

此时，赵普已经控制了众将的心理，但还要用恫吓的方式给他们讲清利害，否则这些武人未必就听你的指挥。赵普说："兴王易姓，虽然说是天命，也是由于人心。二日相争，赵氏上应天命，但至于是否能得人心，就要看众将了。"众将感到奇怪，都愿意听从赵普的吩咐，赵普就接着说："如今外敌入侵，节度使又各镇一方，京城若是乱了，恐怕不只是外敌乘乱而入，各地的节度使也会转而反对我们，到那时，不要说富贵，恐怕我们这些人都死无葬身之地了！"众将没有意识到问题居然如此严重，至此，都唯赵普之命是从了——这是恫吓。

赵普见众人已入自己彀中，于是顺理成章地提出了条件："入京城后，一定要严厉约束全军士兵，绝不能滥杀无辜，绝不能抢掠。如果能够这样，虽然你们暂时不很痛快，但可以长保富贵。"至此，众将怎么还能不答应？怎么还能不听指挥？——这是掌握。

赵普采取了弹压、激将、恫吓、掌握的逻辑顺序，将事态控制在自己的股掌之中。

故事发展到这里，高潮即将出现，这就是所谓"黄袍加身"的一幕。

生活在北宋中叶的司马光是位伟大的史学家，他在自己的笔记《涑水纪闻》的开端就记述了这一幕：

甲辰日的黎明，将士都披甲执兵仗，集合于陈桥驿的门外，欢呼聒噪之声一直传入驿中。这时赵匡胤尚未起床，赵匡义是当时的值日官，赶紧入内告知了赵匡胤，赵匡胤十分惊讶，急忙出来探看情况。诸将刀已出鞘，围在庭中说："诸军无主，愿奉太尉为天子。"太祖还没有来得及回答，有人就拿出事先准备好的一件黄袍，强行披在赵匡胤的身上，众人都跪拜在院子里，大呼称万岁，声闻数里。赵匡胤执意抗拒，但众人不听，强行将他架到马上，簇拥着逼他南行回京。赵匡胤自知不能扭转众将的心意了，就勒住马对将士说："你们自贪富贵，强立我为天子，能从我命则可，不然，我不能给你们做天子。"众人都下马听命，赵匡胤说："近世帝王初举兵入京城，都纵兵抢掠，叫作'夯市'。如今，你们不能夯市，也不能侵犯国家的府库，事定之日当重重地赏赐你们；不然，就诛杀你们。这样可以吗？"众人都说："好。"于是赵匡胤整饬队伍，自仁和门入城，无所惊扰，官民平安。不到一天，帝业就成了。

赵匡胤多么无辜，多么无奈，多么仁慈啊！后来的史书，大致是按司马光的意思记载的。

结局可想而知。

赵匡胤严密封锁消息，仅仅派出了楚昭辅和郭延赟分别向自己的母亲和石守信报告，而选择的进城时间，则是众臣早朝的时候。这时，石守信早已轻易地打开了城门，迎接赵匡胤大军进城。然后，早朝的大臣才得知消息。当时，如果未有诏令而擅自率兵进城，十有八九就是兵变，更何况正当主少国疑的敏感时期。宰相范质听到消息后，无奈地抓住王溥的手，十分悔恨地连声说道："仓猝遣将，吾辈之罪也！仓猝遣将，吾辈之罪也！"然后就束手无策。《三国演义》中，诸葛亮所谓的"下笔虽有千言，胸中实无一策"说的大概就是这种人。

据说，唯一一个起来组织抵抗的将领就是负责京城守卫的韩通。韩通虽然忠诚，但有勇无谋，事先未做防备，急难之时，组织军士进攻石守信的殿前司公署，结果被早有准备的石守信打败。其实，就是战胜了石守信又能怎样，反正赵匡胤的大军已经进城。韩通见事不济，急忙跑回自己的家中，结果被赵匡胤的部将王彦升赶上，连他的满门妻小一并杀死。

虽然武力反抗被镇压下去了，但文臣是否能归心，却是个大问题，而且还是一个长远的问题。赵匡胤在这个问题上可谓具有宽广的胸怀和雄才大略，在以后的岁月中，这些都慢慢地显示出来。

当下的问题是取得大臣们的承认。赵匡胤采取的策略仍然是使用"苦情计"。他首先向范质、王溥等大臣哭诉，当然还是在陈桥兵变时的老一套，说什么深受世宗深恩，哪能辜负世宗啊，自己真是不愿意当皇帝，是属下将士所逼，他不知如何是好，并请宰相们给自己拿主意等等。

可别小看了这苦情计。赵匡胤这样做，不仅可以洗脱自己，更重要的是给了后周的大臣们一个大大的台阶。对于那些文人，如果使用强硬的手段，即便他们本来想归附，也会碍于面子，变得嘴硬，有的甚至会反抗到底。而赵匡胤这样说，使得整个事情的性质发生了变化：由兵变篡位而为顺天应人，由一己之私而为社稷之公。这就基本扫除了众臣归附的心理障碍。还有，赵匡胤这样做，大有礼贤下士的味道，而中国人是特别讲究"士为知己者死，女为悦己者容"的。所以，大臣的归附就成了自然而然的事了。

首先站出来的，是赵匡胤部下亲将罗彦瑰，他横剑而出，大声高呼："天命所归，我辈欲得明主。"然后高呼万岁。既然有人开了头，接下来的就很自然了。首先是懦弱的宰相王溥跪拜，另一宰相范质也许有些迟疑，但还是随着王溥跪下了。两位宰相一跪，满朝文武自然也就跪下了。山呼万岁的声音响彻开封城！

江山就这样易姓了。

但还有些尾声需要交代。

赵匡胤扫除了一切障碍，已经是名副其实的天子了。但是，这还不完美，他还不是形式上的皇帝，还缺乏形式上的合法性，这怎么办？这需要用禅让仪式来解决。

历来的"禅让"都必须经过"三逊""三辞"这一过程。所谓三逊，就是让位的帝王要多次谦逊地辞去皇位，理由当然是寡人德才不足以御天下，而应让位于贤人之类；三辞就是多次辞谢，说自己德薄功微，做臣子犹然汗颜，哪里敢接受王位。经过充分的表演之后，篡位者最后坦然地登上皇帝宝座。但在舆论上，逼宫、篡位就变成了效法古圣先贤的禅让，成了大家可以赞誉的美谈！

赵匡胤登基的"禅让"仪式是在崇元殿举行的，时近黄昏，暮色惨淡，百官群集，同时也百感交集。翰林学士陶谷奉上早已准备好的制书，小皇帝"三逊"，赵匡胤"三辞"——想象一下当时的情景，大概像今天京剧里的一些程式化的动作——赵匡胤终于接受了禅让诏书。然后，到厢房中换上皇帝的服饰，在宰相的搀扶下，登上皇位，接受百官的朝贺。

赵匡胤终于从孤儿寡母的手里"接过"了皇权，因他曾出任过归德军节度使，治所在宋州，故改国号为"宋"。

这一年，赵匡胤三十四岁。

你看，整个过程，序幕、开端、发展、高潮、结局、尾声，戏剧结构十分完整。这出江山易姓的历史活剧到底是自然发生的呢，还是有人精心策划、导演的呢？这出戏剧的名字是应该叫陈桥兵变呢，还是叫黄袍加身？历史自有公论。

然而，无论这出活剧叫什么，赵匡胤几乎兵不血刃地完成了政权的更替，并开创了一个延续三百多年的赵宋王朝，历史功绩是不容抹杀的。但是，他辜负了柴荣对他的恩义，欺负了人家孤儿寡母，似乎又于德行有亏。其间的纠结，不知如何才能理得清楚。

所谓舞台小世界，世界大舞台，历史又何尝不是一出大戏。

赵匡胤是不是中国历史上最大的导演还不敢说，但他肯定是一个最善于把握戏剧节奏的导演，而节奏，在历史和人生中都是非常重要的。

（参见《宋史》《续资治通鉴长编》《百将传》等）

书生政治家

中国的书生历来就有强烈的参政愿望，"学成文武艺，货与帝王家"似乎是他们的人生目的。然而，问题是，书生的品格与政治的品格本来就是冲突的，学者与政治家本来也不是一条道上跑的火车，想二者兼而有之，那本来就是书生的幻想。也许就是这种幻想，使得书生像飞蛾扑火一样，以自己的生命为代价追求着光明。于是，中国历史上就出现了一道的由书生政治家组成的永恒的风景线，这些书生政治家虽然走上了凄壮的祭坛，但他们却为历史昭示着光明与希望。

那么，现实中的人们是不是就"绝望"了呢？不，人们又以道德宿命的心理来支持着自己的现实生活。

在佛教传入中国以前，中国人的善恶报应观念还不是那么明确和强烈。自汉代佛教传入中国，中国人便迅速地吸收了佛教的某些轮回转世的思想，根据本土文化的特点，尤其是对道德坚定不移的信仰，形成了自己善恶报应的观念。

"善有善报，恶有恶报。不是不报，时辰未到。"这是中国人对自己命运的理解和把握，然而，这难道真的能对谁起到约束作用吗？其实，就是说这个话的人实际上也并不一定相信，不过是自我安慰罢了。

大概是因为"好人不长寿，恶棍活千年"的事太多了，或者是因为正义不能伸张、天理无法昭彰的现象见得太多了，人们似乎对天理和人理失去了信心，但孤苦无告的人们又不得不忍辱负重地活下去。于是，他们就创造出了因果报应理论，即使不能亲眼看到善恶报应，也是因为"时辰"未到，并非报应失灵。这样，人们的心灵得到了抚慰。靠着这种抚慰，人们才有勇气和信心活下去。尽管这种抚慰是虚幻的，是无法证明的，但人们宁信其真，不信其假。因为一旦相信它是虚假的，人们就会连最后一丝对人的相信和留恋都没有了，也就最后失去了生活的信心。

在孤苦无依和对现实的绝望中，人们仍然相信天道的存在，相信冥冥之中有恒定不变的正义的力量，相信这种力量有朝一日总能扬善抑恶。也许，这就是中国人的没有宗教形式的宗教。

然而，在中国历史上，这种天道显现的时候似乎并不多，善人有善终者并不多见，倒是奸佞邪恶之徒，多能飞黄腾达、享其天年。在封建宫廷和官场里也是如此，"忠而被谤、贤而见疑"的事比比皆是；"奸徒受宠、佞臣见爱"的事也同样随处可见。

小的事例就不说了，在中国历史上，最典型的因忠诚而做替罪羔羊的似乎是西汉的晁错。

汉文帝死后，太子刘启即位，是为汉景帝。这时，自刘邦以来分封的诸刘藩王势力逐渐强大，他们中的很多人靠煮海为盐、冶山为钱，有了很强的经济实力和独立性，渐呈尾大不掉之势。晁错就是在这种情况下登上历史舞台的。

晁错是个才子，即使在今天看来，他当时给皇帝的有关处理国家大政方针的一些奏疏也还是非常有价值的。但他虽然才识过人，却不谙人情世故，不知自谋后路，只知一味前行，终不免落入败亡的境地。晁错的性格在一定程度上决定了他悲剧性的结局，而这种性格又是因缺少社会磨炼，"坐直升机上来"做官而造成的。

景帝是个好大喜功、愿意有所作为但又没有雄才大略的皇帝。他性格的弱点是十分明显的，既刚愎又软弱，并且心怀忮刻。他即位后，由于晁错的对策言论很合他的心意，就把晁错由中大夫提升至内史。由于晁错是景帝的旧属，又格外受到信任，因此，晁错经常参与景帝的一些谋议活动，他的建议和意见也多被采纳，朝廷的法令制度，大多数都被晁错改动了一遍。这样一来，朝中大臣都知道景帝器重宠幸晁错，没有人敢顶撞他，这也就引起了一些人的嫉妒。

宰相申屠嘉觉得自己受到冷落，想把晁错除去。晁错也有点儿忘乎所以，他的署舍落于太上皇庙的后边，如果从署舍去大街，就必须绕很大的圈子，如果能穿墙而过就方便得多了。他未经任何人批准，擅自将他的内史署舍开了一个角门，穿过太上皇庙的短墙。这件事让宰相申屠嘉知道了，他立刻令府吏草写奏章，说晁错未曾奏闻，擅自拆墙，实是蔑视太上皇，应以大不敬论罪，按律当诛。有人闻知这件事，忙给晁错通信，晁错一听，真是吓得魂飞魄散，深夜里即跑进皇宫，去见皇帝。景帝本允许他随时奏事，这时忽然深夜来见，不知何事，连忙召见。等晁错说明白，景帝却说无妨，尽管照办。

第二天上朝，申屠嘉呈上奏章，满以为景帝会治晁错的罪，谁知景帝看后却淡淡地说："晁错另辟新门以求方便，仅是穿过太上皇庙外墙，与庙无损。且早已告朕，丞相不必多心。"申屠嘉下朝后妒怒交加，吐血而死。

景帝就让御史大夫陶青做丞相，将晁错升为御史大夫。在这次事件中，晁错不仅未得罪，反更受宠，也就不思其他，只顾报效皇上了。

晁错接连升任，就像一般人在顺境当中一样，容易失去谨慎。这时的他真觉得世上没有做不到的事情，想趁此机会做几件大事，一方面压服人心，一方面也是效忠皇上。于是他上书景帝，请求首先从吴国开刀削藩。其书大意说：当初高祖初定天下，诸兄弟年少，子侄也柔弱，所以才大封同姓诸王。齐国有七十余城，吴国有五十余城，楚国有四十余城，几乎把半个天下封给了他们。现在，吴王诈称病不朝，按照古法应当诛杀，文帝不忍，特别赐予他几杖，这是最厚的仁德了。吴王不但没有改过自新，反而更加骄横无礼，他靠山冶铜铸钱，煮海水制盐，诱收天下逃亡的罪犯，阴谋叛乱。现在看来，若削藩，吴、楚等国要反，不削藩也要反。如果削藩，可促成他们早反，这样，其准备不充分，为祸就会小一些；如果不削藩，他们准备得充分了，虽反得迟一些，却是为祸甚大，不易平定。

景帝平时就有削藩的想法，于是把晁错的奏章交给大臣们讨论。大臣们没有什么人敢提出异议，只有詹事窦婴极力阻止。窦婴其人虽无很高的职位，但因是窦太后的侄子，有着内援，才不惧晁错，敢于抗言直陈。因有窦婴的反对，削藩之事也只有暂且作罢。晁错不得削藩，便暗恨窦婴。不久，窦婴就被免职。

原来，景帝的弟弟梁王刘武来朝觐见，窦太后又特别喜欢自己的小儿子，母子三人同席而饮。景帝在酒酣耳热之际，竟说自己千秋万岁之后当传位给弟弟梁王。窦太后听了很高兴，梁王虽口称不敢，心里也着实得意。这话偏让一边侍候的窦婴听见了，他跑上前来，直呼"不可"，并强迫景帝罚喝一杯酒，收回成言，结果弄得刘武、窦太后很不高兴。第二天，窦婴免官，窦太后也将他除去门籍，不准进见。

晁错见窦婴免职，就又复提前议，准备削藩。正在议而未决之时，正逢楚王刘戊入朝，晁错趁机说他生性好色，薄太后丧时亦不加节制，仍然纵淫，依律当处死，请景帝明正典刑。刘戊确是不尊礼法、不敬长贤、荒淫无度，楚国的几位贤士如穆生、申公、白生等人相继离去，就是因为在薄太后丧事期间，刘戊仍是偎红倚翠，不思哀戚。太傅韦孟等人讽谏不成，都相引而去。现在被晁错抓在实处，不能不认。只是景帝宽厚，未忍加刑，只是把他的东海郡收归皇帝，仍让他回到楚国。

楚国既削，晁错便搜罗赵王过失，把赵国的常山郡削了去，然后又查出胶西王私自卖官鬻爵，削去了六县。晁错见诸侯没有什么抵制性的反应，觉得削藩可行，就准备向硬骨头吴国下手。

正当晁错情绪高涨的时候，突然有一位白发飘然的老人踢开门走进来，见到晁错劈面就说："你莫不是要寻死吗？"晁错仔细一看，竟是自己的父亲。

晁错连忙扶他坐下，晁错的父亲说："我在颍川老家住着，倒也觉得安闲。但近来听说你在朝中主持政事，硬要离间人家的骨肉，非要削夺人家的封地不可，外面已经怨声载道了。我不知你到底想干什么，所以特此来问你！"晁错说："如果不削藩，诸侯各据一方，越来越强大，恐怕汉朝的天下将不稳了。"晁错的父亲长叹了一声说："刘氏得安，晁氏必危，我已年老，不忍心看见祸及你们，我还是回去吧。"说完径直离开。

吴王刘濞听说楚、赵、胶西王均被削夺封地，恐怕自己也要遭削，便要起兵造反。当初刘邦封刘濞时，就曾告诫他勿反。刘濞是刘邦哥哥的儿子，孔武有力，骁勇善战，军功卓著。封赏之时，刘濞伏身下拜，据说刘邦忽然发现刘濞眼冒庚气，背长反骨，就料定他必反，于是直言相告说："看你的样子，将来恐反。"惊得刘濞汗流浃背。刘邦又抚其背说："汉后五十年东南有乱，莫非就应在你身上吗？为汉朝大业计，还是不要反！"

现在，刘濞果真派使者联络胶西王、楚王、赵王及胶东、淄川、济南六国一起造反。吴、楚七国起兵不久，吴王刘濞发现公开反叛毕竟不得人心，就提出了一个具有欺骗和煽动性的口号："诛晁错，清君侧。"意思是说皇帝本无过错，只是用错了大臣，七国起兵也并非叛乱，不过是为了清除皇帝身边的奸佞大臣。

景帝在找人前去平叛时，忽然想起文帝临死前告诉他的一句话："天下有变，可用周亚夫为大将。"便命周亚夫为太尉，领兵出征。周亚夫并无推辞，领命而去。不久又接到齐王求援的告急文书，窦婴正要发兵，忽有故友袁盎来访。袁盎曾是吴国故相，到了晁错为御史大夫，创议削藩，袁盎才辞去吴相之职，回国都复命。晁错说袁盎私受吴王财物，谋连串通，应当坐罪，后来景帝下诏免除了他的官职，贬为庶人，袁盎因此对晁错怀恨在心。他见到窦婴说："七国叛乱，由吴发起，吴国图谋不轨，却是由晁错激成的。只要皇上肯信我的话，我自有平乱之策。"窦婴原与晁错不睦，虽是同朝事君，却互不与语。听了袁盎的话，窦婴满口答应代为奏闻。

袁盎当时身为庶人，不能晋见皇帝，只有通过窦婴这条门路，才能奉特诏见到皇帝。

景帝一听袁盎有平叛妙策，正如雪中送炭，立即召见了他。当时，晁错也正在场，向皇帝汇报调拨粮饷的事。

景帝见袁盎即问："吴、楚七国造反，您有什么好办法平定叛乱呢？"

袁盎并不显出庄重的样子，而是随口答道："陛下尽管放心，不必挂怀。"景帝有点着急，又问道："吴王倚山铸钱，煮海为盐，招诱天下豪杰，若非计出万全，怎肯轻易发兵，怎能说不必忧虑呢？"

袁盎抓住景帝的心理，进一步促发他的好奇心，慢条斯理地说："吴国只有铜盐，并无豪杰，不过是一群无赖子弟、亡命之徒、乌合之众，如此一哄为乱，实不必忧。"

景帝真的着急了，说道："你来难道就是跟我说这些无用的话吗？"

袁盎这才说："臣有一计，可使平叛。只是外人不得与闻。"

景帝这才真正打起精神来，连忙屏退了周围的人，但晁错还在。

袁盎十分清楚，如果当着晁错的面说出自己的计划，晁错必定会为自己辩解，景帝肯定下不了决心，到那时，不仅杀不了晁错，自己肯定会被晁错所杀，所以，他才一步步地把景帝的情绪调动起来。现在只剩下最后一人，他说："我的计策是除了皇上以外任何人不能听到的！"

说完这话，袁盎的心都吊了起来，如果景帝认为晁错不必趋避，又逼着自己说出计策，那自己就是死路一条了。好在沉吟了片刻之后，皇帝终于对晁错说："你先避一避吧！"

袁盎知道这是千载难逢的机会，立即对景帝说："陛下知道七国叛乱打出的是什么旗号吗？是'诛晁错，清君侧'。七国书信往来，无非说高帝子弟，裂土而王，互为依辅，没想到出个晁错，离间骨肉，挑拨是非。他们联兵西来，无非是为了诛除奸臣，复得封土。陛下如能诛杀晁错，赦免七国，赐还故土，他们必定罢兵而去。做与不做，全凭陛下一人做主。"说毕，瞠目而视，再不言语。

景帝见识浅薄，不能明辨是非，他听了袁盎这番话，想起了晁错建议御驾亲征的事，越发觉得晁错用心不良，即使未与七国串通一气，也是另有他图。当即对袁盎说："如果可以罢兵，我何惜一人而不能谢天下？"

袁盎听后，十分高兴，但他毕竟是老手，为了避免景帝日后算账，他先把话裁实，让景帝无法推诿责任。袁盎郑重地对景帝说："事关重大，望陛下三思而后行！"

景帝不再理他，只是把他封为太常，让他秘密治装，赴吴议和。

等袁盎退出，晁错才出来，他也过于大意，明知袁盎诡计多端，又避着自己，所出之计应与自己有关。但晁错过于相信景帝，见他不说，也就置之不问，只是继续陈述军事而已。

晁错还以为景帝并未听从袁盎的计策，岂知景帝已密嘱丞相陶青、廷尉张欧等人劾奏晁错，准备把他腰斩。

一天夜里，晁错忽听有敲门声，原来是宫人奉诏前来传御史晁错立刻入朝。晁错惊问何事，来人只称不知。晁错急忙穿上朝服，坐上中尉的马车。行进途中，晁错忽觉并非上朝，拨开车帘往外一看，所经之处均是闹市。正在疑惑，车子已停下，中尉喝令晁错下车听旨。晁错下车一看，正是处决犯人的东市，才知大事不好。中尉读旨未完，只读到处以腰斩之刑处，晁错已被斩成两段，身上仍然穿着朝服。

景帝又命将晁错的罪状宣告中外，把他的母妻子侄等一概拿到长安，唯晁错之父于半月前服毒而死，不能拿来。景帝命已死者勿问，余者处斩。晁错一族竟被全部诛戮。

晁错族诛，袁盎又赴吴议和，景帝以为万无一失，七国该退兵了，但等了许久并无消息。一日，周亚夫军中校尉邓公从前线来见景帝，景帝忙问："你从前线来，可知晁错已死，吴、楚愿意罢兵吗？"邓公直言不讳地说道："吴王蓄谋造反，已有几十年了，今天借故发兵，其实不过是托名诛晁错，本是欲得天下，哪里有为一臣子而发兵叛乱的道理呢？您现在杀了晁错，恐怕天下的有识之士都缄口而不敢言了。晁错欲削诸侯，乃是为了强本弱末，为大汉事世之计，今计划方行，就遭族诛，臣以为实不可取。"

景帝听罢，低头默然。

晁错死得确实冤枉，他完全是一场政治、军事与权谋斗争的牺牲品。晁错的悲剧也是由他的性格所致。只知忠诚，却不知忠须有道；只知为国家着想，却不知自谋生路。锋芒太露，不知迂徐婉转；触人太多，不知多结善缘。如果不改其性，即便当时不死，也绝不会长期立足于汉廷，因为只靠一个人一时的信任实在是很不牢靠的。

顺便说到的是，晁错创议的削藩并没有真正削弱藩国，即使在平定叛乱以后。但这一问题却被汉武帝实施的推恩令巧妙地解决了。

主父偃对汉武帝说道："古代诸侯的土地不超过百里，国君对他们是很容易控制的。如今的诸侯有的竟然拥有相连不断的几十座城，土地方圆上千里。天下形势平稳时，他们就容易奢侈骄慢，做出淫乱的事来；形势急迫时，则依仗自身的强大，联合起来反叛朝廷。现在如果用法律来强行削减他们的土地，那么他们反叛的事就更容易产生了。前些时候，晁错实行削藩的政策，其结果竟使得吴、楚七国叛乱。所以，必须采取更加切实可行的方法来控制诸侯国的势力。

"如今，诸侯的子弟有的竟有十几人了，但只有嫡长子才可以世世代代相继承，其余的虽然也是诸侯王的亲骨肉，却没有尺寸之地的封国，那么皇上的仁爱孝亲之道就得不到显示，希望陛下命令诸侯推广恩德，把他的土地分割给子弟，封他们为侯。这些子弟必然十分高兴，拥护皇上的措施，因为陛下帮助他们实现了愿望，皇上用这种办法施以恩德，但在实际上却是分割了诸侯王的国土。这样一来，陛下不用减少他们的封地，他们的势力就削弱了。"

汉武帝听了十分高兴，就采纳了他的建议，颁布了推恩令，终于解决了汉朝自建国以来一直无法解决的诸侯势力不易控制的问题。

所谓推恩令，就是要求各诸侯国不仅把自己的国土分给嫡长子，还要分给其他的子孙，以显示皇帝的恩德。诸侯自己的子孙因此会争权夺利，这样一来，诸侯国的土地就被分得七零八落，再也无法统一起来了，他们的势力就自然而然地被削弱了。诸侯国完全明白这是中央政权在削弱自己的势力，但由于各诸侯国内部的子孙都希望得到一份土地，所以，他们无法抗拒这一法令。主父偃的主张实在是十分高明的谋略。

堡垒是最容易从内部攻破的，看来，主父偃要比晁错高明得多。但应该看到的是，政治讲究的是当下的成功，历史却并不这样近视，它更重视人的精神品格和文化意义。因为历史不是政治的奴隶，而是政治的真正主人。今天，我们对晁错充满了仰慕，但有几人记得"高明"的主父偃呢？

（参见《汉书》等）

官场不倒翁的"做官学"

今人有所谓的"关系学"一门学问，据说还是一门艰深的大学问，许多人为学不会而发愁。其实，这门学问如果要和古人的"做官学"比起来，那实在是小巫见大巫了。

不过，在封建社会的官场上，做官虽然看起来是一门极其高深而又十分神秘的艺术，其实表象与它的本质只隔一层纸，一旦戳破，人人皆懂。官场不倒的秘诀有二：一是不辨是非，良心丧尽；二是见风使舵，善投新主。

然而，这也不是人人都能学得会的，这就看你是什么人了。恪守信念、宁死不屈是书生品格，也是仁人志士的处世信条。而官场不倒翁的人生哲学是：有奶便是娘，有枪便是草头王。

这是两种截然不同的人和两条格格不入的观念，要想把这两种观念统一起来很难。道理很简单，前者是做官，后者是做人。

在中国的封建社会里，做官和做人往往是分离的。做官者多用法家之术，虽满口仁义道德，其实只要能保官位，能成好事，就不管其手段和方式，不问其性质和目的；而做人呢，或奉儒，或信道，总而言之，是要为理想的信念活着，这就难免在现实面前碰壁。

所以，在中国封建社会里，往往出现这种怪异而又正常的现象：官格与人格的背离。很显然，好人难做官。

国学大师钱穆先生在经过认真研究之后宣布：中国历史上最无耻的时代就是五代十国时期。他的根据是什么，暂时无从得知，但这一时期倒是出现了两个官场不倒翁，似乎可以为钱穆先生的论断做个小小的注脚。

张全义是历仕三个朝代、侍奉过八个皇帝的官吏，一个人居然能在三代做显官，为八帝所宠幸，实在是中国仕宦史上的奇迹！

张全义，生于唐宣宗大中六年（852年），濮州人，原名张居言。张全义出身十分贫苦，为了生存，到当地的县衙里当了仆役，曾多次遭到县令的欺压和污辱。后来参加了王仙芝的军队，王仙芝失败后，他又加入了黄巢起义的大军。在军中，张全义作战勇敢又精明能干，在起义军攻占长安后，他被任命为大齐农民政权的吏部尚书兼水运使。当时，吏部尚书主管政府的官吏考核与任免，权力大，职位十分重要；而水运使更是担负着为长安百万义军从水陆筹集粮饷的重任。从这两个职务可以看出张全义在黄巢起义军中所占的重要位置。

不久，黄巢大起义失败，张全义也像许多农民起义军的将领一样，投降了唐朝。当时，张全义见河阳节度使诸葛爽较有势力，就投靠了他，诸葛爽屡次派他剿杀起义军残部和袭击其他军阀，张全义立了许多战功。在诸葛爽的推荐保举下，张全义被任命为唐朝的泽州（今山西晋城市）刺史。

不久，诸葛爽病死，其部下李罕之与刘经相互仇杀，都希望能占领洛阳。当时，张全义是刘经的部下，刘经就派他去抵抗凶悍的李罕之。张全义带着刘经给他的兵马来到前线，发现李罕之的势力很大，而且战斗力很强，不仅自己，就是刘经亲来也无法抵敌，于是他就投靠了李罕之，反过来与刘经为敌。刘经见张全义背叛了自己，只得向诸葛爽的儿子诸葛仲方求援。在诸葛仲方的支持下，刘经打败了李罕之。李罕之见刘经求救于人，也不甘示弱，就向镇压农民起义军起家的大军阀李克用求救，又反败为胜，占领了许多地方。这样，张全义又被李罕之保荐为河南尹。

这河南尹的官虽比泽州刺史的官权力大了些，但却很不好当。李罕之是个只懂得杀人剽掠的军阀，根本不懂得安顿流民、组织生产，总是接二连三地向张全义催逼军需物品。当时军粮极难筹集，尽管张全义努力供应，还是无法满足李罕之的要求。加上李罕之性格暴躁，稍不如意，就对送粮官员大张挞伐，弄得无人敢去送粮。因此，他的许多部下都劝张全义反叛，可张全义总是好言劝慰，不露声色。

张全义自己也深深地知道必须早作打算。于是，他一面表面上顺从李罕之，在军需方面尽量满足他的要求，使李罕之不起疑心；另一方面，他也积极准备，窥伺时机。唐僖宗文德元年（888年），李罕之再启战端，率兵攻打晋、绛二州，张全义见时机来临，就带领本部兵马占领了李罕之的河阳，自封为河阳节度使。李罕之大怒，立刻向李克用求援，前去收复河阳。张全义早已做好准备，同军阀朱温联系，求他帮助。朱温也正想扩展势力，便欣然接纳，派兵帮他守住河阳。当李克用的军队来到时，朱温的援军已严阵以待，李克用的军队只好撤走。朱温帮了张全义的大忙，从此，张全义就投在了朱温的门下。

朱温对张全义并不放心，不敢给他兵权，生怕他在什么时候反过来咬自己一口。于是，给了他一个没有实际兵权的检校司空的军衔，并仍让他做河南尹，去河南一带组织生产。洛阳虽是名都，但自唐朝的安史之乱以来，就屡遭破坏，等张全义治理洛阳时，只在洛阳找到了一百多户人家，四五百口人，这个历史上的军事、商业、文化重镇已残破到了非常严重的程度。但张全义并不灰心，他出身农民，确实有一股吃苦耐劳的精神，只带去了一百多个部下，到洛阳所属的十几个县去招收安顿流民，并制定具体措施。在他的努力之下，数年之后，每个县都招募安顿了数千户流民。然后，张全义就趁农闲组织强壮男子练武，逐渐建立起了一支两万多人的军队。在治理洛阳时，张全义确实立下了功劳。

在他任河南尹的时候，朱温的势力越来越大，最后终于发展到代唐自立。朱温用武力把唐昭宗挟持到洛阳，想废掉唐朝，建立朱氏后梁政权。但洛阳地区是张全义的势力范围，朱温生怕他反对自己篡唐自立，就事先撤掉了他的河南尹的职务，把他封为东平王，给他换了一个中书令的虚衔。

此时，张全义已是官场老手了，他知道朱温仍然不相信他，这时候唯一的办法，是在朱温自立为皇帝的时候替他出力，取得朱温的信任。于是，张全义替朱温出谋划策，把河南一带的财力都集中给了朱温，让他自由地调度使用。这么一来，朱温真的相信张全义了，再加上张全义一再上表辞谢，说自己不配封王，无力担任中书令的职务，弄得朱温都有些感动。朱温当了皇帝后，对张全义加官晋爵，封他为魏王，让他重做河南尹。

五代时期的确是中国历史上最无耻的时期，不仅出了像石敬瑭这样的"儿皇帝"，皇帝们的生活也极其无耻，朱温就是其中之一。

这位后梁皇帝，到了谁家里，看见谁家的妻女有些姿色，就硬让人家陪宿，居然还能不以为耻。作为大臣，张全义也碰上了。一次，朱温到了张全义的家里，朱温竟要张全义的妻子、女儿、儿媳轮流陪他睡觉，张全义的儿子愤恨不过，磨刀霍霍，发誓要杀死朱温。可张全义不同意，他极力劝阻儿子，并说："朱温曾经救过我的命，他要怎样就让他怎样吧！"其实，张全义恐怕不是为了报恩，欲图报恩，可用别的方式，何必如此呢？其目的还是为了保住官位。

人能委曲求全至此，也可谓"有涵养"了！

朱温晚年，最大的对手就是李克用父子，对一批曾与李克用有过关系的人也不放心，张全义就是他要杀掉的目标之一。张全义采取的自救措施还是献忠心，把洛阳的财力以及自己的家财全都拿出来，支持朱温对李克用的战争，这才使朱温稍稍气平。后来，张全义又派自己的妻子去宫中说情，这才打动了朱温。朱温让自己的一个儿子娶了张全义的女儿做媳妇，以示对他的信任。

经过反复的战争，李克用的儿子李存勖终于打败了后梁，于923年建立了后唐政权。李存勖早就知道张全义多年来替朱温置办军需品，十分恨他，想把他全家杀掉。张全义也知道自己的处境极其危险，早就做好了准备。他准备了上千匹好马，送给李存勖的刘皇后，请她帮忙说话，自己又上表请罪，表示愿意替他治理洛阳，李存勖觉得他还有用，就赦免了他。

后来，张全义又表忠心，李存勖许多活动的必需品都由他圆满地置备起来，使得李存勖十分高兴。他这种善于体贴巴结的习惯竟然打动了刘皇后，要求拜他为义父。就这样，李存勖仍让他做了河南尹，还任他为中书令，封为齐王，又做了李存勖的岳父，张全义终于又在新朝站稳了脚跟。

后唐庄宗李存勖荒淫无耻，不善治国，只知重用武夫和名门士族出身的人，不知重用文人和有才能的庶族出身的人，因而后唐很快衰败下去。在李存勖的晚年，他的养子李嗣源的势力逐渐变得很大，大有取代李存勖之势。恰在此时，赵在礼于魏州发动叛乱，张全义为了巴结李嗣源，极力向李存勖推荐他去平定魏州之乱。张全义的用意是很明显的，李嗣源一旦领兵出征，就会得到两条好处，一是树立威信，二是手握重兵，对将来篡夺帝位很有利。如果李嗣源真的当了皇帝，自己岂不又成了新朝的大功臣？但没想到李嗣源到了魏州，并未与赵在礼开仗，而是与之联手，共同进攻李存勖。这一下可把张全义这个推荐人吓坏了，恐怕被李存勖杀掉，他日夜忧惧，连饭也吃不下去，没过几天，就病饿而死。就在这时，李存勖也被部下杀掉了。

　　张全义活了七十五岁，倒也未犯什么十恶不赦的大罪，倒是在治理洛阳时，还有可以称道之处。我们今天要问的是，难道做官一定要以损害人格为代价吗？

　　比张全义还绝的是同一时期的冯道。他生于唐僖宗中和二年（882年），据说他自幼性格敦厚，爱好学习，善于写文章，不以穿破衣服、吃粗劣的饭食为耻。他的祖先也不是名门士族，据查连一个县令以上的先人也找不出来。可见，冯道在这样的家庭出身条件下，想跻身官场，其难度有多大。

　　唐朝末年李克用割据晋阳，从欧阳修的《五代史·伶官传序》里可以看出，李克用是一个有雄才大略的人，其子李存勖在灭梁前期，也还是颇有作为的。冯道大概是看到了这一点，才投奔了李存勖，以图求得前程。经张承业的推荐，冯道成为李存勖的亲信，从此踏上了仕途。

　　冯道起初担任晋王府中的书记。李存勖看到朱温建立的后梁政权十分腐败，就准备灭掉他。晋王和后梁的军队在黄河两岸对峙，战斗打得十分激烈残酷，冯道身为李存勖的亲信，能以身作则，率先过简朴的生活。

　　李存勖灭掉后梁建立后唐以后，只重视那些名门贵族出身的人，并不重用冯道。当时冯道只能徒步奔丧，其困窘的程度是可想而知的，直到庄宗李存勖被杀，明宗即位，他才被召回。明宗鉴于前朝教训，重用有文才的人，想以文治国，冯道这才被任命为宰相，真正发迹。

　　冯道当宰相的七年间，也做了一些好事。但自从后唐明宗去世，他的儿子李从厚即位以后，冯道就丧尽了正直向上之气，一味地为做官而做官了。

　　明宗即位不到四个月，同宗李从珂即兴兵来伐，冯道作为宰相，决定率领百官迎接李从珂，并献上了请李从珂当皇帝的劝进书。

　　就这样，冯道由前朝的元老重臣摇身一变，又成了新朝的开国功臣。

　　李从珂对他并不放心，不敢委以重任，把他放到外地任官。后来河东节度使石敬瑭派使者赴契丹向契丹主耶律德光求援，并许下三个条件：事成之后，一是向契丹称臣，二是石敬瑭向耶律德光称儿子，三是割让雁门关以北诸州给契丹。耶律德光正想插手中原，石敬瑭主动去求，正中下怀，便约定等中秋以后倾国赴援。在契丹人的支持下，石敬瑭打败了李从珂，做了中国历史上臭名昭著的"儿皇帝"。

石敬瑭当皇帝后的第一件大事，就是实现对耶律德光许下的诺言，否则，王朝就有倾覆的危险。尤其是自称"儿皇帝"，上尊号于契丹皇帝与皇后，实在是一件说不出口的事。至于去契丹当册礼使，更是一件需要忍辱负重的事。石敬瑭想派宰相冯道去，一是显得郑重，二是冯道较为老练。当时，冯道是宰相，所以石敬瑭很为难，恐怕冯道拒绝。谁知他一开口，冯道居然毫不推辞，答应了。其实，石敬瑭哪里知道冯道的"苦衷"。冯道十分清楚，只有结交好耶律德光，他在石敬瑭那里的位置才能保得稳，把"爸爸皇帝"笼络好了，这"儿皇帝"也就好对付了。

冯道在契丹被阻留了两个多月，经多次考验，耶律德光觉得这个老头儿实在忠诚可靠，就决定放他回去。一个月以后，冯道才上路，在路上走了两个多月，才出契丹的国境。他的随从不解地问他："能活着回来，恨不得插翅而飞，您为什么要走得这么慢呢？"冯道说："一旦走快，就显出逃跑的样子。即使走得再快，契丹的快马也能追上，那有什么用呢？反不如慢慢行。"随从人员这才佩服冯道的深谋远虑。

这趟出差回来，冯道可真的风光了，甚至连石敬瑭都得巴结他，加封冯道为鲁国公，终石敬瑭一朝，石敬瑭对冯道都是"宠无与为比"。

石敬瑭的后晋政权只维持了十年多一点儿就完蛋了。后晋出帝开运三年（946 年），耶律德光率三十万军队占领了汴京，慢慢地相信并喜欢上了冯道，让他当了辽王朝的太傅。

冯道也看出契丹人如此下去长久不了，就开始为自己的后路着想。他想方设法地保护了一批投降契丹的汉族地方人士，为自己日后的仕途留下了退路。对于他这种做法，连欧阳修都认为"契丹不夷灭中国之人者，赖（冯）道一言之善也"。后来，契丹人被迫撤回。冯道随契丹兵撤到恒州，趁契丹败退之际，逃了回来。这时，石敬瑭的大将刘知远趁机夺取了政权，建立了后汉政权。一方面刘知远想安定人心，笼络势力；一方面冯道也因保护别人而得赞誉，刘知远就拜冯道为太师。

刘知远的后汉政权刚刚建立四年，郭威就扯旗造反，带兵攻入汴京。这时候的冯道又故技重施，率百官迎接郭威，当上了郭威所建的后周政权的宰相。但没过几年，郭威病死，郭威的义子柴荣继位为周世宗。割据一方的后汉宗族刘崇勾结契丹，企图一举推翻后周政权。冯道根据半个世纪的经验判断此次后周是保不住了，肯定又得改朝换代，自己虽已近苟延残喘之年，但还是要保住官位爵禄的。

柴荣当时只有三十四岁，年纪不大，却很有胆识气魄。当刘崇、契丹联军袭来时，一般大臣都认为皇帝新丧，人心易摇，不可轻动，但柴荣却一定要亲征。别人见柴荣意志坚定，便愿随出征，不再多说，只有冯道在一边冷嘲热讽地"固争"。谁知柴荣还真不怕邪，亲率军队，于高平之战中大败刘崇、契丹联军。就在柴荣凯旋之时，冯道也油尽灯枯，对在下一个王朝做官失去了信心，直至死在自己的家里。

冯道活了七十三个年头，是封建官场的不倒翁，也是一个"长乐老"。

在任后汉宰相时，冯道作一篇《长乐老自叙》，十分无耻。宋代的大文学家、史学家、政治家欧阳修在修史时痛骂冯道说："可谓无廉耻者矣！"冯道的确是长乐老。中国人说"知足者常乐"，冯道是有官就长乐；中国人说"无官一身轻，有子万事足"，冯道是无官不能活，有官万事足。

冯道的一生就是一部"做官学"，他本人就是一位官场常胜将军，是一部活的教材。他一生的意义也许就是教人怎样做官，用他一生的实践在向人们宣告着官场不倒的秘密：良心丧尽，善于投机。

（参见《新五代史》《旧五代史》《资治通鉴》等）

宫廷绯闻背后的"官商一家"

宫廷里真是充满了骇人听闻的阴谋，一个普通的、正常的人是很难想象和理解封建宫廷里形形色色的阴谋的。这里姑且不说那些与权力无关的或是关系不大的桃色新闻，只讲几件与权力密切相关的宫廷绯闻。

为了抢占权位，宫廷里的人什么事都可以做得出来，战国时期春申君"移花接木"的故事可谓一绝。

春申君是战国四公子之一。他替楚王选了好几个女子，全没有生育过，为此事，他还真有点着急。这心事被他的门客李园看了出来，李园灵机一动，想出一个主意来。李园向春申君告假，回赵国老家一趟，过了限期才回来。春申君问他为何误期，李园说："都是为了我的妹妹嫣嫣，她长得有几分姿色，连齐国人都来求亲，我只好在家招待了几天。"

春申君一听，心想嫣嫣一定很漂亮，要不怎么连齐国人都知道赵国有美女呢？就表示出想收纳为妾的意思，没想到李园一口答应，把嫣嫣送给了春申君。嫣嫣果然漂亮，而且不出三个月就怀了孕。

一天，嫣嫣对春申君说："你当了二十多年的国相，楚王一旦去世，必定要传位给他的兄弟，你得罪了那么多人，恐怕不能自保。"春申君一听，吓得从床上坐了起来，唉声叹气却无办法。嫣嫣说："我倒是有一计，不仅能免祸，还能得福，只是不好意思说出口。"春申君听得心痒，连连催促。

嫣嫣说："我今已怀孕，你如果把我献给大王，万一上天保佑，生个男孩，肯定能继位当国君。你的亲骨肉当了楚王，你还愁什么呢？这叫移花接木之计。"

春申君听后，虽觉得未免有点那个，但为了权势，便把她献给了楚王。没想到嫣嫣不仅生了儿子，而且还是双胞胎，楚王就把大儿子册为太子。

不久，楚王病重，春申君却兴高采烈，只等自己的儿子当楚王了。一天，门客朱英来对他说："天下有意想不到的福气，有意想不到的灾祸，还有意想不到的人。"春申君听他话里有话，就让他说明白点。

朱英说："如果大王去世，小王即位，您就是伊尹、周公，这是意想不到的福气；但李园表面上对您十分恭顺，背地里却养着武士，为了他妹妹和他自己，他是不会放过你的，这是意想不到的灾祸；我替您去对付李园，免得您落在他手里，我就是意想不到的人了。"春申君说："李园哪敢啊！"朱英笑道："想不到您也是一位意想不到的人啊！"春申君没有听朱英的话，朱英就跑到别国隐居起来。

过了十多天，楚王死了，李园叫人报告春申君。春申君一进宫，李园就命武士围上他说："奉太后密令：春申君黄歇谋反，理当处死。"就这样，春申君遭了灭族之祸。

春申君的"移花接木"之计失败了，但后人再接再厉，终于取得了成功，这就是吕不韦把政治当作商业来经营所取得的巨大成功。我们似乎也应该由

此得出一个结论，那就是中国人最有商业意识，而且世界上最大的商人也在中国。

秦始皇是中国历史上第一个封建大一统的帝王，但他当皇帝却经过了一个十分曲折的历程。

战国时期，秦、赵两国屡起争端，秦国为了实现统一大业，一直坚持不懈地进攻别的诸侯国。先是秦国屡次攻打赵国，但赵国有大将廉颇等人拼命苦守，秦国虽攻下几座城池，总无大的成效。后来实行远交近攻的外交政策，就索性同赵国交好，想采用外交的方式来逐步征服赵国，以便赢得时间去攻打别的国家。于是，公元前279年，秦国邀请赵国到渑池开会，订立和约。双方为了取得信任，按照当时的习惯，互换国君的亲属为人质。秦昭襄王就把自己的孙子异人送到了赵国做人质。

但是，秦国统一六国的大政方针已定，绝不会因为一个人质在赵国就不去攻打。在渑池会后不久，秦国就派兵攻打赵国，尤其在公元前260年，秦将白起竟把赵国降卒四十多万人一次活埋，引起了赵国及其他诸侯国的极大愤慨。其后的两年，秦国又相继派遣将领围攻赵国的都城邯郸，企图一举灭掉赵国。当时，赵国岌岌可危，城中断粮，以至有人杀人为食。幸亏魏国公子信陵君带领十万军队援助，才算打退了秦军，暂时保全了赵国。

异人就是在这种情况下做人质的，他的处境也是可以想象的。赵孝成王因为屡受秦国欺侮，早就想杀掉异人以泄其愤，平原君劝说道："秦昭襄王有那么多子孙，秦太子安国君也有二十几个儿子，杀了异人，对安国君和秦王都不会有什么损害，更何况异人是他们的子孙中最不重要的一个呢？不如暂且留下他，往后也许还能用得着，有个退路。"赵王听了平原君的劝说，才没杀异人。

异人虽然免于一死，但他的艰难处境是可以想象的。不仅出门无车马，生活无侍从，就连日常的吃穿用度也都成了大问题。更有甚者，他还要遭受赵国官员的随意训斥，就是寻常百姓，他也要逊让三分。异人在敌国做人质，又兼秦国确实残暴异常、贪得无厌，这就使异人无论在物质生活上还在精神上都抬不起头来，只能任人欺辱。

一位名叫吕不韦的商人发现了这一情况，立刻感到兴奋不已。他原是阳翟人（今河南省），这次来邯郸做生意，无意之中得此奇遇。他平素就寻找机会以求大举，一直苦无着落，这次遇见异人，觉得是一个天赐良机。他马上构想了一个宏伟的计划，准备实施。若能成功，就等于买下了整个国家，即使不成功，对他也没有多大的损害，况且多少也会有些回报。

回到家里，他急切地去找富有商业经验的父亲商议，以便增加信心。结果，他的父亲莫名其妙。也许，下面的这一段对话，可以让人看到他商人的本色。

吕不韦问："种地能够得到几倍的利息呢？"

吕不韦的父亲回答道："十倍。"

吕不韦又问："如果做珠宝生意能得到几倍的利息呢？"

吕不韦的父亲回答道："百倍。"

吕不韦最后问道："如果花钱立一个国君，平定一个国家，又能获几倍的利息呢？"

吕不韦的父亲回答道："那就说也说不完了。"

吕不韦认定异人是"奇货可居"，就开始实施对他的投资方案。首先是结纳异人，这对吕不韦来讲，是十分容易的事。因为异人穷困潦倒，无人理睬，吕不韦稍加关注，异人立刻上钩。然后，就是说服异人，让他回国，出钱替他多方面活动，并使他取得秦王宠妃华阳夫人的信任。

有一次，吕不韦对异人说："秦王年纪已长，千秋之后，即位的就是您的父亲安国君。您的父亲一旦即了位，就要立太子，他最宠爱的华阳夫人又没有亲生儿子，这么一来，您的二十几位兄弟全成了候选的太子。您如果能够好好地孝敬华阳夫人，说不定会被立为太子呢！"

异人听后十分感伤地说："我现在哪里还敢起这样的念头，如果不死在异国他乡，能够回到秦国去，就已经心满意足了。"吕不韦见时机已到，就对异人说："我倒有个办法。现在我拿出几千两金子来，派人去到秦国活动，让华阳夫人来接你。不过一切都得听我安排。"异人听了，认为这简直是喜从天降，哪里还有不同意？他连忙给吕不韦跪下，说道："如果能这样，我会铭记您的大恩大德，没齿不忘。"他请吕不韦立刻去见华阳夫人。

吕不韦极有心计，他到咸阳后，知道时机不到，如果冒昧去见华阳夫人，反倒引人起疑。他先拜见了华阳夫人的姐姐，送了她一笔厚礼，又拿了一些玉璧、黄金，托她转交华阳夫人，当然，这些都是以异人的名义送出的。

华阳夫人的姐姐没想到异人在赵国不仅没被杀掉，居然还有财力送礼，就奇怪地问道："异人在赵国的情况怎样呢？"吕不韦答道："赵王因为秦国屡次攻打赵国，现在又围住赵都邯郸，早就要杀掉异人，亏得赵国的卿大夫们一力保护他，才幸免于难。"华阳夫人的姐姐就更觉得奇怪了，问道："难道是因为赵国惧怕秦国吗？"吕不韦连忙说："哪里哪里，如果赵国惧怕秦国，也就不会拼死抗秦了。只是因为异人学问好，人缘好，又是个孝子，大家才不忍心他被杀害，都说秦、赵两国交兵，实在与异人无关。每逢太子和夫人生日那天，异人总是去烧香磕头，拜朝西方祝祷，替太子和夫人拜寿。赵国人见他是个孝子，都说杀之不祥。还有，异人喜欢结纳天下豪杰，各国诸侯多少都跟他有点交情，他们也都劝说赵王不要杀他。如果换个人，有一百条命也早丢完了！"

华阳夫人的姐姐听了这番话，真是又惊又喜，惊的是异人竟有这般才干，喜的是又这么孝顺。吕不韦见她脸有喜色，接着又说："令妹华阳夫人专宠于秦王，那是再无他求了。只是没有亲生儿子，日后年长，谁能靠得住呢？不知您有什么打算？"

华阳夫人的姐姐连忙向吕不韦问计，吕不韦说："在太子的这么多儿子当中，又有谁比异人更合适呢？他德才兼备，又有质赵之功，最重要的是对太子和夫人存一片孝心。夫人如果能收异人做儿子，自己也就有了儿子，异人也就有了母亲，华阳夫人日后就不用发愁了。"

这番话说得华阳夫人的姐姐在心里直点头。她倒不一定为异人着想，对于妹妹的未来，她却不能不考虑。妹妹无子，将来就很难做太后，即使做了，也不稳固，尤其是立一个生母还在的儿子做太子，那就更危险了。异人的生母已去世，如果能认异人为子，再立他为太子，那是再好不过的事了，何况异人又有如此的孝心呢？她当即表示同意，愿意前去说服妹妹。

她见到华阳夫人，送上吕不韦带来的礼物，又前前后后地说了一遍，申述利害，再动之以情，华阳夫人也觉得别无佳法，就同意了。华阳夫人软缠硬磨，逼着太子安国君去接回异人。安国君认为能把异人接回秦国也是好事，就派吕不韦想法儿接回异人。

华阳夫人私下告诉吕不韦，安国君已答应把异人立为嫡子，只是先别声张，以免异人的其他兄弟和赵国知道后再生事端。太子给了吕不韦三百斤金子，夫人为表示诚意，又加了一百斤。吕不韦就带着这些金子回到了赵国。

据说，吕不韦不仅要立一个国君，还想亲自成为国君。自己成为国君，就当时的情况看，那是绝无可能了，但如果能使自己的儿子成为国君，也是一样的，于是，他就安排下了移花接木之计。

吕不韦回到赵国告诉异人他将被立为嫡子的消息，异人真有死而复生之感，他从此活跃起来。由于华阳夫人是楚国人，异人从此改名为子楚。诸事具备，子楚也就准备结婚了。当然仍由吕不韦张罗这件事。在聘人之前，吕不韦请子楚到自己家里吃了一次酒。席间有一女子，名叫赵姬，是大户人家的女儿，不仅美貌绝伦，而且能歌善舞、能言善辩，子楚果然一见倾心。回到家后，就托人索要。吕不韦开始佯怒，继而虚与委蛇了一番，最后当然答应了。就这样，子楚娶了赵姬，不到一年，就生了个儿子，因为生在赵国，取名赵政，他就是后来统一中国的秦始皇。其实，赵姬嫁给子楚以前就已怀孕，赵政应是吕不韦的儿子。

秦国围困邯郸日久，眼见即破，吕不韦害怕赵王杀掉子楚，就加紧密谋逃跑。他用三百斤金子买通了一位把守邯郸南门的将军，告诉他说："我是阳翟人，来邯郸做生意，全家都被困在城里，如果出不了城，不仅本钱蚀光，性命恐怕也保不住了。"就这样，吕不韦带着子楚、赵姬和两岁的赵政，逃出了邯郸。

当时秦昭襄王正在赵国督战，他们先见了秦王，秦王很高兴，把他们送回了咸阳。吕不韦让他们穿上楚国的服装去见华阳夫人，华阳夫人一见，十分奇怪地问道："你们先在赵国，现又回到秦国，怎么穿楚国的服装呢？"子楚立刻按吕不韦事先教会的话说："儿子不孝，不能亲自侍奉二老，但天天想着母亲。我知道母亲是楚国人，就经常穿楚国的服装。"这使华阳夫人非常感动。

安国君赏赐了吕不韦，子楚住在华阳夫人的宫里，下一件事就是等待被立为太子了。

子楚归国后不久，秦昭襄王病死，安国君即位，是为秦孝文王，立子楚为太子。秦孝文王不久病死，其子秦庄襄王相继病逝，十三岁的赵政即位当了秦王。

吕不韦的儿子当了国君，吕不韦也权倾一国，他当初的设想完全实现了。但是，他的地位也越来越危险了。随着年龄的增长，秦王赵政越来越懂事。吕不韦跟赵政的母亲私通的事，在秦国早已不是秘密，若有朝一日传到赵政的耳朵里，即使赵政当时不便发作，迟早也会找吕不韦算账。为了满足太后的需要，吕不韦必须找到一个替身，经过一段艰难的努力，终于找到了一个叫嫪毐的人。这个人也和吕不韦一样，既有野心又有心机，还愿意冒险。于是，吕不韦把他扮作太监，帮他混进宫去。按照原来的礼仪，男子在进宫之前，必须把生殖器用毒药腐蚀掉或是切掉，成为太监，才能出入宫禁，以免和妃子、宫女私通，乱了龙种。吕不韦为了给太后送个面首，是不能切掉嫪毐的生殖器的。他用重贿买通了主管宫刑的官吏，伪造了证明，让嫪毐拔去胡须，拔去眉毛，涂上脂粉，扮成太监，送给了太后。嫪毐十分善于逢迎太后，不久就同太后打得火热，因太后执政，大权也就渐渐地落到了嫪毐手里。

时间长了，情意暗生，太后与嫪毐竟似结发夫妻，居然忘了赵政也是她的亲生儿子。他们看着自己生的两个儿子，越想越为两人的前途命运担心。嫪毐与太后情浓之际，也顾不了许多，准备在一定的时机，废了赵政，立他的儿子做国君。谁知这些密谋竟因嫪毐一时疏忽而被查出。

一次，嫪毐酒醉之后与人发生激烈的争执，他气愤不过，竟然大呼："我是国君的假父，谁敢与我争执！"这证实了早已传得沸沸扬扬的宫廷绯闻。那个与嫪毐争执的人立刻跑去向赵政报告。当时，赵政已是二十一岁的青年了，按古礼已到弱冠之年，可以亲理朝政了。于是，他就严令官吏调查此事。结果，查出嫪毐并非宦官，并经常与太后私通，还生有两个儿子。因为当时还是太后专权，赵政一时无法处置这件事。

不久，赵政按秦国的习惯在雍地举行加冕典礼。加冕之后，太后就必须还政给国君。嫪毐知道，赵政一旦回到咸阳，他就绝无生望，于是，趁赵政不在咸阳之机，他盗用秦王和太后的印玺，发兵攻打赵政。赵政事先做好准备，故轻而易举地平定了这场叛乱。嫪毐因兵败被杀，其余十二名叛乱首犯也被车裂示众。

赵政还把他的母亲迁出咸阳，放逐到雍地去居住。最亏本的应算吕不韦了，他心机算尽，还是难逃这一天。叛乱平定后，他的所作所为也无法隐瞒，他被罢相免官，不久就自杀身亡了。

在漫长的中国历史上，宫廷的秽乱无时不有，其丑恶无耻是常人难以想及的，但像吕不韦、嫪毐和赵政的母亲三人之间的宫廷绯闻恐怕还不多见。尤其是吕不韦把政治当作商业来经营，实在是开了中国"官商一家"的先河，其功罪，即使我们这些后人，又能怎样评说呢？单就吕不韦的这次经营活动来说，他最后是据有了天下，获得了说也说不完的利息呢，还是蚀尽了老本，落得人财两亡呢？真是无从说起。

再说两句题外话。秦始皇统一中国之后，丞相王绾建议沿袭旧制，分封子弟；而廷尉李斯则反对分封，主张设郡县，置官吏。一般人都说秦始皇废分封、设郡县是符合了历史发展的要求，但仔细想想，他有了如上的家庭生活经历，还能有多少家庭亲情呢？他还有多少传统的道德信仰呢？难道还能希求他亲爱自己的血族成员而把土地分给他们吗？其实，秦始皇残暴的性格也与他的成长经历不无关系。例如，当他灭掉赵国之后，做的第一件大事就是把当年欺压他们母子的人全部坑杀。秦朝的灭亡，跟秦始皇的残暴有着很大的关系。

一个人的生活经历，居然也能影响一个国家、一个民族的命运。面对这样的历史，我们说什么好呢？

经义决狱

中国自古以来的法律不能说不发达，历代的法典可以称得上是浩如烟海。但各个历史时期的法律似乎都有自己不同的特点，这个特点不仅表现在量刑的轻重上，更重要的是表现在判刑的方式上。如汉代就盛行"经义决狱"和"原心定罪"。

所谓经义决狱，就是以礼入法，把礼仪当作法律，具体说来，就是根据《春秋》及其他经典上的有关记载、论述甚至只言片语来处理诉讼案件。据说，这种情况开始于董仲舒。且看下面董仲舒用《春秋》及其他经典来处理诉讼案件的例子。

当时有一个无法判决的疑案，地方官交给了董仲舒。案情是这样的：甲没有儿子，在道路的旁边拾了一个别人抛弃的婴儿乙，并将其养育成人。后来乙杀了人，并把杀人的情况告诉了甲。甲不仅没有告官，还把乙藏匿了起来。按照当时的法律，是应以连坐之罪一起处死的，董仲舒不同意这种判决，提出甲当何罪呢？

董仲舒说："甲没有儿子，但他把乙养大了，虽然不是他所生的，但谁又能把他夺去呢？《诗经》上说：'螟蛉有子，自己不养活，另一种叫作蜾蠃的昆虫把它当作自己的孩子养大，也就算是自己的孩子了。按照《春秋》大义，父亲是可以为儿子隐匿罪过的（按：《论语》中有"子为父隐，直在其中矣"的话。孔子的学生问孔子说："老师，有一个人偷了别人家的一只羊藏到了自己家里，他的儿子看到了，当地的执法官来到他的家里向他索取这只羊，他的儿子应该怎么办呢？"孔子十分干脆地回答说："应该帮他的父亲把羊藏起来。"孔子的学生十分不理解地问道："那么，这个人还算是一个正直的人吗？"孔子回答说："儿子帮父亲隐藏赃物和罪过，其中就已经含有正直的品格了。"），因此甲可以为乙隐匿罪过。

于是，皇帝听了董仲舒的话，就下了一道诏令，说甲可以不受连坐的处分。

看来，汉代关于父子关系的认定与我们今天的法律是不太一样的。董仲舒还处理过这样一个案例，也能说明这个问题。

甲有儿子乙，当时由于家境贫困，就乞求丙来养育。后来，丙把乙养育成人。有一次，甲喝醉了酒，就对乙说："你是我的儿子。"乙听了以后很愤怒，就把甲殴打了一顿。甲认为这是儿子殴打父亲，十分生气，就告了儿子一状。按照当时的法律，儿子打父亲的惩罚是很重的，但因为人们对他们之间的父子关系有争论，就把这件案子交给了董仲舒。

董仲舒又根据《春秋》之义说："甲虽然生了乙，但不能养活，并交给了别人，父子之义已经断绝了，虽然打了甲，但不能按父子关系来判罪。"

下面的这个例子讲的是夫死再嫁的事，这不仅牵涉到一个怎样认识事实的问题，更重要的是怎样对待这个事实的问题。

甲的丈夫乘船出海，遇上了风暴不幸身亡，但因找不到尸首，所以四个月也没有举行葬礼。后来，甲的母亲丙就把甲嫁入了另一户人家，被原夫家告发了。有人说夫死未葬，按照法律是不能出嫁的，她私为人妻，论罪应当弃市。

董仲舒按照《春秋》解释说："我以为《春秋》上记载，有夫人嫁到了齐国，丈夫死了以后，没有儿子，可以再嫁。夫人是没有自己行动的权力的，只有听从尊者的话。她的母亲把她嫁了出去，不是自己有淫荡之心，不是私为人妻，都不应当受法律制裁。"

上面是经义决狱的例子，下面是原心定罪的例子。所谓原心定罪，就是根据当事者的动机来论处罪过的大小。这也有一个如何处理父亲和儿子的关系的案件。

甲的父亲乙因和丙争吵而打架。丙以自己身上带的刀刺乙，甲为了救自己的父亲，就用杖打丙，结果却误伤了自己的父亲乙。有人认为这种行为是儿子殴打父亲，论罪应当杀头的。

董仲舒说："我认为父子乃是至亲，看到自己的父亲被打，没有不感到惊慌失措的，拿起杖来救助自己的父亲，不是要殴打自己的父亲。《春秋》上说：'许止的父亲有病，许止给他的父亲吃药，吃了药之后父亲死了。当时主管法律的君子推究他的心理动机，认为是好的，就赦免了他的罪过，没有处罚。'因此，这个案子并不是我们法律上所说的那种儿子殴打父亲，不应当处分这个儿子。"

如果说上面的案例还都是处理很具体的案件的话，那么，下面这个例子就不仅仅是个"民事案件"了，它实际上更接近于政治问题，但即便对于这样的问题，汉代也是根据《春秋》的意思来做出判断的。

汉昭帝始元五年（公元前82年），有一男子乘黄犊车来到未央宫北阙，自称是卫太子刘据。公车令急忙入报。大将军霍光闻后大惊，因为卫太子刘据已于征和二年（公元前 91 年）因别人诬陷，受巫蛊之案的牵连，被迫造反，失败后出奔外地，被汉武帝下令追捕，后自缢身死，又怎会死而复活？于是，传令众臣前往北阙，审视真假。

众臣奉令来到北阙，围住这个男子，见此男相貌颇似卫太子，但声音举止一时难定真假。因为事关重大，大家一时都拿不定主意，无法回宫复命。国都中百姓听说卫太子出现，也都纷纷出来围观，一时间来到北阙的竟达数万人。这时，京兆尹隽不疑闻讯到来，令从吏说："何处狂徒，竟敢冒充太子！快给我拿下！"从吏闻命，立即蜂拥而上将那男子捆绑起来。在场的官员中，有一人素与隽不疑关系很好，见到此种情况，怕他惹祸，就走到隽不疑的跟前说："真假尚未分出，是否从缓擒拿？"隽不疑道："就是真的卫太子也没什么可怕的。春秋战国时期，卫公子蒯聩得罪卫灵公，出奔晋国。及灵公殁后，蒯聩的儿子辄继位，蒯聩欲返卫国，辄不让他回去，对此事，《春秋》且不以为非。那时，儿子当了国君尚且可以不让自己的父亲回来，何况现在呢？今卫太子得罪先帝，罪本当死，岂可再来此搬弄是非？况且，卫太子已死，如今怎知这个人就是卫太子呢？"在场众人听了以后，都认为隽不疑的话很有道理，立即散去。

隽不疑遂将此人交付有司审办。

经廷尉数日审理，终于弄明白了事情的原委。原来，此人为阳夏人，叫成方遂，流落江湖，以卖卜为生。一天，已故卫太子舍人向他问卜，发现他的相貌和故太子刘据非常相似，感到十分惊奇。成方遂听后，忽生奇想，便将太子在宫中情况，详细问了一遍。待舍人走后，他便收摊归家，经过谋划，数日后便到了长安，幻想能冒充太子，取得荣华富贵。不巧碰上隽不疑，求福不成，反被下狱。起初他还不肯招认，直到有人作证。当时的辅政大臣霍光听说后，十分感叹地赞道："公卿大臣，不可不通经致用。幸亏有隽不疑，否则真的要误事了！"

另一个例子也能说明汉代的这种现象。

东汉明帝时期的郭弘是颍川阳翟（今河南禹州市）人，熟习法律，被太守寇恂提为决曹掾，断狱三十多年，没有人不服他的判决。其子郭躬自幼承传父业，精通法律，有仁者之风，决狱多有高明的见解。永平年间，被召进宫，在皇帝的身边当法律顾问。

有一次，朝廷接到了一件案子，说是有兄弟俩共同杀人，但谁是主犯，一直未弄清楚。最后，明帝经义决狱，判兄长不好好教训弟弟，致使他杀人，所以兄罪重而减弟死刑。不料，中常侍孙章在传达诏书时出现失误，诏书内容被理解为其罪皆重，造成了不可挽回的影响。当时的尚书认为，孙章的行为，实际上是假传圣旨，按律应当处以腰斩之刑。

明帝还算是有仁慈之心，他觉得这么判好像重了些，便把郭躬招来询问。郭躬说："孙章之罪，只可处以罚金。"明帝问："孙章伪造诏旨杀人，怎么处以罚金？是不是太轻了呢？"郭躬说："孙章是错传了圣旨，但并非故意，推究其本心，乃是失误所致，与有意假传圣旨不同。按规定，应处以罚金。"明帝说："孙章怎么可以说是失误呢？我听说他和杀人的兄弟俩是同县，可能以前有仇，所以我怀疑他是故意假传圣旨，挟私报复，借刀杀人。"郭躬说："《诗经》说，周道如砥，其直如矢。意思是说，周代的贡赋均平，法律赏罚不偏斜。孔子说，君子不逆诈。意思说，不要以自己的意志事先猜测别人。所以断狱万万不可凭自己意志而不顾事实。"明帝接受了他的意见。

在这里，已经不是经义决狱，而是用经义来解决法律观念问题和思想认识问题。看来，汉代的经义决狱的应用范围并不仅仅在处理刑事案件上。

经义决狱的另一种表现形式是"礼入于法"。《四库全书辑要》唐律疏义解云："唐律一准于礼，得古今之平。"意思就是说唐代的法律完全依照礼来制定，是古今最好的法律，所以才能使得天下大治。其实，在中国历史上，"礼入于法"是一个十分漫长的过程，各代都有不同，但总的看来，汉朝似乎是个比较明确的开端。下面是见于《后汉书》的一个小例子。

卓茂是南阳宛县人，西汉元帝时在长安求学，学习《诗经》《周礼》及历法算术，被称为通儒。卓茂生性宽仁恭爱，不论做官还是不做官，吏民和乡亲都很敬慕他。后来，他任山东密县县令时，非常用心，爱民如子，以善举教化百姓，以身作则，深受百姓的喜爱。

卓茂虽然不用严刑峻法来治理吏民，但官吏们都十分敬畏他。有一次，一个人到卓茂那里去告状，说卓茂部下的一个亭长收受了他的米肉。卓茂听了，觉得不大可能，为了不让这事张扬出去，就连忙屏退左右，秘密地问那个人："亭长是怎样要的米肉？是他向你勒逼索要的，还是你有事求他他才接受了你的东西？还是他什么也没做，只是你仰慕他才送给他的呢？"

告状人回答说："是我自己前去送给他的。"

卓茂问："既是你前去送给他，你为什么还要告呢？"

告状人说："我听说贤明的长官，能使民不害怕吏人，吏人不取民之物品。如今我是因为害怕吏人，才送他米肉，而且他也接受了，所以我才到你这里来告状。"

卓茂听了以后，很不同意他的看法，就耐心地对他说："你这就是有意败坏亭长的名声了。人之所以和禽兽不同，就是因为他们有仁爱之心，懂得互相敬重。如今邻里之间对长老还要送些馈赠之物，何况吏与民之间呢？这是人之常情，所不同的只是官吏不应当用权势向百姓强要。人都是以群居杂处的方式生活的，所以要用礼仪相交往，如果没有了礼仪，社会就没有办法维持了。你难道不想修礼仪吗？如果那样，你就只能远走高飞，离开人群，不食人间烟火。亭长平时善待吏人，节日送些东西给他，这就是礼呀！"

告状人不服，说："照您这么说，为什么法律有明文禁止呢？"卓茂说："律设大法，礼顺人情。先要有礼，然后才有法。如果只是用法，天下将会大乱，人也就不是人了。现在我用礼来开导你，你必无怨无恶；要用律条治你，你恐怕就不堪承受了。您回去好好想想吧。"

令人感到滑稽的是，经义不仅可以决狱，还可以解梦，这就是经义对人们意识的渗透。

据说，从前有一个读书人将要赶京应试，他做梦梦见自己首先进入了试场，醒来后，他非常兴奋地告诉妻子自己做的梦，并高兴地说："我本来觉得我考得不错，这个梦预示着我一定会夺得第一名。"妻子说："不对，你没记着《论语》里写的是'先进第十一'吗？"后来她丈夫被录取，果然名列第十一。

这真是温情脉脉的法律啊！的确，充满了正义的、温情的法律确实要比冰冷的、僵硬的法律更容易为人们所接受，也更加理想，但礼入于法的温情实际上是不平等的社会的产物，它致命的弱点就是会不可避免地导致法律上的不平等，而法律的不平等实际上就等于取消了法律。司马迁说："礼禁未然之前，法施已然之后。"这个观点在整个中国历史上也很有代表性，其意是说，礼仪的

作用是在罪恶发生之前就禁止了，而法律只是在罪恶发生之后才加以惩处，一前一后，其轻重是非常不同的。因此，中国的法律往往是礼教的依附物，往往与道德相混淆，所以就很难得到独立的发展。也许，数千年来中国虽然有那样多的法典，却一直没有建立起一个真正的法治社会，这就是重要原因之一。

（参见《历代刑法考》《后汉书》《汉书》《资治通鉴》《智囊》等）

李斯与赵高

李斯与赵高，一个是融政治家、阴谋家、学者为一体的人，一个是融野心家、阴谋家和宦官为一体的人，二人狭路相逢，谁败谁胜，这也许不是能够用常理度之的。对二人进行比较，大有意味。

人在官场，往往利令智昏，虽明白及时抽身的道理，却是身不由己，不愿抛弃荣华富贵，最后落个身败名裂的下场。这也许是人性使然吧！

中国历史上第一位集大学者、大权谋家、大政治家于一身的李斯，就是这样一个例证。他在身为秦国丞相的大红大紫时期，多次想起老师荀子告诫他的"物忌太盛"的话，也多次想和他儿子一起回到故乡上蔡过那种牵着黄犬、优游自在的生活，但由于功利之心太重，权势之欲太盛，未能抽身离去，最终落个父子均被腰斩的下场。

李斯出生于战国末期，是楚国上蔡（今河南省上蔡县西）人，少时家境不太宽裕，年轻时曾经做过掌管文书的小官。至于他的性格为人，司马迁在《史记·李斯列传》中插叙了一件小事，极能够形象地说明。

据说，在李斯当小官时，曾到厕所里方便，看到老鼠偷粪便吃，人和狗一来，老鼠就慌忙逃走了。过了不久，他在国家的粮仓里又看到了老鼠，这些老鼠整日大摇大摆地吃粮食，长得肥肥胖胖，而且安安稳稳，不用担惊受怕。他两相比较，十分感慨地说："人之贤不肖，譬如鼠矣，在所自处耳！"意思是说，人有能与无能，就好像老鼠一样，全靠自己想办法，有能耐就能做官仓里的老鼠，无能耐就只能做厕所里的老鼠。这个小故事形象地揭示了李斯的性格特征，也预示了他未来的结局。

为了能做官仓里的老鼠，求得荣华富贵，他辞去了小吏职务，前往齐国，拜当时著名的儒学大师荀子为师。荀子虽继承了孔子的儒学，也打着孔子的旗号讲学，但他对儒学进行了较大的改造，较少传统儒学的"仁政"主张，多了些"法治"的思想，这很适合李斯的胃口。

李斯十分勤奋，同荀子一起研究"帝王之术"，即怎样治理国家、怎样当官的学问。学成之后，他便辞别荀子，要到秦国去。

荀子问他为什么要到秦国去，李斯回答说："人生在世，贫贱是最大的耻辱，穷困是最大的悲哀，要想出人头地，就必须干出一番事业来。齐王萎靡不振，楚国也无所作为，只有秦王正雄心勃勃，准备兼并齐、楚，统一天下，因此，那里是寻找机会、成就事业的好地方。如果留在齐、楚，不久即成亡国之民，能有什么前途呢？所以，我要到秦国去寻找适合我个人的机会。"

荀子的思想中本来就有许多法家的成分，他同意李斯前往秦国干，但告诫李斯要注意节制，在成功之际想想"物忌太盛"的话，不要一味地往前走，必要的时候要给自己留条后路。

李斯来到秦国，投到极受太后倚重的丞相吕不韦的门下，很快就以自己的才干得到了吕不韦的器重，当上小官。官虽不大，但有接近秦王的机会，有此一点就足够了。

处在李斯的位置，既不能以军功而显，亦不能以理政见长。他深深地知道，要想崭露头角，引起秦王的注意，唯一的方法就是上书。他在揣摩了秦王的心理，分析了当时的形势后，毅然给秦王上书说：凡是能干成事业的人，全是能够把握机遇的人。过去秦穆公时代国势很盛，但总是无法统一中国，其原因有二：一是当时周天子势力还强，威望还在，不易推翻；二是当时诸侯国力量还较强大，与秦国相比，差距尚未拉开。不过从秦孝公以后，周天子的力量急剧衰落，各诸侯国战争不断，秦国已经趁机强大起来了。现在国势强盛、大王贤德，扫平六国真是如掸灰尘，这正是建立帝业、统一天下的绝好时机。大王千万不可错过了。

这些话既符合秦国及各诸侯国的实际情况，又迎合了秦王的心理，所以李斯赢得了秦王的赏识，被提拔为长史。接着，李斯不仅在大政方针上为秦王出谋划策，还在具体方案上提出意见。他劝秦王拿出财物，重赂六国君臣，使他们离心离德，不能合力抗秦，以便秦国各个击破。这一谋略卓有成效，李斯因而被秦王封为客卿。李斯在秦国开始崛起了。

可就在这时，秦国掀起了一场反对外国人的运动，是韩国派间谍帮秦国修渠引起的。

韩国是秦国的近邻，秦国若想统一六国，韩国首当其冲，因此韩国感到既着急又害怕，但又无其他办法可想。于是，他们就派一个叫郑国的水利专家来到秦国，向秦王陈述在某地修渠的必要，征得了秦王的同意，开始修渠。不久，郑国修渠的目的暴露了，原来，郑国是韩国的间谍，修渠的目的并非为了兴修水利，而是为了消耗秦国的人力和财力，以免秦国国力强盛后集中兵力东进。这时，东方各诸侯国也纷纷暗派间谍，以各种方式在秦国活动，尤其以做宾客的为多，有些间谍也被揭露出来。这样，出身秦国的群臣一方面为秦国考虑，同时也为了消除官场竞争对手，都坚决主张驱逐外国人。在这种情况下，秦王下了一道"逐客令"，李斯也在被逐之列。

李斯怀着失望而又悲伤的心情离开秦国，在临近边境的时候，他觉得应该最后试一试，否则，一旦出了秦国，就再无返回之日，一生的功名利禄也就付诸东流了。于是，他抱着试探的态度，给秦王上了一道奏章，这就是著名的《谏逐客书》，摘译如下：

　　我听说群臣议论逐客，这是不对的。从前的时候，秦穆公寻访贤能之士，从西方的戎地请来了由余，从东方的楚地请来了百里奚，又从宋国请来了蹇叔，并任用从晋国来的丕豹、公孙支。正是因为任用了这五个人，秦穆公才兼并了二十个国家，在西方称霸。秦孝公任用商鞅，实行新法，移风易俗，国家更加富强，因此打败了楚国、魏国，扩大了近千里的国土，秦国更加强大起来。秦惠文王采用张仪的计谋，拆散了六国的合纵之约，迫使各国服从秦国。秦昭王得到范雎，削弱贵戚力量，加强王权，蚕食诸侯，秦国终于建立了帝业。这四代君王都是因为任用客卿，才使秦国强大起来，客卿有什么对不起秦国的呢？如果当初这四位君王也下逐客令，只能导致国家没有富利之实，也没有强大之名。

在《谏逐客书》里，李斯还用秦国喜欢异国出产的珍珠、宝马、美女为例，反问为什么物产能用，人才就不能用呢？得出的结论是，如果秦国不用他国人才，那是为渊驱鱼，为丛驱鸟，只能使人才归于各国，加强各国的力量，对秦国的统一大业是很不利的。

《谏逐客书》可谓证据确凿，理论也符合秦国当时的实际需要，又兼言辞恳切，情意真诚，秦王读后大受感动，竟撤销了"逐客令"，派人追回李斯，并封他为廷尉。

被囚系狱中的韩国奸细郑国也趁机上书说，当初鼓动秦国修渠的目的确是为了消耗秦国的人力物力，但修渠也确实是秦国的需要，否则，大王当初就不会批准动工了。况且现在已修了一半，如果半途而废，那就前功尽弃，如能坚持修完，那秦国将会受泽万代。秦王觉得郑国的话也有道理，就放他出狱，继续主持修渠。这就是战国时期著名的水利工程郑国渠的来历。

李斯在秦国总算站稳了脚跟，经过一番"谏逐客"的接触，秦王也就更加信任李斯，李斯步步高升，前途不可限量。正在这时，李斯的同学韩非也来到了秦国，这对李斯来说，是个极大的挑战。

韩非是韩国人，韩王的同族。他学识渊博、思维敏捷，是战国末期的一位大思想家。他的学说发展了荀子思想中"法治"一面，把慎到的"势"、商鞅的"法"、申不害的"术"结合起来，形成了一套较为完整的君主专制理论。他著作极丰，先后写出了《孤愤》《五蠹》《说难》等文著。这些著作，本是因他看到韩国太过软弱，上书献策而不被用，感到失望和怨怒而发愤著述的，韩国君主未加重视，谁知传到秦国后，秦王竟是见而惊呼，大喊："我若是能见到此人，和他交游，死而无憾。"韩国对人才的轻侮和秦国对人才的重视，真是形成了鲜明的对照。后来秦国攻打韩国，形势危急，韩王不得不起用韩非，让他出使秦国。就这样，韩非来到了秦国。

李斯明白，不论是学术能力还是政治、外交能力，自己都远不如韩非。现在秦王把他留下，是否重用，还未决定，不过一旦重用，自己就永世不得出头。为了个人的功名利禄，他必须首先除掉韩非。他对秦王说："韩非是韩王的亲族，大王现攻打韩国，韩非自然不会同意，爱韩不爱秦，这是人之常情。"秦王说："既然不能用，那就放走吧！"李斯的目的是要赶尽杀绝，于是又对秦王说："如果放他回韩国，他定会为韩出谋划策，对秦国十分不利。不如就趁他羽翼未成之时将他杀掉。"秦王听信了李斯的话，李斯就送给韩非毒药，令他自尽。韩非深知李斯的为人，就饮毒自杀了。李斯从此没有了对手，就更加放胆大干了。

公元前221年，秦王政完全兼并了六国，使中国在经历了长期分裂割据的局面以后复归于统一。统一之后面临的第一个问题，就是如何管理这个大一统的国家。丞相王绾首先提出，全国地方太大，难以管理，应像周代那样，分封诸子，裂土而治。在召集群臣讨论这件事时，博士淳于越向秦始皇上书说："殷、周所以能有千年的天下，其原因就在于把天下分封给了子弟和功臣。现在天下如此之大，宗室子弟没有封地，同于百姓，万一发生了像齐国的田常、晋国的六卿那样的叛乱，又有谁来相救呢？凡是不以古为师而能长久的，从来没有听说过。"唯有李斯坚持置郡设县，遣官治理。他认为，天下之所以战乱频仍，全在于周朝分封以来，诸侯各自为政，相互仇视，周天子也无力制止。如今天下一统，如果再立许多国家，等于再次分裂，不利于中央集权管理。

出于对当时情况的考虑，也出于个人生活经历，秦始皇接纳了李斯的建议把全国分为三十六郡，郡下置县。李斯为中国封建社会建立成熟的统治形式，做出了积极的贡献。

淳于越坚持实行分封制，激怒了秦始皇，秦始皇遂把他交给李斯处理。而李斯审查的结果，却是非常奇怪：认为淳于越泥古不化、厚古薄今、以古非今等罪状全是由于读书，尤其是读古书的缘故，竟建议秦始皇下令焚书。

按照李斯的规定，凡秦记以外的史书，凡是博士收藏的诗、书、百家语等都要统统烧掉，只准留下医药、卜筮、种树之书。此后，如果有人再敢谈论诗书，就在闹市区处死，并暴尸街头；有敢以古非今的人，全族处死；官吏知道而不检举者，与之同罪；下令三十日仍不烧书者，面上刺字，并征发修筑长城。毫无疑问这是对中国文化的一次大摧残。

在焚书的第二年，即公元前212年，秦始皇对书生进行了一次更大的迫害，他竟下令将咸阳的儒生四百六十多人活埋，即为"坑儒"事件。

"焚书坑儒"是中国历史上的重大事件，不仅给中国文化造成了极大的损失，也是对人类文明的一次极大的污辱，是对人的尊严的残暴践踏。这个事件，固然与秦始皇的暴政主张分不开，但李斯的借题发挥乃至无中生有也确实起了推波助澜的作用。

今天看来，李斯之所以这样做，一方面是为了迎合秦始皇的心理，把秦始皇所要做的事情推向极端；另一方面恐怕也是为了从精神到物质上彻底消灭自己的竞争对手，使天下有才之士望秦却步，李斯也就可以独行秦廷了。

李斯的目的应该说是达到了，但学者出身的李斯，竟能这样背叛文化、残害文化，实可谓天良丧尽。对这样的"读书人"，我们又能说什么呢？

公元前210年，秦始皇为了宣扬皇威，镇抚六国百姓，开始了他的第五次出游。他打算从咸阳出发，经武关，沿渭水、汉水到云梦，再经长江东下直到会稽。胡亥是秦始皇的小儿子，深得秦始皇喜爱。赵高是秦国灭掉赵国时掠来的太监，十分精明，懂得法律，看到这一情况，就挖空心思接近胡亥，博得了胡亥的欢心，并给胡亥讲解法律条文，讲解各种案例的处理，还教胡亥学书法，实际上成了胡亥的老师。秦始皇见他很有才干，就提拔他当了中车府令，掌管皇宫中的车马。秦始皇出游，除了要带左丞相李斯帮助处理政事以外，还要带赵高去管理车马。胡亥见自己的老师去了，也想跟着出去玩玩，就托赵高去说。秦始皇觉得让胡亥见见世面也好，就答应带他同去。

秦始皇先来到云梦泽，又到了九嶷山，祭祀了古代帝王舜，然后再沿长江东下，到达绍兴，在会稽山又祭祀了治水英雄禹，并刻石纪念，颂扬功德。在回咸阳的途中，秦始皇生了重病，他极为怕死，也讳言死，直到行至平原津时，秦始皇危在旦夕，才叫赵高写信，召大儿子扶苏前来咸阳办理丧事。信还未及发出，秦始皇就去世了。

当时随行的有李斯、胡亥、赵高。秦始皇临死之前，曾有书信召扶苏送葬，按当时的习惯，长子承位是天经地义的，况且扶苏刚毅勇敢，较得人心。但赵高为了掌握大权，极力想把胡亥推向皇位，就让胡亥扣留了秦始皇给扶苏的书信。

秦始皇猝死，李斯怕引起天下大乱，便令人在秦始皇的车内伪装成秦始皇，让人照常送水送饭，另让一个太监坐在车中，照常批阅文件奏章，李斯和赵高也照常给他供应茶水饭食，照常前去请示。

当时天气炎热，秦始皇的尸体腐烂，发出恶臭，为了不让随从士兵闻到尸体臭气，赵高和李斯就假传秦始皇的旨意，买了一车鲍鱼拉在车后面，因鲍鱼可发出奇臭，就将秦始皇的尸臭掩盖过去了。就这样到了咸阳。

其实当时赵高名不正、言不顺，没有多少实权，要想实施计划，就必须取得李斯的同意。于是，赵高找到李斯，秘密地对他说："现在皇帝死了，印玺都在胡亥那里，始皇帝写给扶苏的信也在我手里，还没有发出去，你看谁即位更好一些呢？"

李斯勃然变色道："这难道是你说的话吗？谁做皇帝始皇帝早有安排，你这样不守人臣之礼，岂不是要亡国吗？"

赵高知道李斯是个不惜一切代价换取官位的人，把官位看得比生命都重要，要想说服他，只有从官位入手，于是就趁此机会拉拢李斯，采取攻心战术，他们之间就有了一段精彩的对话。

赵高说："我做胡亥的老师，已有很多年了，可从未发现过胡亥有什么过失。胡亥为人老实厚道，聪明伶俐，又不挥霍奢靡，能礼贤下士，全国之中恐怕找不出比他更好的人了，让胡亥即位，不是很好吗？"

李斯毕竟是读书人出身，虽然视官如命，到底还未丧尽天良，他还是怕让胡亥即位会祸乱国家，于是对赵高说："我个人不足惜，本是上蔡的一个百姓，蒙先帝垂青，得以效劳于秦廷，让我做侯爵，子孙也都做了大官。先帝把如此重大的责任交付给我，我怎么能辜负先帝呢？况且前车可鉴，春秋战国时期，晋国废了太子申生而立奚齐为君，结果弄得三代不安，混战几达二十年；齐国的齐桓公与公子纠争位，结果公子纠被杀。殷朝的纣王杀了比干，结果落得国破家亡。上述都是亲人相残以至香火断绝的例子，秦国怎么能效法呢？"

赵高锲而不舍，对李斯进一步晓以利害，他说："世事是变化无常的，前朝的例子在今天不一定都完全适用。当今之事，如果能上下一心，就可以长久，如果能内外协力，事情就可成功。您如果听了我的话，就可世代封侯，传之久远，您本人也会拥有像孔子、墨子一样的声誉；如果不按我的意思办，您必定会祸及子孙。会办事的人可以因祸得福，不会办事的人会因福得祸，事到如今，您怎么还不明白呢？"

赵高又说："始皇帝临死前写了一封宣召扶苏来送葬的书信，未及发出，便死了，这您知道。但现在这封信在胡亥的手里，皇帝死了又没有人知道，决定由谁继位，全看胡亥和我了。您意下如何呢？"

李斯说："这是亡国的言论，哪里是做臣子的应该说的话？您这样做，不觉得太过分了吗？"

赵高说："如果按始皇帝的意思去办也未尝不可，对我毫无损害。我只想问您，您和蒙恬相比，谁更有才能呢？"

李斯说："我不如蒙恬。"

赵高说："那好。扶苏刚毅勇武，又曾坚决反对您和始皇帝焚书坑儒。他即位之后，必定任用他最为亲近的蒙恬做丞相，到那时，您怎么办呢？"

李斯本来还有正直善良之心，但人在官场久了，其官格也就压倒了读书人的品格，对切身利益的考虑也就压倒了对正义的坚持，李斯考虑到自己的官位及身家性命，最后只好服从了赵高的建议，流着泪对赵高说："我生于乱世，既不能以死谢世，我的命运又能交给谁呢？"

赵高就这样开门见山，紧紧抓住李斯贪恋权位富贵的心理，争取了李斯。于是，两人合谋，伪造秦始皇的书信，指斥扶苏"不孝"，蒙恬"不忠"，令其自杀。

赵高还要做通胡亥的思想工作。他觉得掌握大权时机来临了，就对胡亥说："皇上没有分封诸位公子的遗嘱，只是给大公子扶苏写了一封信，叫他前来咸阳安葬，扶苏与大将蒙恬一起带兵，又素有威信，如果他来到咸阳，肯定会即位当皇帝，而您却没有一寸封地，那该怎么办呢？"说着，赵高就把秦始皇写给扶苏的信拿给胡亥看。

胡亥倒颇有一副书生气，对赵高说："父亲去世了，没有分封给我土地，我也无话可说。人言了解臣下莫若他的君主，了解儿子莫若他的父亲，父亲既然这样安排了，我还能怎么办呢？"

赵高这位老师倒也懂得循循善诱，他耐心地对胡亥说："统治人与被人统治，是截然不同的。现在，信和御玺就在我和丞相这里，谁即位当皇帝，就是我俩说了算数。您可要好好考虑啊！"

胡亥还是十分害怕，他说："弟弟废掉哥哥，这是不义；不遵父命而怕死，这是不孝；无才无德而靠别人拥戴成功，这是无能。如果犯了不义、不孝、无能这三条，老天是不会饶恕的。不仅自己会丧命，就是宗庙也会断祀。"胡亥此时还算清醒。

赵高见胡亥还不明白，就直言劝说道："顾小事而忘大事，必定有后患；犹豫不决，也必定后悔；果敢决断，连鬼神也要躲避。况且古有先例，商汤、周武杀他们各自的君主之时，天下人都说他们仁义，而不说他们不忠，只说他们诛除了一个暴虐的人，而不说他们是冒上弑君；卫国的君主杀了自己的父亲，连孔子都大加赞扬。可见，干大事的人，是不必顾及小节的，有大德行的人，也不计较小的责备之辞。至于你和你的哥哥，这本来就不是谁取代谁的问题，又不是你哥哥早已做了皇帝。还是请你快拿主意吧！"

胡亥终于动心了，他隐晦地说："现在父亲的丧事还未办完，甚至连消息也还未发，怎能为这事去麻烦别人呢？"赵高斩钉截铁地说："机不可失，时不再来，等你一切都准备好了，恐怕时机就晚了。"胡亥终于同意了赵高的意见。

就这样，一场阴谋就此策划完毕，并付诸实施。赵高伪造诏书，派使者送往扶苏所在的边防驻地，责备扶苏不孝，并赐他宝剑，令其自杀，扶苏接到诏书后，未加反抗就自杀了；大将蒙恬却不愿自杀，后被逮捕入狱，死于狱中。

赵高一行人回到咸阳发丧，极其隆重地举行了秦始皇葬礼，胡亥也就顺利地当上了皇帝，是为秦二世。

在赵高的一手策划之下，胡亥沿秦始皇当年东巡的路线出游，并沿途刻石纪念，以证明胡亥是秦始皇选定的接班人，遮掩天下人的耳目。赵高为了巩固自己的统治，去掉异己分子，让胡亥实行严刑峻法。赵高亲自主持撤换了朝中的大多数大臣，并分别将其处死，蒙恬的弟弟蒙毅当然首当其冲。对于胡亥的兄弟姐妹，他也绝不留情，一次杀掉胡亥的十二个哥哥，三个哥哥关押至死，车裂了十个姐妹，其家属受株连而死的不计其数。这样，朝中的大权差不多掌握在赵高一人手里，只有丞相李斯，因拥立有功，才未被废。

在进行了这场大屠杀之后，赵高得意地对胡亥说："现在事情办得差不多了，朝野上下都人人自危，自我保全尚且不及，哪里还有心思去搞别的呢？

陛下您可以尽情享乐了，一些琐碎的小事交给我来处理就行了！"就这样，胡亥完全落入了赵高的掌握之中。

李斯是一个可以牺牲任何良知来换取和保住功名的人。秦二世胡亥十分昏庸，只顾享乐，不理国政，秦朝已如厝火积薪，十分危险。但李斯为了保全自己的名位，虽然看得十分清楚，却不加规劝。一次，胡亥竟向李斯问道："你的同学韩非在文章里说过，古代的帝王都非常辛苦，难道做帝王就是为了受罪吗？如果帝王连自己都不能满足，又如何能治理天下呢？我看是臣子无能，才使君王受累。如今，我既想随心所欲，又想治理好天下，你能替我想个办法吗？"

李斯不仅不直言相劝，反而揣摩胡亥的心理，献上了一套"督责之术"。他说，贤主若能行"督责之术"，群臣百姓就不敢不勉力效劳，否则，那就比唐尧、虞舜还辛苦。所谓"督责之术"，就是君王的独断专行加严刑酷法。胡亥一听这种哄小孩般的把戏，正中下怀，立即采用。结果弄得天下忠臣被杀，明吏遭戮，怨声载道。

赵高和李斯本是互相利用的关系，日后的钩心斗角、排除异己也就势在必行。胡亥整日在宫中淫乐，根本就不视朝理事，所有大小事务，全委托赵高办理。

李斯此时所想的还是如何治理好国家，这是知识分子无法改掉的"劣根性"，而此时赵高想的是如何除掉这个唯一的权力障碍。对于李斯，赵高是必欲除之而后安。赵高设计了一整套完备的计划，让李斯一步步地蹈入死地。

一天，赵高往访李斯，装出一副忧国忧民的样子。赵高故意谈及关东乱事，两人相对唏嘘。赵高说："现在关东群盗如毛，警报频传，而主上恣意为乐，又征调役夫，修筑阿房宫，采办狗马等无用之物，充斥宫廷，不知自省。我们心急如焚，怎奈人微言轻，不如丞相德高望重，还望丞相进谏。"李斯说："不是不愿进谏，实是皇上并不出朝视事，无由得见。"赵高则说等他探得主上闲暇，便来报告。李斯还以为赵高是个忠臣，就很高兴地答应了。

过了几天，正当胡亥玩得高兴的时候，赵高却派一宦官急传李斯入见。李斯穿好朝服，疾趋入宫，没想到正撞在胡亥的兴头上，迎头遭了一顿训斥，只好回去。这样往复三次，胡亥十分讨厌李斯，怪他败坏了自己的游乐之兴。

赵高趁机诋毁李斯说："假造诏书让您当皇帝的事，李斯参加了，他本以为功劳很大，皇上会封赏他的，现在未能如愿，就心怀不满。现在接连求见，恐怕不怀好意，要加提防。再说外边风传他与长子李由合谋反叛，虽未证实，但关东盗贼猖獗，李由并不奋力扑击，就是绝好的证据，请陛下下令拘捕，不要犹豫了。"

胡亥听了，也未敢全信，就派人去调查李由谋反的案子。到了这时，李斯听说有人在调查自己和儿子李由，才知道中了赵高的计。他立刻上书，历数赵高的罪状，妄图挽回败局。但胡亥看了奏章以后十分气愤，说："赵高为人清廉，下知人情，上适朕意，朕不任赵君，将任何人？丞相心虚，还来诬劾赵君！"当即把李斯的奏章掷回。

李斯见胡亥不听，竟去联络右丞相冯去疾、将军冯劫联名上书，请胡亥罢修阿房宫，并有隐斥赵高的语意。胡亥这才真正动怒，在他看来，天子富有天下，无论怎样享乐都是应当的事情，而臣子不能平定盗贼，不能为君分忧，实属不该。李斯没想到自己献上的"督责之术"竟"督责"起自己来了。在赵高的一再怂恿之下，胡亥当即下令逮捕了三人，一并罢官，下狱论罪。

冯去疾、冯劫不肯受辱而自杀，李斯却贪恋富贵，不肯就死，被赵高打了一千多杖，竟致昏去。李斯曾想上书申冤，但被赵高截留。李斯受不了严刑拷打，只好招供，其长子李由又已战死，正好死无对证。于是赵高就轻而易举地罗织了一件谋反大狱。

胡亥见了案件材料以后，十分赞叹地说："多亏赵卿破了这一大案，否则后果真是不堪设想了。"

胡亥令李斯受五刑、诛三族，李族的子弟族党一并逮至市曹。李斯哭着对次子说："我想和你再牵着黄犬，出上蔡东门，赶捕狡兔，已不可能了！"

他先被在面上刺字，再割去鼻子，再截去左右趾，然后杀头，最后从腰中斩断，砍为肉泥。其余族党一并处斩。

李斯是中国第一位合政治家、权谋家与学者为一体的人物，然而，他的下场却是如此！纵观李斯的一生，为秦始皇统一中国出谋划策，为建立郡县制力驳群儒，其功劳确有不可埋没之处。但其原发动机却并非为了国家、百姓，甚至也不是为了哪一个朝代、君主，而是为了自己的权势名位。回顾他的一生也劣迹斑斑，害死韩非，阿谀逢迎等姑且不说，只促成"焚书坑儒"之一事，已够他万世也不得翻身了。

这就是中国第一位政治家、权谋家、学者的最后下场！

这时，由陈胜、吴广首先发难的农民大起义节节胜利，大有席卷全国之势，秦朝的大将章邯也投降了项羽，秦朝的灭亡已经只是一个时间问题了。

不过，更值得叹息的是：为什么传统的中国很少有真正的忧国忧民之士呢？为什么学者的忧国忧民，一旦做了官，就变成了忧身忧家了呢？更何况到处都是李斯这样的不惜任何代价换取功名利禄的人。封建官场真是一口灵魂的大染缸，把一个民族都染换了颜色。

但说句公道话，李斯毕竟是读书人出身，还残留着一丝正直和诚实，否则，他就不会中赵高之计，前去劝谏胡亥了。与赵高相比，李斯既保留读书人的本色，又使人看到，真正的读书人永远成不了权谋家，因为在他们的内心深处，总有一丝正义和善良不绝如缕，这一丝善良和正义足以使他们从封建官场上败退下来！

李斯死后，赵高就开始策动政变。他为了检验朝臣对他的态度，演出了中国历史上一出著名的活剧：指鹿为马。

一天，他当众给胡亥送了一头鹿，指着鹿对胡亥说："臣下献给皇上一匹马。"胡亥以为赵高弄错了，便笑着说："丞相错了，那是一头鹿，你怎么能指鹿为马呢？"说完，就问身边的侍者和臣下："你们说是鹿还是马？"大多数人连声说："是马，是马。"只有几个人说是鹿，散朝以后，赵高就派人把说鹿的人都处死了，就这样，赵高完成了一次政变预演，心里更有了着落。

胡亥根本没有怀疑赵高在搞什么阴谋，反而怀疑自己出了毛病，回去之后连忙找人算卦。算卦的人也受了赵高的嘱托，对胡亥说："你之所以把马看成鹿，是由于你没有很好地斋戒的缘故，现在需要马上斋戒。"胡亥信以为真，连忙带着一批人到上林苑里斋戒去了。赵高的目的就是为了把胡亥赶远一点，让他躲起来。胡亥在上林苑里也不斋戒，反而纵情游乐。一天，他率众射猎，偶尔遇见一人从上林苑经过，一箭就把那人射死了。赵高知道了就嘱咐自己的女婿、咸阳县令阎乐装作不知道这件事，给胡亥写了一道奏章："不知谁杀了人，把尸体移到了上林苑，希望能拿到惩办。"赵高就拿着奏章去对胡亥说：

"听说这个人是您射死的，皇上杀了一个无罪的人，上天和鬼神都会生气，您还是躲远点吧，以免灾祸降到你的身上。"

胡亥果然听了他的话，赶快离开上林苑，跑到咸阳东八里处的望夷宫躲灾去了。

赵高正好积极策划政变。赵高的亲弟弟赵成是郎中令，可以自由出入宫廷，赵高派他做内应；赵高的女婿咸阳县令阎乐手中有些兵力，由赵高派他率兵化装成农民起义军，攻打望夷宫杀掉胡亥；其后是立子婴当皇帝，由赵高操纵。

秦朝在不长的时间里就要经历第二次宫廷政变了。

首先，郎中令赵成在望夷宫中造谣，说农民起义军已攻入咸阳。赵高就急忙命令咸阳县令阎乐带兵保卫望夷宫，阎就趁机带兵冲进望夷宫，诈说反贼已经入宫，要进宫搜查。阎乐杀了守门的官兵，直趋宫中，有个别太监和士兵想抵抗，全被阎乐杀死。赵高派人向胡亥报告说："反贼打进宫来了。"等胡亥登上城楼四下一望，只见"反贼"四处乱窜，回望身后，只剩下一个太监。

胡亥气急败坏地说："你们怎么不早告诉我啊，弄成现在这个样子！"那太监说："早告诉你也不听，我就是因为没早说话，才活到了今天，如果早说了话，那早就死了！"阎乐带兵冲到胡亥跟前，历数他的罪状："你大兴土木，荒淫无道，残暴成性，弄得天下皆反，还是极早自己了结吧！"

胡亥抖着身子问："可以见一下丞相吗？"

阎乐说："不行！"

胡亥又说："我不当这个皇帝了，可以给我个郡王当吗？"

阎乐果断地摇头说："不行。"

胡亥退而求其次："那就让我当个万户侯吧？"

阎乐斩钉截铁地说："不行！"

胡亥绝望地哀求道："那我就带着妻子去当平民百姓，总可以了吧？"

阎乐吼道："你啰唆什么！我是奉丞相之命为民除害，对你的要求，我不敢转达，你还是快点儿自尽吧！"

胡亥知道再无希望，如不自杀，阎乐就要动手了。他低头看看自己孤零零的身影，又最后看了一眼豪华的宫殿，就拔剑自杀了。

赵高杀掉胡亥以后，立子婴为秦王，因为当时秦朝的大部分土地已被农民军夺去，只剩下不到原来秦国大小的一片。赵高这一立君建议，朝廷上无人敢反对。虽然大家都明白赵高取消秦国的帝位实际上就等于宣布秦朝的灭亡，是为自己召开新朝做准备，但无人敢发表不同意见。子婴非常清楚，赵高很快就会杀掉自己的，于是，趁赵高来看他之机，埋伏好士兵，让自己的两个儿子突然出击，杀死了赵高。不久，刘邦率农民军攻入咸阳，子婴投降，秦朝灭亡了。

秦朝如此短命的原因在哪里呢？秦始皇是中国历史上的第一个封建皇帝，他统一了中国，也想统一"思想"，因而"焚书坑儒"，且"以吏为师"，任用酷吏，施行血腥的法律，企图把人民置于武力的统治之下。其实，读书并非亡秦的根源，不让人读书才是使秦国灭亡的根本。

秦始皇企图让人们整齐划一，都按绝对的规矩和尺寸去生活。秦朝表面上好像是安定了，但由于消灭思想，消灭文化，其结果是使社会失去了正确的舆论导向，并由此导致了惨无人道的统治。这样，农民大起义就势不可免了。思想和文化不是导致灭亡的原因，消灭思想和文化才是覆亡的根本。其实前人早已替我们总结出来了："坑灰未冷山东乱，刘项原来不读书。"

（参见《史记》《资治通鉴》等）

中国"女皇"

中国本来是个严格的男权制社会，几千年来一直如此，从来就没有丝毫的松动和改变。但非常奇怪的是，在这样一个等级森严、牢不可破的男权制社会里，竟然出现了许多女皇，即使有的女皇没有皇帝之名，实际上也已经有了皇帝之实。对于中国历史来说，这实在是一个十分难以解释的现象。

不过，在整个中国历史上，真正名副其实的女皇当然要数把唐朝的国号改为"周"的武则天。

武则天，山西文水人，生于唐武德七年（624年）。其父出身于木材商人，官拜正三品工部尚书、都督等大官；其母杨氏，出身名门大族，父亲杨达是隋朝的宗室宰相，至唐代，杨家在京城里也还是显赫的宗族。尽管如此，武则天的家庭在当时也还是不入上流社会的"寒族"。武则天的父亲靠做木材生意致富，后结识李渊，在晋阳起兵以后，李渊命他为行军司铠参军，一直为唐军提供军需，直到唐军进入长安，他被李渊尊为"太原元从功臣"。然而，这并不能改变他的家族出身，按当时的门阀观念，所谓名门望族，是在一百多年间一直控制着西魏、北周和隋、唐政权的关陇集团，只有出身于这些家族的人，才能获得朝廷的承认，才有资格在朝廷中担任重要官职。论经历和官位，武则天的父亲当然可以跻身于士族之列，但论其血统出身，却依然属寒微之族。唐太宗贞观十二年（638年），朝廷修《氏族志》，不列武姓，"不叙武氏本望"，社会上也攻击武家是下等族姓，甚至连突厥人都称："武，小姓。"武家被排斥在贵族之外，想取得很高的权力和职位，是十分渺茫的。

武则天就生长在这样的家庭里，既有着上流社会的荣华富贵，又有着寒门微族的"历史出身"。上流社会的生活刺激了她的权势欲，寒门微族的出身又使她无法实现攫取权势的欲望。武则天自小就在这种矛盾的心理状态下长大，逐渐养成了那种仇视名门士族、不择手段攫取权力的性格。

的确，在她的身上，是看不到多少"贵族气质"的。

唐太宗贞观十年（636年）元月，长孙皇后去世，次年，太宗听说武则天长得端庄漂亮，操行方正，就把她召入宫中，立为才人，并赐名曰武媚。武则天入宫之时，年仅十四岁，一般说来，这种年龄的女子都不愿离开亲人，况且一入深宫如同生离死别。而小小年纪的武则天却把这看成是一个进身的机会，并且可以摆脱兄长们的管束和压抑，因此，她很高兴进入宫廷。当时，她的母亲"恸泣与诀"，武则天反倒觉得大可不必，笑着劝慰母亲说："我去见天子，怎么能知道不是福缘呢？为什么要哭哭啼啼，做儿女之悲？"

武则天为人聪慧，爱读史书，又爱考虑政事人情，遇事愿意多听、多看、多想，性格刚毅果断，几近残忍，这一点，从她驯服烈马狮子骢就可见一斑。据《鹤林玉露》记载：吐蕃国进贡给太宗一匹极其名贵的马"狮子骢"，十分猛烈强悍，难以驯服。太宗亲自去控驭也无法制伏。当时，武则天侍立一边，大声说："只有我能制它！"太宗忙问她有什么办法，武则天回答说："我有三样东西可以制伏它。开始用铁鞭用力地抽它；如果不服，就用铁棍狠狠地打它；如果还不服，就用匕首刺入它的咽喉。"一个小小的才人竟有如此的胆略和气魄，太宗不禁大为惊异。

从十四岁到二十六岁的这十二年里，武则天只能在深宫空耗年华。她当时是正四品的才人身份，是最低级的内官，只能料理皇帝的生活，无法取得太宗的宠幸。不久，太宗病重，武则天见太子李治经常出入宫廷探视，就灵机一动，希望把终身托付给比自己小四岁的太子。于是，她就想方设法地接近太子，取得他的好感。太子李治生性懦弱，遇事没有主张，乍遇武则天这么一个美丽端庄、通达事理而又善于理事的年轻女子，不禁倾心。

不久，太宗病重，他担心西汉吕雉专权的局面再度出现，便决定把武则天赐死。一天，太子李治和武则天一起在床前服侍太宗，太宗对武则天说："我自从得了痢疾以来，医药无效，反而越来越重。你多年服侍我，我不忍心把你扔下，我死以后，你打算怎么办呢？"

武则天一听，即刻吓出了一身冷汗，但她很快镇静下来，对太宗说："我蒙皇上的恩宠，本该以死来报答皇上的大恩大德。但您的身体未必不能痊愈，所以我也不敢马上就去死。我情愿削去头发，披上黑衣，吃斋拜佛，为圣上祈祷，以报答圣上的恩德。"武则天的回答非常机智，在当时看来，唯有出家才是一条自我保全之道。

太宗想了一想说："好吧，你既有这个想法，马上就出宫去吧，也免得我替你操心了。"武则天如同得了大赦令一般，急忙收拾行装，准备出家为尼。太子李治虽然不舍，但也无法挽留，后来听得太宗喃喃自语说："我本想把她赐死，实在不忍心，她既削发为尼，也就罢了，世上总没有尼姑当权的。"

不久太宗驾崩，武则天就和一些没有生育过子女的宫女一起被送进感业寺，削发为尼。太子李治即位后，十分思念武则天，只是无由把她请回宫中。

到了唐太宗去世一周年的时候，唐高宗（即太子李治）以父亲忌日去感业寺进香为名见到了武则天。史书上记载说："忌日，上诣寺行香见之，武氏泣，上亦泣。"唐高宗虽然思念武则天，可因为她曾侍奉过唐太宗，不敢公然把她弄回宫中。两人相见一事被高宗的王皇后知道了，当时，高宗正宠爱萧淑妃，王皇后吃醋，就鼓动高宗把武则天接回宫中，目的是分萧淑妃的宠。有皇后的主动支持，高宗这才把武则天接回宫中。武则天在进宫之初，非常清楚自己的处境，就采取了卑躬屈膝的态度侍奉皇后。皇后十分喜欢她，曾多次在高宗面前说她的好话。但不久，高宗就专宠武则天，把她封为昭仪，皇后与萧妃同时失宠，于是，两人就又联合起来对付武则天，武则天胸有城府，并不惧怕。

但是，王皇后有强大的门阀士族势力支持，武则天怀孕的消息传出以后，王皇后因自己没有生子，感到十分恐惧，担心武则天一旦生子，自己的皇后之位以及未来就会受到威胁，于是，就联络她的舅父中书令柳奭等人，立后宫刘氏所生的唐高宗的长子李忠为太子，并把当时的重臣长孙无忌、褚遂良、韩瑗、于志宁、张行成、高季辅等人拉进了辅佐太子的班子，经营得如同铁桶一般。

宫廷内外联合起来抢立太子的事件深深地刺激了武则天，她深刻地认识到，自己即使没有当过太宗的妃子，也不可能得到大臣们的支持，其根本的原因，就是自己出身寒微。她从此看清了，内廷中王皇后容不得她，外廷中士族大臣更容不得她，她处于内外夹击的地位上，要想达到自己的目的，靠正常的手段是不行的了。武则天的性格是遇强则怒，迎难而上。她大肆结揽人心，凡是王皇后和萧淑妃不喜欢的人，她都倾力接纳，把自己得到的赏赐全都分给他们，因此，皇后和萧淑妃的动静她全都知道，每每把这些事情告诉给高宗。然而，只靠这些，还远远不够。

武则天在寻找时机。永徽五年（654年）春，武则天生下一个女儿，极其灵秀可爱，王皇后听说后，前去探视抚抱。王皇后刚走，武则天就闻报高宗要来，她浑身一震，觉得千载难逢的好时机到了。于是，她把手伸进褓褓，狠狠地掐住女儿的脖子，直到掐死，然后再把被子盖上，若无其事地出去迎接高宗。

等高宗进来，武则天承笑如前，毫无慌乱之举，待高宗打开被子想看女儿时，却发现女儿已经死了。武则天故作吃惊状，大声悲号。高宗忙问左右怎么回事，侍女都说王皇后刚刚来过，高宗愤怒地说："皇后杀了我的女儿。"武则天又乘机历数王皇后的罪过，自此，高宗就下决心废掉王皇后，立武则天为皇后。

在当时的情况下，恐怕踩着自己女儿的尸体往上爬是唯一有效的方法，除此之外，还真无计可施。但即便这样，武则天也不是一帆风顺。

武则天早在掐死女儿之前，就已设法让王皇后的坚决支持者柳奭被迫辞职，现在剩下的关键人物是太尉长孙无忌。武则天请母亲去游说长孙无忌，并和高宗一起亲自去看望，封官许愿，软缠硬磨，一概无效。武则天终于明白，自己是无法取得关陇贵族集团的支持的，于是，她到一群不得志的寒门庶族出身的官吏那里去寻找支持者，如中书舍人李义府、王德俭和御史大夫崔义玄、御史中丞袁公瑜、许敬宗等人，武则天在朝廷中得到了这批人的支持，开始用强硬的手段了。李义府首发其难，上表请求废王皇后而立武则天。永徽六年（655年）八月，唐高宗正式提出废立皇后事宜，长孙无忌一派当然是"拼死固争"，褚遂良等人也来谏劝，并说皇后出自名家，不可轻易废弃，即便要立新皇后，也应选择名门淑女，不该立武则天这种侍奉过先帝的人，并举出妲己、褒姒等妖女亡国的前朝事例，谏阻唐高宗。在当时的宰相中，唯有李勣没有参与抢立太子李忠之事，因此他在这时不冷不热地说："这是陛下自己家里的私事，何必要问外人呢？"

九月，褚遂良被贬出朝。十月，王皇后被废为庶人，武则天被立为皇后。十一月，李勣主持册后典礼。第二年，太子李忠被贬为梁王，武则天之子李弘立为太子。

武则天当皇后的目的达到了，她的第二步计划是攫取权力。武则天当皇后以后，当务之急是把原皇后一党彻底整垮。她把王皇后、萧淑妃禁死于冷宫，把褚遂良贬死在爱州，逼令长孙无忌自杀，又杀柳奭于象州，在振州逼死韩瑗；这些人的主要亲属也都被杀或遭贬谪。至显庆四年（659年），长孙无忌的权力集团被彻底摧垮，"自是，政归中宫矣"。

据史书记载，高宗不仅懦弱寡断，而且身体不好，经常头晕目眩，不能理事，政事均交武后处置。"上初苦风眩头重，目不能视，百司奏事，上或使皇后决定之。后性敏捷，涉猎文史，处事皆称旨，由是始委以政事，权与人主侔矣。"说她的权力与高宗相等，还是轻了，其实实权已经操在武则天的手里，尤其显庆年间以后，更是如此，以至她与高宗并称"二圣"，与皇帝无异。

但武则天专权日久，必然会从多方面产生问题：一是她自己一反过去卑躬屈膝的常态，作威作福起来；二是高宗的权力受到了极大的限制，高宗常常很愤怒。在这种情况下，高宗授意宰相上官仪起草诏书，要把武则天废为庶人，上官仪正想如此，就欣然从命。

武则天安插在上官仪身边的暗探见势不好，急忙跑去告诉武则天。武则天当即跑到高宗那里，"动之以情，晓之以理"，居然说服了高宗，使高宗觉得武则天之行为情有可原。高宗心一软，就说自己本无此意，是宰相上官仪先提出来的。于是，武则天就使人诬告上官仪与过去的太子李忠一起谋反，上官仪、上官庭芝父子被处死，上官仪的妻子及孙女上官婉儿没入宫廷为奴。李忠被赐死于黔州。

从此以后，高宗更加依赖武则天，每当上朝，武则天总是垂帘听政，黜陟、生杀之权皆归中宫，天子唐高宗只做了武则天的应声虫而已。

咸亨五年（674年）八月，"皇帝称天皇，皇后称天后"。至此，长达十几年的皇后——太子权位之争以武则天的完全胜利而告终结。这场胜利，绝不仅仅是武则天一人的胜利，也是历史性的转折，因为代表寒门庶族地主的政治力量终于登上了历史舞台。在这场斗争中，王皇后和长孙无忌是一百多年形成并延续的门阀士族地主力量的代表，是部曲佃客制经济的代表；而武则天和李勣则是新进的寒门庶族地主力量的代表，是契约佃农制经济的代表。武则天的胜利，在一定意义上说是庶族地主的胜利，这次胜利标志着魏晋以来四百多年由门阀士族掌握国家政权的历史结束了，而新兴的地主阶级逐步掌握了实权。这对解放思想、活跃生产力、促进中国历史的发展是有积极意义的。

武则天充分显示了她政治家的气魄，在称"天后"后的四个月，她即以皇后的身份向高宗提出了十二条政治建议，史称"建言十二事"。这十二项内容，是武则天经过对唐代社会长期的观察和仔细的研究而有针对性地提出的，其中包括：一、劝农桑，薄赋徭；二、给复三辅地（免除京畿地区徭赋）；三、息兵，以道德化天下；四、南北中尚禁浮巧；五、省功费力役；六、广言路；七、杜谗口；八、王公以降皆习《老子》；九、父在为母服齐衰三年；十、上元前勋官已给告身者（委任状）无追核；十一、京官八品以上益禀入（增加俸禄）；十二、百官任事久，材高位下者，得进阶申滞。

为了从观念上彻底打击旧的门阀士族，也多少有泄愤的目的，武则天另修《姓氏录》，以取代太宗时期修的《氏族志》。《氏族志》不载武氏宗族，武则天受尽了恶气。这次她重修的《姓氏录》，把皇后的家族列为第一，按当时官品的高下分为九等，凡五品以上的官员皆可入录。这样，大批出身于寒门的庶族地主知识分子蜂拥而来，确实给当时的政治、经济和文化带来了一股生气，对促进当时社会的发展确有好处。而那些关陇门阀士族的后人们，完全丧失了凭祖先留下的族望升官的政治优势，他们当然极为不满，讽刺《姓氏录》是赏军功的"勋格"，根本不是贵族志。但武则天不管这一套，她用行政的方式强行收回《氏族志》，推行《姓氏录》，在当时造成了很大的影响。

高宗疾病缠身，随着年龄的增长，病势越来越重，他曾经想把皇位传给太子李弘。太子李弘"仁孝谦谨，上甚爱之"，又加上"礼接士大夫，中外属心"，颇有政治才能，因此，高宗对他甚为看重。但武则天却不喜欢他，有一次，李弘发现宫中幽闭着萧淑妃生的两位年逾三十的姐姐，就奏请让她们出嫁，还有几次也违忤了武则天的心意，使自己失宠于母亲。其实，这是次要的，关键是李弘势必与武则天争权。于是武则天用毒酒药死了自己这位亲生儿子，李弘死时七窍流血，很像他的肺疾发作。

李弘死后，武则天的次子李贤被立为太子。经李弘之死的打击，高宗病势更加沉重，头晕目眩不能视事，就想让位于太子，但武则天坚决反对，高宗只得打算让位于皇后。过了几年，高宗还是想让李贤监国，而李贤并不愿听武则天的话，于是，武则天就以李贤"颇好声色"为由，把他废为庶人，押至京师幽禁起来，继而立三子李显为太子。

永淳二年（683年）唐高宗病死，太子李显即位，是为唐中宗。高宗临终遗诏说："军国大事有不决者，兼取天后进止。"武则天以皇太后的身份临朝称制。一次，中宗想让岳父韦玄贞为宰相，并授给乳母的儿子一个五品官，宰相裴炎觉得不妥，跟中宗争执起来，中宗年轻气盛，发怒说："我就是把天下交给韦玄贞，又怕什么？"裴炎感到很害怕，就跑去告诉了武则天。为了防患于未然，武则天下诏"废中宗为庐陵王，扶下殿"，改由其四子豫王李旦为睿宗，但睿宗住在另一个地方，不得参与政事。同时，武则天又派人逼死了废太子李贤。武则天清除了一切阻碍势力,做好了登基称帝的准备。李唐宗室知道武则天称帝必然要除尽李氏宗族,所以十分害怕,人人自危,不断有人起义。

在武则天临朝称制后的第七个月,扬州发生了徐敬业叛乱,朝中宰相裴炎也与之勾结,朝廷可谓内忧外患。但武则天临危不乱,她先不失时机地斩除了裴炎、程务挺等人,消除肘腋之患,又急调三十万大军,在不到五十天的时间里平定了徐敬业之乱。武则天在平定叛乱后对内臣叛变十分恼火,她严厉训诫群臣说:"我奉事先帝二十多年,为天下操劳忧虑,可谓至忠至勤!各位公卿的富贵,都是我给你们的;天下安定,百姓康乐,也是我促成的。等到先帝去世,把天下托付于我,我不爱惜自己而爱惜百姓。现在叛乱的人,都是出自将相,你们为什么这样忘恩负义呢?在你们这些元老重臣之中,倔强难道有超过裴炎的吗?纠结亡命之徒率众征战有超过徐敬业的吗?在握兵的宿将之中,攻占必胜有超过程务挺的吗?这三个人,都是素有威望的,我还是把他们杀了。你们当中,如果有人在能力上超过了这三个人,想反叛就试一试。如果自认为超不过,那就洗心革面,好好地侍奉我,不要再乱说乱动,贻笑天下了!"垂拱四年(688年),武承嗣看到武则天登基称帝的时机已经成熟,就暗地里派人在一块白石上凿上"圣母临人,永圣帝业"的字样,并使雍州人唐同泰奉表献之,谎称获之于洛水。武则天闻讯大喜,当即下诏把这块石头命名为"宝石图",并准备于当年五月选择吉日,亲临洛水拜受宝石。武则天把献图有功的唐同泰提拔为游击将军,让他参与办理此事。到了选定的日期,武则天"告谢昊天,礼毕御明堂,朝群臣",不久即正式加尊号曰"圣母神皇",从这个时候起,武则天开始称"朕"。

李唐宗室众人十分清楚,武则天已是实际上的皇帝了,至于名义上的登基改号,只是一个时间问题,李唐宗室所面临的,将是一场灭顶之灾。出于自我保全之计,他们纷纷起兵。首先,李唐宗室以"迎还中宗""救拔睿宗"为旗号号召众人,但因范阳王李霭出首,密谋败露,仓促之间,韩王李元嘉首先起兵,继而琅琊王李冲在博州起兵,越王李贞在豫州起兵,霍王李元轨在青州起兵,鲁王李灵夔在邢州起兵。但这时国家较为安定,人民不愿为一家一姓的名利再去生什么内乱,于是,李氏诸王的军队皆无斗志,武则天的兵马一到，士兵们不是坠城投降，就是纷纷逃走，根本不堪一击。在很短的时间内，李氏诸王的士兵们叛乱就被武则天轻而易举地镇压下去了。

李氏诸王的这次失败也说明，关陇贵族门阀在社会上也逐渐丧失了人心。过去一百多年以来，这些门阀士族在大众中很有号召力，李渊起兵后人心迅速归附，就是最好的例证；但在唐朝社会安定发展了几十年以后，庶族地主的力量兴起，逐渐取代了门阀士族的影响，人们不再愿意为一家一姓效力，开始考虑社会的公平与正义，这不能不说是一种历史的进步。而李氏贵族集团历代以武力为胜，如今其子孙失去了祖先的雄威，看来，门阀士族的衰落已是无法挽回的了。

在镇压了这次叛乱以后，武则天果真决心清除敌对势力了。她采取了三条措施：一是鼓励告密，二是严刑逼供，三是任用酷吏。武则天把周兴、来俊臣、索元礼等酷吏提拔上来，专门进行"肃反"，他们秘密观察李氏宗族中王公大臣的行迹，一有可乘之机，立即加以逮捕，酷刑逼供，诬其谋反。武则天在朝堂之上设立了一个铜制的告密箱，专门用来接受告密的文书。并明确规定，任何官员不得过问此事，凡是告密的人，不论职位高低，哪怕是农夫樵子，也一律按五品官员的标准供应食宿。更妙的一条是，如果告密有功，那就破格封官；如果告密失实，也绝不加以追究。如此一来，"四方告密者蜂起，人皆重足屏息"。

周兴、来俊臣、索元礼等酷吏编写《告密罗织经》，教授门徒，以便罗织罪名害人，并创制出"方梁压髁""猕猴钻火""驴驹拔橛""凤凰亮翅"等酷刑和"求即死""死猪愁""定百脉"等刑具。这样，这三个酷吏每个人都杀了数千人，其中尤以来俊臣为最，所破获"罪犯"就连及千余家。在这次运动中，大臣被杀者数百家，李唐宗室被杀达数百人，刺史以下官吏被杀者更是不计其数。武则天这种十分过火的恐怖政策，造成了无数人的屈死。

当然，按武则天的想法，既杀尽了李唐宗室，又使得朝野上下"人人自危，相见莫敢交言，道路以目"，确实是无人敢造反了。

至此，武则天的第三步计划其实已完全实现，至于做皇帝的名号，只是一个手续问题。载初元年（689 年）七月，东魏国寺里的僧人写了几卷经书，书中说武则天乃是弥勒佛投胎转世，应该代替唐朝作阎浮提主（即东方之主）。

不久，侍御史傅游艺率领关中的百姓九百多人来到长安的宫门外，上表请求把大唐的国号改为周。武则天假装推辞，没有应允，但升了傅游艺的官，把他提拔为给事中。不久，朝中百官及宗室、远近百姓、四方边远地区的酋长以及沙门、道士一共六万多人，组成了一支极其庞大的请愿队伍，重复傅游艺的请求。

武则天见"民意不可违"，只有顺从。于是，在九月九日，她宣布改唐为周，立称号为"圣神皇帝"。她身穿皇帝服饰，光彩奕奕，在洛阳登上了大周皇帝的宝座。

中国历史上唯一的女皇，就此正式诞生了。

武则天称帝以后，并不是万事顺利的。首先，她必须解决两个矛盾：一是她同李唐宗室争夺地位的矛盾，一是因滥杀而造成的与大臣之间的矛盾。随着时间的推延，她与李氏的矛盾逐渐淡化下来，要解决与大臣之间的矛盾，那批酷吏可就成了替罪羊，武则天禁锢了当年滥告、滥杀的二十七名酷吏，处决了来俊臣等人，使矛盾渐渐地缓和下来。应当说，武则天晚年时期的政治气氛还是比较宽松自由的，她的统治也应当是稳固的。

但新的危机又出现了。武则天虽与群臣在表面上维持着良好的君臣关系，当年的滥杀所造成的阴影却始终无法彻底驱除，因此，她的晚年是很孤独的。在这种心态下，她求助于自己的男宠，先是薛怀义（冯小宝）和御医，后逐渐感到不太满意。在这时候，武则天的女儿太平公主把年轻貌美又精通音律的张昌宗推荐给了母亲，武则天一见之下，十分宠爱。不久，张昌宗又把哥哥张易之拉了进来，于是，两兄弟就代替了前面的两人，成为武则天的又一代男宠。由于武则天在私生活上很需要他们，又在政治上依靠他们，所以，这两人的权势越来越大，以致连武三思、武承嗣这样的权贵，也都争相趋奉他们，称张易之为五郎，张昌宗为六郎。

二张得势以后，经常胡作非为、贪赃枉法，随意打击不顺从自己的官吏，又私自杀害了批评二张兄弟权势过大的李显的长子和他的妹妹永泰郡主、妹夫武承嗣之子武延基，引起了朝廷官员的愤怒。一些大臣多次搜集张氏兄弟的犯罪证据，想将其绳之以法，但都被武则天阻拦。官员们看到用法律制裁不了二张，就准备用武力将其杀掉。政变的目的起初并非为了推翻武则天，仅是为了杀掉张氏兄弟。宰相张柬之等五位朝廷的重要人物，联络羽林军将领以及太子李显、相王李旦、太平公主等一大群势力，乘武则天卧病不起之机，攻占了玄武门，突入宫中，在武则天的迎仙宫搜出张易之、张昌宗，就地处死，完全控制了武则天。事情既已至此，众人就顺便把武则天请下皇位，迎立中宗。政变的第二天，武则天下《命皇太子监国制》；第三天，武则天宣布传位太子；第四天，中宗宣布复位，武周政权即告结束。

神龙元年（705年）十一月，八十二岁的武则天在洛阳上阳宫愤恨而死。死前遗嘱："去帝号，称则天大圣皇后。"

第二年，其子唐中宗不顾众人的强烈反对，为母亲举行了隆重的葬礼，护灵柩回长安，与唐高宗合葬乾陵。

武则天称帝十五年，前后专政近五十年，她在掌握政权期间，为中国历史的发展做出了相当的贡献。她首先重视发展农业，推行均田制，抑制豪强和土地兼并，奖励垦荒，做得很有成效。在她统治期间，全国人口由三百八十万户增长到六百一十五万户。

她大力发展科举制度，并亲自主持考试，选拔了一大批庶族地主出身的优秀人才，并开"武举"科，选拔有军事才能的人。唐太宗在位的二十三年间，共取进士二百零五人，而在唐高宗和武则天统治的五十五年间，取进士一千多人。她还极其重视文化教育事业，倡导编纂了许多文化典籍。

她重视加强边防，改善同少数民族的周边关系，对维护国家统一、巩固边防、发展商业等都做出了积极的贡献。当然，武则天晚年生活靡费，让她的侄子武三思及男宠张氏兄弟把持朝政也造成了政治的混乱，尤其是她纵容女儿太平公主争权夺利，做了许多坏事。另外，她任用酷吏，大杀宗室大臣，李唐宗室近支被杀尽，除自己的亲生儿子李显、李旦以外，唐高祖、太宗、高宗的子孙全部诛除。十四年间的五十八个宰相，被杀和被贬者各有二十一人。武则天终于落下了一个"千古忍人"的恶名。

无论如何，武则天还是像一颗流星划过中国漫长的封建历史苍穹，闪烁着夺目的光辉，引发着后人无限的思考。她所有的意义，就在于她是中国历史上唯一的女皇。

的确，她想把李唐王朝变为武周王朝的企图是失败了，后人谈起武周时期，只是把它当作唐朝的一个小插曲，或是唐朝的一个组成部分，根本不会看作一个独立的朝代，更何况武则天临死之前，还政于李氏，仿佛本来是李家的政权，自己只是代为管理一段而已，连自己都不承认有独立的皇帝资格。

当然，武则天更没有把中国变为一个"女儿国"，没有把中国的男皇制改为女皇制。尽管她不服，尽管她采取了许多畸形的手段进行抗争，她还是失败了。她所争取到的最大的荣誉是能与高宗合葬。这或许是一种象征，象征着她有着同皇帝平等的女皇的地位。但要想压倒男皇，那是无论如何也办不到的。

然而，这已经够了。武则天以崭新的姿态出现在皇帝宝座上，给门阀士族势力以毁灭性的一击，使这块板结的土壤开始松动；也给黑沉沉的男人世界以沉重的一击，使中国的男人们终于被迫正眼看看女人；更当众狠狠打了中国宗法观念一记沉重的耳光，让中国男人从此不敢忘记中国女人的威力。

我们绝不是作把古代社会的男皇制换成女皇制的无聊之想，只是想通过武则天的成败，看看女人为中国历史注入的活力，这对于从深层里解放我们的思想，或许不无好处。

她是中国历史上唯一的真正的女皇。

她死后在乾陵立了一块中国唯一的无字大碑。

她所占的"唯一"实在太多，在无数杰出的古代女性当中，在数不清的争权称制的帝妃皇后当中，能占得到一个"唯一"，就已很了不起，而武则天却在许多方面都"创下了历史纪录"。如果把中国的历史比作一场群雄逐鹿的运动会的话，那么，武则天不仅囊括了女子项目的绝大多数金牌，连男子项目的一些奖牌，她也当仁不让地摘走了！

也许是唐朝特殊的开放风气的缘故吧，武则天死后不久，竟然就有人想效法她，再创造出一个女皇来。然而，此人既无其才，又无其德，剩下的只是一种野心，她正是唐中宗的皇后韦后。也许是武则天这位中国历史上唯一的女皇开了女人做皇帝的先河，也许是武则天的雄才大略显示了女人的威力，使得中国的贵族妇女不甘再屈居人下或是屈居宫中。在武则天以后，唐中宗的皇后韦后、韦后的女儿安乐公主以及武则天的女儿太平公主，居然都想当皇帝，而且屡试身手，弄得国家乌烟瘴气，朝野不宁，确也算得中国历史上的一大奇观。

唐中宗李显在武则天当政中度过了一段艰难的岁月。他先是被幽禁于皇宫别院，继而被流放到房陵，在房陵亦被软禁。在武则天当皇帝的十五年里，李显和妻子韦氏的确是胆战心惊地过日子。因为武则天已害死了两个亲生的儿子，李显唯恐什么时候厄运会突然降临到自己头上，所以每当京城有诏书传来，李显都惶恐得要自杀。这时候，韦氏总是劝他说："人世间祸福无常，最多也不过一死，你又何必如此害怕？又为什么要急着自杀呢？"就这样，夫妻俩相依为命，一起度过了十五六年的惶恐岁月。

及至张柬之、桓彦范等人发动政变，迎还了中宗，复称大唐，中宗当然立韦氏为皇后，把女儿也加封为安乐公主。由于他们受了许多苦，遭了不少的罪，当了皇帝之后，他们要大加补偿，因此，中宗复位不久，其荒淫享乐的苗头就露了出来。

中宗复位不久，边患不断，灾荒也接连发生。神龙元年（705年），陕西降特大雨雹，伤禾稼无数，个别地方颗粒无收；过了两年，山东、河南、陕西一带发生了大瘟疫，百姓染疫而死者不计其数。同时，朝廷内的武氏势力仍很强大，所以，唐朝的政局应当说很不稳定。在这种情况下，韦后一味怂恿中宗享乐，不问国政。例如，神龙三年（707年）二月，韦后陪同中宗登上玄武门，观看特设的宫女大宴，数不清的宫女如莺蝶纷飞，摆开一桌桌的宴席，气势既壮观又奇特。等宴会结束后，韦后又命宫女相互打斗，弄得中宗眼花缭乱，目眩神驰。而此时百姓正在饥饿和瘟疫中备受煎熬。第二年元宵节，韦后又特命百姓张灯结彩，大庆元宵，她则陪着中宗，带着百官，穿着便服，夹杂在百姓之中共享太平之乐。从这些现象分析，应当说从这时起，韦后就有意效法武则天，想让中宗不问朝政，以便自己伺机掌权。武则天虽死，她的武氏宗族并未失势，尤其是武则天的侄子武三思与中宗结亲，更是站稳了脚跟。有一次，洛州长史薛季昶对张柬之说："张氏兄弟虽被除去了，但武则天的势力并未彻底铲除，就像汉朝的吕后虽死，她的宗族吕禄、吕产还在一样。去草若不去根，最终还是要复生的。"

武三思之子既娶了中宗的爱女安乐公主，便有了靠山，而中宗复位后不久，武三思又与韦后私通，等于父子俩娶了母女俩，更加有恃无恐了。原来，韦后与武三思私通，是由上官婉儿牵线搭桥促成的。上官婉儿是上官仪的孙女，武则天当政时，宰相上官仪曾劝高宗废掉皇后武则天，但被武则天的密探侦知，武则天就派人诬告上官仪谋反，杀其父子，把他家的妻女都没入掖庭为奴。上官婉儿在宫廷之中受到了良好的教育，人又长得十分聪明灵秀，而且极富文才，善于吟诗作赋，为武三思所爱。武则天当政时，武三思常在宫中值宿，上官婉儿由是与武三思私通。唐中宗复位以后，上官婉儿马上被召幸，拜为昭容，专门掌管草诏制命，深受皇帝宠爱。中宗重当皇帝以后，生活日渐浮靡，所宠的宫女也越来越多，渐渐冷落韦后，而韦后又生性淫荡，耐不住寂寞就找上官婉儿想办法，经上官婉儿撮合，韦后与武三思就干起了苟且之事。这些事，宫中几乎尽人皆知，只是瞒着中宗一人而已，韦后和上官婉儿还多次在中宗面前替武三思说好话，夸他德才兼备，就这样，武三思被中宗拜为宰相。

武氏势力复振，韦后也与武氏加紧了勾结，她希图有朝一日能借助武氏的力量登上皇位。朝中的正直大臣见中宗昏庸，朝政腐败，岌岌可危，就推举张柬之面奏中宗，要求除掉武三思，以加强李唐宗室的力量。其他官员也有类似的陈请。中宗不听，反而把这些事告诉了韦后，韦后再转告给武三思。武三思立即打击报复，将张柬之贬出朝廷，使之死在襄州。其他正直官吏也一一遭到贬逐。

韦后的女儿、武三思的儿媳安乐公主极其骄横不法。在中宗和韦后的纵容之下，她目无王法，屡屡凌辱大臣、贪污受贿，生活上极其骄奢淫逸，并多次向中宗索要土地湖泊。更有甚者，她竟逼着中宗立她为皇太女。这位宝贝公主，与其母如出一辙，是一位权力狂、野心家，但又浮巧刁蛮，绝无才干，其身败名裂，是命中注定了的。

当时的朝廷真是热闹非凡。上官婉儿是一个天才的笔杆子，韦后是一个天生的泼妇，两人共同私通武三思，武三思又刁滑奸邪，手握权柄，再加上一个成天吵嚷着要当皇太女的安乐公主，真是文武齐备，生、旦、净、末、丑无奇不有，把一个堂堂的李唐朝廷当作了戏台。唐中宗仿佛耳聋眼瞎，对之不闻不问。一场风暴不可避免地产生了。

安乐公主与其公爹武三思密谋串通，一心要废掉太子，立自己为皇太女，这虽是中国历史上一个如同儿戏的异想天开的想法，但在无奇不有的唐代，也难保没有实现的可能。皇太子李重俊感到了极大的威胁和恐惧，他要先下手为强，擒杀韦后和安乐公主。神龙三年（707年）七月，太子与左羽林军大将李多祚，右羽林将军李思冲、李承况、独孤祎之等人，假借皇帝的命令，率领羽林军骑兵三百人，冲入武三思的家里，杀死了武三思和武崇训及其亲属、党羽十多人，然后又自肃章门斩关而入，企图一举杀掉韦后、安乐公主和上官婉儿。

当时，中宗夜宴刚刚结束，忽闻太子作乱，就连忙与韦后、安乐公主和上官婉儿一起来到玄武门，并急命左羽林将军刘仁景率百余骑前往护卫，又急忙发布命令，赦免一切跟从起事的人员。众人一听太子原是矫诏，又闻皇上的赦免令，就纷纷弃戈投降，最后只剩下三两个人跟随太子逃去，逃到今陕西省西安市鄠邑区。在林中休息时，太子被随从杀掉。

在平定了太子之乱以后，韦后的势力更加猖獗，其野心也已越来越清楚，朝廷上下一片哗然。安乐公主另嫁的新夫武秀吉也积极参与其事，再加上宗楚客，数人狼狈为奸，使得朝廷上人人侧目。定州人郎岌进言说"韦后、宗楚客将为逆乱"，结果被中宗乱棍打死。许州司兵参军燕钦融不畏死难，毅然上书说："皇后淫乱，干预国政，宗族强盛；安乐公主、武秀吉、宗楚客图危宗社。"中宗把他召至朝廷，当面责问，燕钦融慷慨陈词，毫无惧色，说得中宗无言以对，只好让他出廷去了。谁知他还没有走出朝堂，韦后就假借皇帝的命令，让宗楚客带人把他捕住，摔在殿中的石头上，使之颈折而死。中宗见此情景，竟然没有追问，只是在脸上表现出了不愉快的神色。韦后、宗楚客等人见中宗心中不忿，生怕中宗处治，就想立即将其害死。

景龙四年（710年）六月，韦后派安乐公主给中宗进献食饼，中掺毒药，中宗食后，毒发而死。

中宗暴死，韦后的部署却没有完成。如果在这时发丧，定会引起朝廷的极大混乱，很有可能有人起兵，韦后一伙就有被杀掉的可能。因此，韦后的当务之急是秘不发丧，然后把亲信召入宫中，商议对策。韦后让自己的哥哥韦温负责统率所有的军队，又令韦氏宗族的韦捷、韦濯、韦琦、韦播等分别带领军队，巡行六街，保卫宫室，再从四方调来了五万亲信军队，驻守京城。

待一切布置妥当以后，才给中宗发丧。

在发丧之时，即宣布中宗"遗诏"，韦后自己临朝听政。三天以后，年幼无知的太子李重茂在中宗灵前即位，尊韦后为皇太后，由皇太后临朝摄政。

韦后的野心比武则天大上十倍，其欲望也强上十倍，可能力却连武则天的十分之一都没有。她在诸王不服、大臣离心的情况下临朝称制，必然会引发一系列的反抗。中宗李显的弟弟李旦的第三子李隆基，在身处逆境时善于韬光养晦，躲过了武则天对李唐宗室的严酷迫害。即使中宗在位时，他也十分谨慎。其实，李隆基自幼饱读诗书，聪慧过人，又兼性格英武，胸怀大志，平时，他显得好像迷恋于声色犬马，实际上处处留心朝廷的动静。当中宗突然去世、韦后临朝称制的消息传来时，他感到自己的机会来了。他派人与太平公主联系，取得了内应，之后马上率兵从封地奔袭长安，与太平公主的儿子薛崇简以及羽林军的将领一起，率一万骑兵突入玄武门，冲上太极殿。韦后对这一变故茫然不知，等听到外面喊杀声起时，才急忙从寝处逃出，连外衣也来不及穿。刚一出房，即被乱兵杀死。安乐公主则正在描眉，未及回头就被士兵斩作两截，从此真的到安乐之乡去了。

上官婉儿则极有心计，她听悉变故，急忙写了一张让李隆基的父亲相王李旦登基的诏书，藏在袖中，率宫女列队迎接李隆基，希望能免一死。李隆基见了诏书后，对左右说道："此婢妖淫，渎乱宫闱，怎可轻恕！今天不诛，后悔无及。"立命左右把上官婉儿斩于当地。

李隆基平定了韦后之乱后，尽杀韦氏宗族，连武氏势力也一并扫除，自此以后，唐朝又回到李氏宗族手中。

李隆基的父亲李旦登基，仍号睿宗，李隆基被立为太子。在其后的几年里，太平公主一直想当女皇，而且势力很大。经过一番激烈的斗争后，太平公主谋反事败，李隆基将她逼入寺庙，令其自杀。在李隆基的统治下，盛唐之世终于到来了。

中国封建社会的最后时期，还出了一个"女皇"，这就是慈禧太后。不要说与武则天相比，就是与贾南风相比，她的罪过也大了很多。在她当政期间，近代中国所遭受的耻辱和损失是说也说不尽的。由于慈禧太后离我们的时代较近，我们也较为熟悉，在此就不多加陈述了。

这真是一个奇怪的现象，中国封建社会的男人们鄙视女人，压抑女人，甚至不把女人当作人看待；但一旦女人得势，那些男人们又仿佛忘记了她们是女人，就好像她们一个个都是女菩萨一般，是天生的统治者，男人们争相趋奉尚且不及，更不要说反抗了。中国的宫廷始终没有成为女人的天下，但却不乏女人屡屡得势，这不得不令人称奇。

尤其令人不解的是，趋奉正直的皇后、帝妃尚且情有可原，那些邪恶淫乱的女人也能得到时人的尊崇和畏服，实在是莫名其妙的事。堂而皇之的大道理全不管用了，王公大臣们似乎一夜之间都由硬骨头变成了势利眼。这是否也是民族的劣根性之一呢？

其实，我们的老祖宗早就说过，维持政权，要靠"法""术""势"三条。人一旦得"势"，不管是男人还是女人，都一样让人畏服，何必责怪谁呢？

我们决非在这里无聊地替哪个性别来鸣不平，相反，对武则天这样的女皇还要抱持应有的肯定和赞扬的态度。我们只是想通过分析中国历代皇后、帝妃专权的现象，来看看中国传统政治的运作方式，破解女人专权之谜。

（参见《史记》《汉书》《后汉书》《晋书》《唐书》《旧唐书》等）

刘邦将将

《史记》之所以被鲁迅称为"史家之绝唱，无韵之《离骚》"，是由于作者司马迁在其中寄予了深沉的身世之慨，对历史抒发了悲愤和郁闷的情绪。然而，尽管司马迁在其中大发牢骚，他还是能够实事求是。例如，他在把刘邦写成一个流氓皇帝，对其痛加贬责的同时，并没有忘记他的长处。那么，刘邦究竟有什么长处呢？

刘邦称帝后，在洛阳南宫大设宴席，召群臣共饮，以示庆贺。酒过数巡，刘邦不免显出了一副小人得志的样子，他得意地向众人问道："各位帮助朕夺得天下，今日君臣同聚，有什么话尽管直言，不必忌讳。朕有一问，不知你们能否回答。为什么我能夺得天下，而项羽却失去天下？"问题一出，群臣愕然。片刻之后，高起、王陵起身答道："陛下平日待人，未免轻慢，不如项羽宽仁。但陛下使人攻城略地，每得一城，立即封赏，能与天下共利，人皆能效死命，所以夺取天下；项羽妒忌贤能，多猜好疑，战胜了也不加封赏，得地后不肯与人，人心难齐，所以失去天下。"大家听了，觉得有理。刘邦听了，不以为意地哈哈一笑，说："你只知其一，不知其二。在我看来，得失的原因，主要在于用人。运筹帷幄，决胜千里，我不如张良；镇国家，抚百姓，源源不断供粮饷，我又不如萧何；统百万之兵，战必胜，攻必取，我不如韩信。此三人为当世人杰，我能量才重用，所以能够取得天下。项羽只有一个范增，尚不能信用，所以为我所灭。"

大家听了，恍如梦醒，都离座下拜，对刘邦的这一番话心悦诚服。刘邦也十分高兴，令众臣归座畅饮，兴尽方散。

即使在今天看来，刘邦的话也确实有道理，他对自己成功、项羽失败的原因的分析，不能不说是十分精到的。在这以前，刘邦还同韩信发生过辩论，韩信认为刘邦只能将兵五千，自己却是"韩信将兵，多多益善"，但刘邦虽不善将兵，却善将将，所以才取得了天下。韩信对此十分清楚，但依然逃不出刘邦的手掌心。

且看刘邦是如何"将"韩信的。

项羽失败，其部将钟离眜、季布只得四处逃亡。刘邦称帝后，立即诏令全国通缉此三人，悬赏捉拿，举国搜捕。钟离眜走投无路，因与韩信同乡，一直友善，便往投韩信。韩信顾念旧情，就收留了他，将他藏在楚王府中。后来，此事不知被谁密报了刘邦。刘邦闻后大惊。

刘邦一直在提防韩信，恐其为乱，现韩信又收留钟离眜，是否有反心？于是，他颁下诏书，命韩信把钟离眜送入都城。韩信接到诏书，不忍将钟离眜献出，托言钟离眜并未在此，请使者回报了刘邦。刘邦接到回报，内心仍存疑惑，于是派人暗中探查。韩信初到他的封地时，常带着兵马出入，车马喧嚣，声势显赫。来人看到这些，密报了刘邦，说韩信兵马甚多，恐有反意。

刘邦立即召集众将领，商讨对付韩信的办法。众人都主张讨伐，向刘邦进言道："韩信造反，请陛下发兵征讨。"刘邦听后，没有讲话。后来陈平来见，刘邦便向他请教应该采取什么样的措施。陈平对韩信是否确有反意还在怀疑，但对刘邦所问，又不能不答，就说："诸将态度如何？"刘邦说："都劝我发兵征讨。"陈平说："陛下怎知韩信要造反？"

刘邦说："有人密书奏报。"陈平接着问道："除上书人外，还有没有人知道韩信要反？"刘邦道："尚无人知道。"陈平又问："韩信可知道有人上书？"刘邦又说不知。陈平问："陛下现有士卒，能否胜过韩信的楚兵？"刘邦摇首道："不能。"陈平又说："陛下用兵之将，有谁能比得上韩信？"刘邦连说没有。陈平又道："今兵不如楚精，将又不如韩信，如发兵征讨，促成战事，恐怕韩信不反也要反了。"刘邦听了他的这一番话，觉得十分有道理，说："这该怎么办呢？"陈平沉思片刻，说："臣有一计，请陛下考虑。古代天子巡狩，必定大会诸侯。我听说南方有云梦泽，是游览的胜地。陛下伪称出游云梦，遍召诸侯，会集陈地。陈与楚西境相接。楚王韩信闻陛下无事出游，一定前来拜见，趁他拜见之时，伏下甲兵将他拿下，这不是唾手可得吗？"刘邦同意了他的计策，当即遣使四出，说要出游云梦，召各诸侯会集陈地。

韩信得命，当然要怀疑，他曾被刘邦两次夺去兵权，深知刘邦性格多疑，为此格外小心。这次刘邦突然游览云梦，如果不去迎驾，就有失君臣之礼，如去迎驾，又恐出意外。属将见他迟疑不决，就进言道："大王并无过失，不过就是收留了钟离昧，违犯了君命，不如斩了钟离昧，献于陛下，陛下一定会十分高兴，如此一来，您还怕什么呢？"韩信觉得此言有理，便找到钟离昧，言语中露出了为难的意思。钟离昧说："汉所以不敢攻楚，是恐我与你联合造反，同心抗汉。如果把我擒献给刘邦，那么，我今日死，明日你就必亡。"说完后，见韩信毫无反应，便起座骂韩道："你不是个成大事的君子，我不该往投你处！"说完，拔剑自刎而死。韩信见钟离昧已死，便命人割下他的头，前往陈地面谒刘邦。刘邦派出使臣，不等回报，便从洛阳起身直达陈地。韩信在陈已等候数日，见刘邦到来，当即呈上钟离昧的首级。忽听刘邦厉声说道："给我拿下韩信！"话音刚落，从车队中涌出许多武士，将韩信反绑起来。

韩信并不惊讶，感叹："果如人言：狡兔死，走狗烹；飞鸟尽，良弓藏；敌国破，谋臣亡。天下已定，我固当烹。"刘邦道："有人告你谋反，所以擒你。"说着，令人将韩信放置后车，也不再游什么云梦，传令诸侯，不必来会，当即返回洛阳去了。

刘邦返回洛阳，因思韩信功多过少，且说他谋反也缺少实据，便把他从狱中放出，由楚王降为淮阴侯。

楚、汉相争之时，韩信帮助项羽，则项羽可以统一天下；韩信帮助刘邦，则刘邦可以统一天下；如果韩信背叛刘邦，自树一帜，则可与项羽、刘邦形成三足鼎立之势。当时的具体情况为韩信提供了多次可以自立的机会，也有很多人极力劝告韩信自立为王，但韩信思来想去，还是跟刘邦干了下去。所以，韩信对于刘邦建立西汉政权，功劳应是第一位的。如果要论功行赏的话，别说只封他做了一个王侯，就是裂土并立，共同为王，也不算太过分。但封建社会的铁定律条是一山容不得二主，刘邦绝不可能和他并立为帝，最多只能封王，而韩信多少又觉得委屈，用当时的话来说，是"心怀怨望"，用今天的话来说，就是"不满情绪"，这种情绪发展下去，必然导致反叛。因此刘邦为了防患于未然，就先下手为强，先削了他的爵位，解除了他的大部分权力，使之困居在都城。不久，刘邦的妻子吕雉又与萧何密谋，把韩信诳入朝堂，诬以谋反的罪名，伏兵将他当场杀死。

刘邦之夺取天下，不在其德，而在其"能"，如此看来，只要有"能"，便是流氓亦可当皇帝。其实，前文已提过，在中国古代历史上，开国帝王不是流氓，就是豪强，盖因流氓无顾忌、豪强有势力也。说到这里，只好"读书人一声长叹"！

（参见《史记》等）

不灭的谗毁

这不是说谗毁有什么永恒的意义，而是说谗毁是永远难以消灭的。为什么呢？道理很简单，就是因为人人都有妒忌之心，只是程度不同罢了；人人都有不明智的时候，只是轻重不一罢了。基于这样的情况，只要能够看准时势，谗毁便是可以成功的。下面仅举一个小例子来说明这个问题。

汉文帝在中国历史上算是一个很不错的皇帝，称得上克勤克俭、兢兢业业，遇事能够慎重考虑。但他也经不起别人的巧言谗谀。

袁盎是个心胸十分狭隘的人，有一次，他在路上碰到丞相申屠嘉，便下车拜见。申屠嘉大概没有在乎这些，只是在车上还礼而已。袁盎觉得受到轻视，很丢面子，就专程来到了申屠嘉的府中，将他教训一番，直到自己被尊为座上客才罢休。

这还倒罢了，关键是他每逢一事，总是以冠冕堂皇的理由来报自己的私仇，表面上忠心耿耿，但实际上实在是无比阴险的。

他早先曾是吕后的宗族吕禄的舍人，在周勃除去了吕后及其党羽亲属以后，他仇恨周勃。然而，汉文帝对丞相周勃十分恭敬，他就寻找时机来谗毁周勃。

有一次，他对文帝说："周勃不是社稷之臣，只是功臣而已。以陛下的贤德，对他那样恭敬，实在没有必要。"

汉文帝问他如何区分社稷之臣和功臣，袁盎说："社稷之臣是与君主共存亡的。吕后时，吕姓人掌握了大权，刘氏宗族岌岌可危。而当时周勃是掌握军权的太尉，如果对刘氏忠心的话，当时他是有能力制止他们的，但他没有那样做。吕后死了后，大臣齐心合力，消灭了吕氏，作为太尉的周勃，其实不过是正赶上了这一成功事件而已，这并不是周勃一个人的功劳啊！陛下如今对周勃如此谦恭，实在是太不应该了！"

其实，在吕后专权的时候，想除掉诸吕十分困难，并不是周勃一个人就能做到的，周勃在消灭诸吕的过程中的作用是有目共睹的。然而，汉文帝听了袁盎的这一番话，觉得十分有道理。自此以后，汉文帝见周勃不再恭敬，而是板着面孔，显得十分庄重的样子，渐渐地有些轻视周勃了。不久，就免去他的相职，让他回到了封邑。

后来，周勃被以谋反的罪名被下狱，亏得太后说情，才没有被处死，放了出来。

一代栋梁之臣，竟然落得如此下场，在汉文帝时期是绝无仅有的。

到了汉景帝时期，袁盎又借吴、楚七国之乱的机会来报复、谗毁晁错，说诸侯国叛乱是因为晁错主张削藩，只要能够"诛晁错，清君侧"，就能平定七国之乱。结果，晁错自己被腰斩，宗族被灭。当然，诸侯国的叛乱并没有因此而主动平息，还是靠周亚夫等将领的奋战才得以平定。

袁盎之善于谗毁，也真是令人心惊胆战了！

有意思的是，袁盎不仅善于谗毁别人，还十分善于反谗毁。下面的这个例子可以略见一斑。

宦官赵谈经常在皇帝面前说袁盎的坏话，袁盎很担忧，他的侄子袁种给他出了一个主意："你不如公开和赵谈干一场，当众侮辱他一番。这样，以后他再说你的坏话，皇帝就不会相信了。"袁盎决定照此实行。

一天，汉文帝出宫，赵谈也在车上陪同。袁盎看到这是个好时机，便上前跪在地下说："我听说有资格和天子同乘一辆车的人，都是天下英雄豪杰。陛下怎么能和被刀锯阉割过的人一块儿乘车呢？"

文帝一听有理，就笑着让赵谈从车上下来，赵谈又羞又气，可又没有办法，只好哭着下去了。

从此以后，赵谈再也不敢说袁盎的坏话了。

善于攻击而又善于反攻击，真可以说是立于不败之地了。

（参见《汉书》《资治通鉴》等）

卷五

佛家智慧

最超脱的佛家智慧

"三十年前未参禅时，见山是山，见水是水。及至后来，亲见知识，有个入处，见山不是山，见水不是水。而今得个休歇处，依旧见山只是山，见水只是水。"禅宗的智慧，其核心就在于如何面对在世与超世、做人与成佛、求佛与求己。

从中国智慧的角度来谈佛家智慧，就是指完全中国化了的佛家——禅宗的智慧。佛教起源于印度，传播于亚洲大部分地区。大体而言，分成三大佛教文化圈：一是印度佛教圈，包括印度本土和斯里兰卡以及印度尼西亚的南亚、东南亚地区；二是藏传佛教圈，包括中国西藏和从喜马拉雅山地区及中国的一部分地区；三是汉化佛教圈，包括中国大部分地区、越南、朝鲜、日本等地。三大佛教文化圈，从宗教和智慧意义上讲具有共同的特点，即教人达到一种宗教的最高境界——成佛。

但在不同的文化圈中，成佛的方式又是不同的。印度佛教的成佛，基本上是一种通过一生甚至几生轮回的追求才能够达到的境界，而汉佛禅宗却是讲究此生成佛、见性成佛，从而可以当下成佛。印度的佛教，佛陀基本上是作为一种宇宙的最高神、一种近似偶像的形象来供奉，佛是外在于人的追求目标；而汉佛禅宗，佛不是外在于人的偶像，而是内在于人的本性，就是人的本心。因此，禅宗主要的不是求人，而是求己，是一种回到本心的修行。印度佛教造就的是一种在世俗世界之外的超世俗世界，是完完全全出世的，过的是一种出世的纯宗教生活；禅宗追求的却是一种现世的生存，是不离现实而超世，不离此世而成佛，过的是一种现世的日常生活。

因此，禅宗的智慧，其核心就在于如何面对一种看似矛盾也确实是矛盾的现象——**在世与超世、做人与成佛、求佛与求己，并超越这种对立矛盾。这种特殊的超越，是既兼有二者，又使二者统一。**但是在这种统一中，不是把在世统一于超世，把做人统一于成佛，把求本心统一于求偶像；而是相反，把超世统一于在世，把成佛统一于做人，把求偶像统一于求本心。因此，禅宗创造的独特的趣旨，一是根据这种思辨而深邃的统一讲述了一种独特的宗教结构，佛就是世界，就是我；二是根据这种宗教结构而展开了一种独特的佛与世界、与我的辩证关系；三是根据这种独特的辩证关系开辟了一条独特的成佛之路。

围绕着这三点，禅宗，如果说不是从达摩祖师，那至少是从六祖慧能开始，经沩仰宗、临济宗、云门宗、曹洞宗、法眼宗，所谓一花开五叶，创造了一种"如何居此世而超世，做常人而成佛，在世俗世界而获宗教境界"的丰富智慧资源。这种智慧资源，成了中国智慧不可或缺的一部分。

禅宗自宋代以来深刻地影响了中国人的思维方式，成为一种生存的智慧、超越的智慧，乃至可以说是解脱的智慧。

慧能提出"立无念为宗，无相为体，无住为本"的观点，"无念"成为《坛经》的基本思想之一。慧能又说："我此法门从上以来，顿渐皆立无念为宗，无相为体，无住为本。……无念者，于念而不念……于一切境上不染，名为无念。……是以立无念为宗。即缘迷人于境上有念，念上便起邪见，一切尘劳妄念从此而生。"慧能所说的"无念"不是要人闭目塞听，不想不念，心如死水，而是要人在现实中照常从事各种活动，但对任何事物都不产生好恶、取舍的念头。这样也就必然导出禅宗的终极关怀，即明心见性，也就是重现人的"本来面目"。"本来面目"在禅宗史上最早见于《坛经》，是六祖慧能在大庾岭头初次说法启发惠明禅心时所说："不思善，不思恶，正与么（这个）时，那个是明上座本来面目？"惠明言下大悟，如人饮水，冷暖自知。这里的"不思善，不思恶"，正是重现"本来面目"的前提和途径。一旦重现了这样的"本来面目"，就自然而然地摆脱了功利的束缚，达到了"通达洒脱，左右逢源，触处皆春"的诗性的境界。

青原惟信在谈及自己禅悟的感受时说："老僧三十年前未参禅时，见山是山，见水是水。及至后来，亲见知识，有个入处，见山不是山，见水不是水。而今得个休歇处，依旧见山只是山，见水只是水。"（《五灯会元》卷十七《惟信》）如何理解这禅悟三阶段，历来众说纷纭，笔者以为此三阶段为未悟、初悟、彻悟三个阶段的见解，即"习禅之前"的见解、"习禅若干年有所契会"的见解和"开悟"的见解。在第一阶段，山水自然而然地产生出分别：从否定的角度讲，山不是水，水不是山；从肯定的角度讲，山是山，水是水，存在着主观与客观的二元性。在把山、水及一切构成我们世界的其他事物区别开来时，我们也就把我们自己与他物区别开来了。但人们不满足于这一阶段，对事物的超越性追求使人进入了第二阶段。在第二阶段中，不存在任何分别，任何肯定性，"万物皆空"，但由于它只是对分别之否定的无分别，依然陷入一种差别中，因为它与分别对立并反对分别。那么，是怎样达到第三阶段的呢？经过否定之否定，空必须空掉自身，这样，就到达了第三阶段，也就又有了区别性与肯定性，但这种区别性与肯定性是一种全新的分别形式，这是一种否定了无分别之后的分别。在此我们可以说："山只是山，水只是水。"其实，这第三阶段就是从超越性的意义上认识到山水以及万物都是与自己的主观无涉的自足体，同样，自身也是与自身以外的事物无涉的自足体。如果说二者有关系的话，那么，这种关系就只是人可以从外物中观照到圆满自足的"佛性"。所以，禅宗在谈到第三阶段的感受时这样说："山僧近来非昔人也，天是天地是地，山是山水是水，僧是僧俗是俗，别也，非昔人也。有人问未审以前如何，山僧往时天是天地是地，山是山水是水，僧是僧俗是俗，所以迷情拥蔽，翳障心源，如今别也。"（《古尊宿语录》卷二十七《清远》）往时与今时在形式上没有什么不同，不同的是往时"迷情拥蔽，翳障心源"，而今时则"禅非意想"，"道绝功勋"，"无禅之禅，谓之真禅"（《圆悟录》卷七），"直下摆脱情识，一念不生，证本地风光，见本来面目，然后山是山水是水，僧是僧俗是俗"（同上卷九）。

宋代的苏轼深受禅宗的影响，在人格上达到了天地境界。例如，苏轼有的诗是以世理来说禅，他在《泗州僧伽塔》一诗中说："至人无心何厚薄，我自怀私欣所便。耕田欲雨刈欲晴，去得顺风来者怨。若使人人祷辄遂，造物应须日千变。我今身世两悠悠，去无所逐来无恋。"意思是说，如果祷告真的灵验的话，那神佛真是无所适从了，因为"耕田欲雨刈欲晴，去得顺风来者怨"。其实，"至人无心"，无厚无薄，一切顺其自然，至于苏轼自己，则从对祈祷的思索中明白了应该"去无所逐来无恋"的人生哲理和禅意。苏轼不仅是这样说的，这也确实体现了他晚年的人生态度和人生境界。

当然，禅宗也和别的理论一样，上焉者取其上，下焉者取其下，有人将其当作超越世俗、提升人生境界的梯航，也有人将其作为精神胜利法乃至放浪形骸的借口，但那本是没有办法的事！

教外别传

拈花微笑，真假之妙

拈花微笑的故事是禅宗不无得意地告诉我们的关于他们独特智慧的最早源头。禅宗是中国化的佛教，又是东方智慧的光辉结晶。印度佛教传入汉地，激荡起各种学派，南北朝就有六家七宗，隋唐后又有唯识宗、法相宗、华严宗、天台宗等，名噪一时，然而，最终只有两个流派最为风行。一是净土宗，它以阿弥陀佛的天国幸福和观音菩萨的救苦救难赢得了广大民众，趋福避灾是汉文化一般大众的宗教动机和宗教目的；二是禅宗，它是汉文化的思维方式和思辨智慧对佛教的接受、容纳、改造和创新，它以一种思维智慧摧毁了旧有的印式佛陀，成就了新型的汉地佛教。净土宗呈示中国文化不同于印度文化的民众的信仰行为，而禅宗则显启了中国文化借助于印度文化而创造了不同于印度文化的智慧之光。

拈花微笑的故事是这样的：

一天，释迦牟尼登上法座，不像往常那样，以严密的逻辑和信服的事例说法，而是拈起大梵天王送给他的金色婆罗花，一言不发，仅示花给众人观看。大家都茫然不解其意，只有摩诃迦叶对佛祖会心一笑。于是佛祖说，我的正法眼藏，涅槃妙心，实相无相，微妙法门，不立文字，教外别传，已传迦叶了，望迦叶好好保持。佛祖的一番充满佛教词汇的话，翻译成简单的大众语言，意思就是：我的根本大法，以一种特殊方式，传给迦叶了，这种特殊方式和以前任何一种佛教教派的方式都不一样，因此是"教外别传"；它不是逻辑的、语言的、仪式的，而是超逻辑、超语言、超仪式的，以一种心灵感应、心领神会的方式相互传达，因此是"以心传心"。

但是，这个故事是杜撰的！

不但这一个故事，现在的禅宗资料中，从史实的角度看，充满了人造的迷宫，它的最最重要的几大关结，都已作为学术疑案被侦破和正在侦破之中。起源点上的拈花微笑是杜撰；由迦叶以下代代相传的西方二十八祖，也属子虚乌有；从印度到汉地的结联人达摩祖师，其行为思想究竟有多少禅宗意味，颇具争议；禅宗的最重要的人物慧能，最关键的著作《坛经》，同样伤透了求真的治史人的脑筋。

然而，禅宗要告诉世人、传给世人、唤醒世人的，本来就不是历史，而是智慧。

禅宗本就不信语言能明晰地、一一对应地、真实地传达思想，反映真实。你就是把所有的史实都搞得一清二楚，也犹如禅宗所讥的，是"以言为意，以指为月"，一丁点儿也没有进入禅宗之门。"以指为月"是一个典型的禅宗比喻。语言好比手指，意义好比月亮，当我用指头指着月亮，对你说：这是月亮！是要你通过我的指引去看月亮，而不是要你去看我的手指。你应该顺着我的指引望向月亮，并且忘掉我的手指，"望月忘指"才是正确的。如果你听到我的话，不是去看月亮，而是看我的手指，这就是"以指为月"，就大大地错了。因此，当我们从历史的真实视点转到理论的智慧视点，就可以理解，禅宗对历史的每一个杜撰虚构，每一次故事添加，都是对禅宗思想的一次真实的推进，都是禅宗智慧的一次富有意味的金子般的闪烁。拈花微笑的真谛，不在于讲述一种真实的历史起源，而在于真实地讲述一种智慧的起源。因此，这个标志着禅宗开始的故事，没有历史的根据，诚为史之所必无，却有理论的真实，实乃理之所必有。最高的真理不是用语言传达，也不能用语言传达，而是靠心灵的领悟。因此禅宗的思想一般以四警句来表达：

教外别传，不立文字；直指人心，见性成佛。

一千多年来，禅宗的智慧理论形式，基本上是以一个个的故事编织而成的。作为禅宗起源的拈花微笑的故事可以说是众多故事的元故事。甚至后来禅宗五光十色、五花八门、丰富多彩的形式，都可以在这个元故事里找到踪迹。例如，释迦牟尼的根本大法是什么，一个字也没有说，但迦叶已经心领神会。这是不立文字的典范。真理为什么不能用逻辑的语言说出，这是一个非常深奥的哲学问题。一部禅宗史，对这个问题进行了最深入的呈现。又如，佛陀拈花、迦叶微笑，这是禅宗"公案"的典范，公案是禅宗为追求真理（成佛）而创造出来的最独特的人类思想形式。

拈花微笑，是不真实的，又是最真实的。

达摩有心，武帝不悟

达摩祖师是从西土到中国的第一位禅宗祖师，在禅宗的故事中，从迦叶开始，禅宗在印度传了二十八代，称为西方二十八祖。从达摩东来，禅宗在中国悠长的传宗接代史开始了。话说达摩祖师来中国之时，正是南北朝梁代梁武帝时期，达摩经南海于梁普通七年（526 年）九月二十一日抵广州，地方长官萧昂给予他友好接待，并报告于中央政府。梁武帝是有名的信仰佛教的皇帝，接到萧昂的报告，就派使臣接达摩。达摩于第二年，即大通元年（527年）十一月一日至达南梁首都金陵，即今天的南京。武帝一见达摩，就自夸功德，说："朕即位以来，建造佛寺，抄写经文，度人为僧，真是数都数不清。你说说，这算什么样的功德呢？"达摩回答给了他一个意外："并无功德。"武帝大不服气，问："为什么无功德？"达摩说："你做的这些，都是人天小果，有漏之因，就像附在形体上的影子，影子当然存在，但不是形体本身。"武帝问："那么什么才是真功德呢？"达摩说："净智圆妙，体自空寂，如是功德，不已世求。"就是说，功德是内心的境界，而不是外在的做作。武帝多年来的善行被完全否定了，同时他多年的佛教信念也被否定了。这明显地关系到了佛教的基本理论问题，也可以说是关系到佛教内部的主义问题，不同的基本理论会导出不同的实践行为。因此梁武帝要弄明白问题的核心，于是问道："如何是圣谛第一义（佛祖的最高原理是什么）？"达摩说："廓然无圣（根本没有佛祖，哪来第一义）。"这里，梁武帝熟悉的对话逻辑遇上了新型智慧。从字面上看，问题已经不是什么是佛的真理，而是有没有佛。一个佛学大师却认为没有佛，这是最简单的形式逻辑错误。武帝诘问道："面对朕的是谁？"只要达摩说自己属于佛门的任何人或弟子、大师等，就得承认有圣存在。谁知达摩回答："不知道。"这回答里面有禅宗的智慧，人既有在世作为具体人（社会人性）的一面，又有超世作为一般人（超世佛性）的一面，不但达摩不知道武帝问的是哪一面，武帝自己都不知道自己问的是哪一面。最主要的，达摩其人是谁，达摩之理为何，武帝确实"不知道"。但达摩的回答在字面上却悖于常理，人怎会不知道自己是谁呢？谈话至此，对信佛的皇帝来说，达摩是无理；对达摩来说，武帝是无悟。两人不欢而散。达摩与梁武帝的对话，是典型的禅宗公案，对于公案，后面要详讲，达摩是以悖于日常道理的答话来帮助问话者摆脱日常思维，以进入一个超越日常的新境。但是梁武帝完全理解不了这一种智慧。十八天以后，达摩去了江北，后来到了嵩山少林寺，面壁而坐，一坐就是九年。著名的成语"面壁九年"就源自这里。

得道之境：皮、肉、骨、髓

达摩祖师在中国度过了九年，要回天竺，走之前，对门人弟子说："我离去的时间已经到了，现在你们各自讲一讲自己的收获，好吗？"道副把自己的心得概括为四句话："如我所见，不执文字，不离文字，而为道用。"达摩说："你得我皮。"一女弟子说："我今所解，如庆喜见阿閦佛国，一见更不再见。"达摩说："你得我肉。"道育说："四大本空，五阴非有，而我见处，无一法可得。"达摩说："你得我骨。"最后慧可上前向达摩施礼，一句话也没有说，然后站到自己的位置上。达摩说："你得我髓。"然后又看着慧可，对他说道："以前如来以正法眼藏赋予迦叶大士，一代代相传，到了我这里。今天我传赋予你，你要好好护持，一道传你的还有袈裟，以为法信。这两样东西，各有含义，你应该知道。"慧可请祖师明示，达摩说："内传法印，以契证心；外付袈裟，以定宗旨。因为以后浅薄的人，会有很多怀疑，说我乃西天之人，你是本土之子，凭什么得到的法？用什么来证明？现在你受了法和衣，以后有难之时，只要出示此衣和我的法偈，就可表明。在我圆寂后二百年，法已经遍及佛界，衣就也止而不传了。"

达摩最后的话，从宗教的立场，是神圣的预言，以科学的观点而言，却显出编造的痕迹，这之后的二百年，正是从达摩开始传了六代，经慧可、僧璨、道信、弘忍，传到六祖慧能的时代。在说了"法遍佛界"之后，达摩还有一系列嘱咐，其中最著名的是他的偈语："吾本来兹土，传法救情迷。一花开五叶，结果自然成。"这同样是对禅宗以后历史的预言。禅宗在慧能之后发展为以五大流派（临济宗、沩仰宗、曹洞宗、云门宗、法眼宗）为主的宗教大潮。然而，在这个故事中，对我们来说，重要的不是其预言性质，而在其师徒对话的内容，通过皮、肉、骨、髓，呈出禅宗由浅入深的四重境界。得皮者，虽然已经懂得不执文字，活用经典，但仍不离文字，依靠经典；得肉者，见过就不再见，已经能够离开经典，但还意识到那儿有经典，而且一心要"离"，仍有"执"味；得骨者，已窥得"无一法可得"的自由境界，但却用语言表述出来，一说，就落迹，一说，也表明执于要得自由，有执，就不是真正的自由；最高境界是什么都不说，因为本就不可说，该做什么就做什么，这也就是禅宗一再述说的"平常心是道"。慧可的无言，还表现了禅宗的真谛：传是心传，不是言传；得是心得，不是言得。

佛非外在，乃在内心

牛头山法融禅师，姓韦，润州人，十九岁时已学通经史，又寻找大部《般若》来读，很快就读出味来，说道："儒道世典，非究竟法，般若正观，出世航舟。"于是隐向茅山，投师落发为僧。后来又到牛头山幽栖寺北崖的石室里独修。传说里总要加一点儿神异色彩，说是唐贞观中，四祖道信遥观气象，知道山中有奇人，于是独来寻访。不管真实情况如何，反正道信来找法融来了。道信来到山下寺中，问寺里的僧人："此间有道人吗？"一僧人说："出家人哪个不是道人？"道信说："哪个是道人？"一句平常大家都不在意的话，当被特别重复时，就觉有问题了，也可以感觉出另外的意义来了。道信的话也可以理解为：哪个是得道之人，即真正意义上的道人。因此，僧不知说什么话好了。另一僧人说："山中离这里十几里路远，有一个法融，见了人不起来，也不合掌施礼，莫不是道人？"道信于是来到山里，看见法融端坐自若，也不理他。道信发话："在此干什么？"法融答："观心。"道信说："观是何人？心是何物？"这确实是个问题，是谁在观谁的心。如果说，是我在观我的心，我已经人为地把自己一分为二了，观心本是为了虚一而静，一分为二正与使心为一相反。因此法融一时答不上来，也有所启发，便起来作礼，问："大德高栖何所？"道信说："贫道没有一定，或东或西。"法融问："你认识道信禅师吗？"道信问："问他干吗？"法融说："我向往他的道行已经很久了，希望有机会拜见。"道信说："我就是道信。"法融问："为什么到这里来呢？"道信说："特地来拜访，你这里还有宴息之处吗？"法融指着后面说："还有小庵。"就引道信到小庵，环绕看看，周围虎呀狼呀都有，道信举两手作恐怖之状。法融说："还有这个在。"道信问："'这个'是什么？"法融没有说，一会儿，道信在宴坐石上写了一个"佛"字。法融心中大为触动。他对道信的测试，道信给了正确的回答。但法融的谜底对禅宗来说是不正确的，因此现在轮到道信考法融了。道信说："还有这个在。"这回法融没有明晓，就稽首请道信讲说其要旨。

道信说："百千法门，同归方寸。河沙妙德，总在心源。一切戒门、定门、慧门，神通变化，悉自具足，不离汝心。一切烦恼业障，本来空寂，一切因果，皆如梦幻。无三界可出，无菩提可求，人与非人，性相平等。大道虚旷，绝思绝虑，如是之法，汝今已得。更无缺少，与佛何殊？更无别法，汝但任心自在，莫作观行，亦莫澄心，莫起贪嗔，莫怀愁虑，荡荡无碍，任意纵横，不作诸善，不作诸恶，行住坐卧，触目随缘，总是佛之妙用。快乐无忧，故名为佛。"

法融问："心既具足，何者是佛？何者是心？"

道信说："没有心，你不会问佛，问佛的，只是你的心。"

法融问："既不许作观行，于境起时，心如何对治？"

道信说："境缘无好丑，好丑起于心。心若不强名，妄情从何起？妄情既不起，真心任遍知。你只要随心自在，不要想到去对治，那就常保持了法身，无有变异。"

道信启悟了法融后，就离开走了。

心在何处

德山宣鉴姓周，剑南人，很年轻就出家了，受戒之后，广读佛经，精研律藏，特别精通《金刚般若》，因此，号作周金刚。他善于思辨，巧于表达，"一毛吞海，海性无亏""纤芥投锋，锋利不动"这类名言，都出自他的口中，既获得了同行的赞叹，也显示了他在佛学上的造诣。后来南方禅宗兴盛起来，"直指人心，见性成佛"之语到处流行，宣鉴很不以为然，他想，成佛成祖是这样容易的吗，南方魔子口出狂言，不知天高地厚，因此决定去向这新时髦挑战。他携带一本长安青龙寺道氤著的《金刚经疏》离开了四川南去。

半道上，宣鉴遇上了一个卖饼的老婆子，他正好腹中有些饥感，就走了过去。平常说惯了智慧语言，这次他不经意地说："买饼点心。"人肚子饿了，心也就不安宁，买饼吃后，肚子充实，心也就安宁了，因此是买饼来点心。婆子看了他一眼，问："上座带的是什么书？"宣鉴不经意地答道："青龙寺所抄。"婆子又问："讲的什么经？"答："《金刚经》。"婆子说："我老婆子有一个问题，上座若能够回答出来，我的饼就不要钱给你点你的心。"宣鉴说："请便。"婆子道："你而今正走在中道上，过去心不可得，因为过去的已经过去了；现在心不可得，因为你马上又要向前走，一旦开走，现在的心就没有了；未来心不可得，因为未来还没有到来；上座要用我的饼来点的，是你的哪一个心？"宣鉴竟回答不上来。

老婆子的问，显示了宣鉴之心，无论现在、过去、未来，都是在忙忙碌碌的现世之心，执于"有"，而忘却了那超越现世的"本无一物"的本心。心的追求，不应该是一种现世中的过去、现在、未来的时间直线，而应该是现世与超世，现象与本质，虚相与实相之间的辩证关系。宣鉴要去与禅宗争高下，这本就是一种外在的追求，是一种失却本心的表现，当然不知道心在何处。

本无一物

本来无一物

"本无一物"是禅宗的根本观点，主要来自讲慧能故事的《坛经》。

六祖慧能俗姓卢，家贫，父早亡，母亲守志把他带大。慧能以打柴养家，有一天，担柴在市中卖，听一个客人读《金刚经》，听到"应无所住而生其心"这句话，有所感悟，问客人："这是什么法？从哪儿得来？"客答："这是《金刚经》，得于黄梅弘忍大师。"于是慧能决定寻师求法。这里主要讲了两点，一是缘，一是悟。有缘听得《金刚经》，从一句经文中就能悟出禅宗的根本：心。只有不被现世纷繁复杂的现象所迷惑，不执着于现象，人的超越的本心才会呈现出来。慧能到韶州遇高士刘志略，两人成为好朋友，刘的姑姑是尼，法号无尽藏，常读《涅槃经》，慧能偶尔听到之后，就能为其解说经中之义，尼把书过来问他字，慧能说："我不识字，想知道意思就请问吧。"尼很奇怪："字都不认识，怎能知道里面的意思呢？"慧能说："诸佛妙理，非关文字。"尼既感惊讶又受启悟。这一段讲出了禅宗的基本思想：文字与佛理的关系。

慧能来到新州，去见五祖弘忍，弘忍问："你从哪儿来？"答："岭南。"问："来想干什么？"答："唯求作佛。"弘忍说："岭南人无佛，怎能得佛？"慧能说："人有南北，佛性无南北。"入门考试顺利通过了，弘忍知道慧能是块好材料，不动声色地喝他去碓房干下活，慧能就任劳任怨从早到晚干各种杂活，很快八个月时间过去了。

这天，弘忍对众弟子说："正法是很难理解的，你们不要只知道记住我给你们讲的话，作为持身的法宝，这是不管用的。我要你们各依自己的所得，作一偈来，谁的偈里语意暗符佛理，我就将法和衣赋予他。"当时慧能仍在碓房干粗活，未在堂上，在场的有七百多僧徒，其中的神秀，学通内外，为众人所推崇。大家下来都说，除了神秀，谁能做出好的偈语来呢？就让神秀上座做偈语吧。神秀得到众人的支持，自己也非常自信，就把自己的悟道偈语书写在廊壁上：

身是菩提树，心如明镜台。

时时勤拂拭，勿使惹尘埃。

弘忍经过廊壁，看见偈语，知道是神秀所题，赞叹道：以后的人依照此偈修行，也能得到胜果。当时这壁本是要画《楞伽经》变相的，今已有题偈，也就不让画了，而令众僧念诵此偈。慧能一如既往地在碓房干自己的粗活儿，听人口中念念有词，就问这是什么章句，人们告诉他五祖求法嗣之事，然后说，我们念诵的就是神秀上座之偈，五祖已很欣赏，想来必定会把法衣传给神秀。慧能请人再细念此偈，听完后，过了好一会儿，说："好是好，说悟到了吧，还没有。"有同学大怒："你这庸才知道什么，敢说出如此狂话！"慧能一本正经地说："我就不信这个邪，我也要写一偈出来和他比一比。"大家听了，也不回答，相视而笑。到了夜里，慧能约了一个能写字之人，悄悄叫了一个童子，引他们到廊下，慧能举着蜡烛，让人在神秀偈语的旁边写上自己的偈语：

菩提本无树，明镜亦非台。

本来无一物，何处惹尘埃。

在传说中，偈语的后两句有另一种词句，是"佛性常清净，何处染尘埃"。两种意思一样，也可互注。这两条偈语在禅宗理论里具有最核心的地位和最多的引用率，其原因在于从比较中点出了禅宗的精神。

在神秀的偈语中，身心需要时时打扫，努力使之清净，说明本不清净。本不清净之心，不是佛心。也可以说，它是自身佛心的失落，或它还处在自找佛心而未得的途中。慧能之偈，"佛性常清净"，表明佛心已在心中，已圆满自足，无需寻，不怕染。佛性圆满，就是具有了"本来无一物"的空境。本来无物，谁能染之！

"本来无一物"，这就是禅宗的智慧。人始终生活在，也只能生活在具体的时空之中，生存于"有"之中，任何具体的时空都是有局限的。人努力的方向、改善自身的方向、使自身完美的方向只要定义为一个具体的目标，无论这个目标是历史的下一个阶段，什么什么时期，什么什么盛世，还是身后的什么什么乐土，什么什么天国，总之还是一个"有"。"有"无论多好，总有缺点，因此都不可能是最高的境界。最好的只能是"无"，更准确些说，"无"就无所谓好，也无所谓不好，最接近于人的本源。"本来无一物"的境界，从理论和逻辑上说，这是最超越的境界，也是最本真的境界。达到"本来无一物"的体认，是从人性向佛性升华的完成，而佛性，就是超越一切人的具体性的本真的人性。

禅宗的"本来无一物"，不是佛教以前所追求的死后的无（涅槃），而是现在世中获得，处于具体时空的"有"，却感受到超越"有"的具体时空的"无"。这是一个巨大的矛盾，而禅宗，就是要解决这个矛盾。禅宗的智慧，就在为解决这不可解决的矛盾中展开，禅宗的境界就在解决这个矛盾中呈现。

言归正传。五祖见慧能之偈，说："这是谁作的？亦未见性。"众人见师如是说，也就没有把慧能的偈语当作一回事。傍晚，五祖潜至碓房，问慧能："米春白了没有？"慧能说："白了，但还没有过筛子。"五祖用杖在碓上击了三下，走了。慧能在三鼓的时候去了五祖室内，五祖说："诸佛出世是一件大事，因时因地因情不同随机而作，有了十地、三乘、顿渐等旨，成为各个佛派，但以无上微妙，秘密圆明，真实正法眼藏赋予迦叶，从迦叶以后，传了二十八世，到达摩来到中土，从慧、信传到我，现在我将法宝和所传袈裟传予你，你要善自保重，无令断绝。"接着五祖念偈："有情来下种，因地果还生。无情亦无种，无性亦无生。"这偈说的还是，人生在世（具体时空），不要被世（具体时空）中之情所染，虽然在世，但保持本有的空心，以空心入世，虽入世而不觉入世。也就是"本来无一物"的意思。慧能当即跪受衣法，又问："法我已经受了，衣应该付给谁呢？"五祖说："当初达摩初来东土，人还不甚相信，因此用传衣来证明得法，现在禅已经有信任度了，衣反而会变成争端，就到你这儿为止，不要再传了吧。"五祖又说："受衣之人往往有危险，你现在就悄悄地远离此地去隐居。"慧能问："应该隐到什么地方去呢？"

五祖说："遇怀即止，遇会即藏。"于是慧能对五祖尽了礼数，捧衣而出，在众僧全不知晓中，连夜向南方奔去。

慧能的故事显出了禅宗智慧的几个主要特点：

一是用故事的方式来述说思想，其实这从"拈花微笑"就开始了，慧能故事是一系列的小故事构成整体，显示了禅宗呈示思想的基本方式，小到一个故事片段，大到一串故事，既灵活随缘又意义深刻。故事就是逻辑，逻辑就是故事。

二是在关键之处使用偈语经。偈语相当于论文中的定义，但定义意味着从内涵到外延定得死死的，偈语用诗的形式呈现，却是活的。定义一览无遗，偈语需要体味。

三是主要人物，也是禅宗史上最重要的人物。慧能是一个不识字的人，这是禅宗"不立文字"最典型的象征。也是对佛不假外求，只在内心的一种最极端的隐喻。

四是慧能多次的"悟"，构成他成长的关节点，禅道唯在妙悟，这在慧能的故事中得到了体现。

五是慧能与神秀两种偈语的比较，是全故事的核心，禅宗的理论蕴含以及它与其他佛教派别的区别，基本上都在这两则偈语的比较中表现出来了。

风动、幡动还是心动

好几种禅宗典籍里都讲了一个大同小异的故事，这里引用《五灯会元》中的记载。话说慧能到了南海，遇上印宗法师在法性寺讲《涅槃经》。当晚慧能就宿在廊庑间，暮夜时分，大风起来，吹动刹幡，两位僧人就开始争论，究竟是什么在动。一僧人说，是幡在动；另一个说，不对，是风在动。二人各据其理，争论不休，却又未能深入。于是，慧能喝断二人，说：既不是幡动，也不是风动，而是心动。

这里重要的不是幡动与风动在现象上有什么不对，而在二僧的言说，从句式和意旨上，都是在寻找风吹幡动这一现象的原因。在慧能看来，二僧要从一个整体现象去分析出一个原因，会割裂和歪曲事物，方式不对。二人要以这种不对的方式去分析，是心动。心如是之动，不是获得了对象，而是失去了对象，更重要的是心如是动，反而失去了本心。对风动幡动的争论，又是两人在寻找事物原因、探寻世界本体的争论。而二人追求的指向，都是向外的，这就犯了两个方面的错误。就外部世界来说，谈到最根本，四大皆空，本来无一物，执着于具体的现象——风或幡，都是肤浅的。在对具体现象的执着里，本无的内心，从无（本性）入有（具体现象），执而不返，从佛性进入了凡心，落入俗理。慧能提出"心动"，是一个猛喝，让其返回"本来无一物"的本心，以此心观物，风幡之动，将会出现另外的意义。

塑性与佛性

先天元年（712年），慧能对四众说法，首先介绍自己，说：我忝受弘忍大师的衣法，今天来为你等说法，并不付衣，因为你们的信根成熟，不会怀疑，是堪任大事的。然后说偈，偈云："心地含诸种，普雨悉皆萌。顿悟华情已，菩提果自成。"就是说，众生皆有佛性（种），遇到适当的因缘（雨）就会生长起来，顿悟之时，恰如花开之时，菩提果就自然而成了。这里特别强调本心、因缘与自然，因此，说完偈，他又说："其法无二，其心亦然，其道清净，亦无诸相。此心本净，无可取舍，各自努力，随缘好去。"这里随缘讲究的是不执，如果你知道此心本净，你就一味地固执于静，也是执，反而正是不净。因此，一个僧人请教慧能说，有一位卧轮禅师的偈语不知道对不对。偈是："卧轮有伎俩，能断百思想。对境心不起，菩提日日长。"慧能说，这偈未明心地，如果按照此偈修行，只能更加束缚。针对这种偏执，慧能拈出一偈："慧能没伎俩，不断百思想。对境心数起，菩提着么长？"说明了心虽本净，不执于净，有境心就起，境灭心就灭。现世犹如一清潭，在世之心犹如飞行的大雁，大雁过潭，潭中必然有影，但雁过之后，潭影即灭。禅宗之心，不是固执的不入世，而是随缘入世，以空心入世。

防止"对境心不起"的执，是一方面；另一方面，又要防止入世而执于世，在世中失去本心。有位蜀僧，名叫方辩，来谒见慧能，说自己非常善于雕塑佛像，慧能严肃地说：你塑来让我们看一看，方辩并没有听懂慧能话里有话。

就认认真真地做起慧能的塑像来，确实塑得与慧能一模一样，高七尺，曲尽其妙。慧能看了之后，说："你善于塑性，不善佛性。"禅宗讲究的是内在的心领神会，而不是外在的确确实实。把外在的东西做得好，正说明执着于外在，特别是那些与一种看似神圣外在物（如佛像、佛经等）打交道的人，特别容易误入歧途，把佛经认作是佛理本身，把佛像认作是佛本身。因此，慧能针对方辩的具体情况，提出塑性与佛性不是一回事，但方辩还是没有领会慧能的意思，于是慧能只有对方辩酬以衣物，这位糊涂僧也就礼谢而去了。

何为无念

无念听到了一个公案：

> 一僧人问大休："如何是师祖西来意？"
> 大休说："黄瓜茄子。"

无念始终不理解这段公案是什么意思，就怪自己太愚笨，于是遍找江浙名僧求道。一天来到庐山大安禅师处，大安问："你号什么？"答："无念。"大安说："哪个是无念？"无念茫然不知道如何回答。因为大安之问，不是明知故问，而是相当于慧能的"哪个是你的本来面目"，无念对此确不知道，也不知怎么回答。

大安问话的另一层意思还在于，他叫无念，但到处找人求解，却是有念。无念，应在本来无一物的基础上，无所念，他名无念，却做不到无念。

晚上，无念听到哭和笑两种声音混在一起，猛然开悟。这就相当于慧能问惠明说的"不思善，不思恶"，哭与笑是两种对立的东西，放在一起，就显出了每一边的片面，也让人体悟出那超越片面的东西来，即本体之无与现世之有的关系。

无念偶然一瞥，看见有一个盆挡在路中，便掇起来，放进柜里去。柜里有一果笼，他用手去推果笼，一不小心，柜盖打在头上，不觉浑身流汗。立即笑道："遍大地是个无念，还有什么可以怀疑的呢？"

后面这一段，讲的是悟了之后应当如何保持。点问无念的大安有一个公案是与这一观念相关的：

大安去见百丈怀海，问道："学人想要求识佛，怎样才能做得到这一点呢？"

怀海说："这就好像一个人骑着牛却寻找牛。"按照禅宗的观点，佛就在自己心里，向外面去寻找，就是骑牛觅牛。

大安再问："认识到了佛之后，是怎么样的一种情景呢？"

怀海说："好像一个人骑牛回家。"

大安又问："但是怎样才能将它始终保持住？"

怀海说："就好像牧牛的人持杖看着，不让牛去侵犯别人的苗稼。"

禅宗特别强调保持无念的空心是自己的事，与任何别人都无关，甚至与自己的老师也无关。大安是沩山的学生，他的境界也主要是靠自己的体悟，因此，一些禅师在讲解时举大安的例子，就说："大安在沩山那儿三十年，吃沩山饭，屙沩山屎，但不学沩山禅，只看见一头水牯牛，如果落入草中就被牵出来，如果侵犯人家苗稼就被鞭挞，久而久之，水牯牛已经变作露地白牛，常在前面，终日露迥迥的，就是赶它去它也不去了。"

牛与人一样已经达到了一种自觉自为的无念境界。

有相无相

乐山惟严拜访石头禅师，见面就问道："三乘十二分教，我已经粗略地知道了。但听说南方的禅宗，讲什么'直指人心，见性成佛'，我还不十分清楚，还望和尚发发慈悲给我讲一讲。"

石头说："怎么也不得，不怎么也不得，怎么不怎么总不得，你怎么办呢？"

惟严怎么也不知道怎么答。

石头说："你的因缘不在我这儿，你且到马祖道一那儿去吧。"

惟严听从石头的话去了马祖那儿，恭敬行礼之后，又问了在石头那儿问过的问题。马祖说："我有时教他扬眉瞬目，有时不教他扬眉瞬目。有时扬眉瞬目是对的，有时扬眉瞬目是不对的。你怎么办呢？"马祖讲的一番话，其实和石头讲的是一样的，都是说现世的事情是没有一定的，是变动的，是虚相，那现世后面的超世的实相才是不变的，人要理解本无一物的实相，又要理解超世的实相与现世的虚相之间的生成关系。但这回惟严开悟了，感激地又做礼拜。

马祖问："你见过什么？"

惟严说："我在石头那儿，如蚊子上铁牛。"意思是在石头那儿未能开悟，在你这儿一下就开悟了。

马祖说："既然这样，你要善自护持。"

马祖问惟严体悟到了什么，惟严却没有直说，马祖却已经明白他说的是什么。这种禅宗的智慧，在大阳警玄的公案里呈示得更透彻。

警玄初到梁山那儿去，问梁山："如何是无相道场？"

梁山指着墙上的观音像说："这是吴道子画的。"警玄正思考着回答，梁山急切催逼："快说！快说！这个是有相的？哪个是无相的？"

警玄于是省悟了，再施礼拜。

梁山知道他已开悟，说："何不道取一句来听听？"

警玄说："道是不能说的，说了恐怕就会被写下来。"

梁山说："你这句话倒可以写到碑上去。"

警玄于是献偈一首："我昔初机学道迷，万水千山觅见知。明今辨古终难会，直说无心转更疑。蒙师点出秦时镜，照见父母未生时。如今觉了何所得，夜放乌鸡带雪飞。"

从古到今再长再久也是在现世打转，只有理解了现世与超世的关系，从本无一物的本体上去看，对有相无相的关系才有所了悟。

生也不道，死也不道

潭州渐源仲兴禅师，在道源处为典座。一天，仲兴跟随道吾往檀越家吊丧。仲兴以手推棺，说："是生？是死？"

道吾说："生也不道，死也不道。"

仲兴问："这什么不道？"

道吾说："不道，不道。"

吊完丧，二人一道回去。在途中，仲兴对道吾说："和尚，你现在必须给我道，如果不说，我就打你。"

道吾说："你要打就打，生也不道，死也不道。"

仲兴就打了道吾几拳。回到院里，道吾叫仲兴离开这里，说："你不走，歇会儿主事知道了会打你的。"仲兴于是礼辞这里，去了石霜处，把他与道吾的对话及他打了道吾的事告诉了石霜，求石霜替分解说。石霜说："道吾不是已经给你说了吗，生也不道，死也不道。"

仲兴一下就省悟了。

有生就有死，有死就有生，说了任何一个都是片面；生与死，都是一种现世现象，无论说生或者说死，只说在现象，就是两者都说到了，也还是说在现象上，因此二者都不能说。禅者应从任一现象进入本质，或者从两个矛盾的现象中进入本质。当然在禅宗的理论中，本质又是不可说的，因此，道吾一再重述的"生也不道，死也不道"蕴涵着禅者的智慧。禅宗的本质虽然是不可说的，但却可以通过一种不说之说去彻悟。经过道吾与石霜二人的不说之说，仲兴终于省悟了。

自性自度

断臂安心

二祖慧可，在悟道之前叫神光，他博览群书，善谈玄理，最后觉得无论是孔子、老子的理论，还是《庄子》《周易》等著作，都未尽妙理。听说达摩祖师住在少林寺，于是就去跟着学佛了。但是达摩每天从早到晚只是独自面壁端坐，从来不给神光以教导。神光认为这是达摩在考验自己。他想，以前求佛得道的人，有的敲骨取髓，有的刺血济饥，有的布发淹泥，有的舍身饲虎，古人能这么做，我又为什么不能这么做呢？北魏孝明帝孝昌三年（527年）十二月九日这天夜里，天下大雪，神光在达摩的旁边一直站着，坚持不离去，希望能得到达摩的教诲。地上的雪越积越厚，越积越高，到第二天天快亮的时候，雪已经盖过了神光的膝部，神光依然静静地站着。达摩生了怜悯，问："你这么久地站立在雪中，究竟要求什么事？"神光不觉眼泪夺眶而出，说："唯愿和尚大发慈悲，用你甘露一般的智慧，超度广大众生吧。"达摩说："诸佛是有无上妙道，但有人多劫，有人精进，有人能行，有人不行，这不仅是愿给予忍住不给的问题，那些有小德、小智、轻心、慢心的人，却希冀得到真乘，恐怕会枉自辛苦。"神光为了表明自己的决心，潜回取利刀，自断左臂，置于达摩之前。达摩见了，知道神光确是有坚定求佛之心的人，说道："诸佛最初求道的，为法忘形，你今天断臂于我的面前，求亦可在。"因此达摩改神光的名为慧可。这表示达摩已愿传法于慧可，因此慧可当下问道："诸佛的法印，我能够听说一下吗？"达摩说："诸佛的法印，不是能从别人那儿得到的。"这可大出于慧可的意外，他求道："这样我的心得不到安宁，乞求师父使我的心得到安宁。"达摩说："把你的心找出来，我替你使它安宁吧。"过了好一会儿，慧可说："师父呵，我寻觅我的心，但却找不到。"达摩说："我已经替你把心安宁好了。"

佛性在自己心中，只能自己体会，自己不用心体会，他人再给你讲多久多深也没有用。禅宗认为，当人知道了佛法只能自己体会这一点时，他就已经离见性成佛不远了。慧可的心不安，是因为他想从达摩那儿直接得到佛法，这思路是不对的，因此达摩让他觅心，就是要他意识到以自己之心觅自己之心的矛盾，但他发现心就是这个心、心就在自己身时，就悟出了见性成佛的正确方向：在自己心里。

悟了自度

关于自性自度的思想，用直承的方式说出来的，是契嵩本《坛经》。

五祖弘忍送慧能至九江驿边，有一只舟子，五祖令慧能上船，然后自己上来把橹而摇。慧能就说："请和尚坐，还是应该由弟子我来摇橹。"五祖说：

"应该是我渡（度）你。"这里，度与渡同音，五祖用的是双关语。慧能马上领悟了，说道："当人在迷惑之时，适合于师父度他，当他已经觉悟之后，就应该自度。今天的江上之渡，正好象征了人生之度。慧能我生长在偏远地方，语音不正，承蒙师父将佛法付予我，现在既然已经得到了佛法，从今以后就应该自性自度了。"五祖闻言，知道慧能确实完全成熟了，说道："正是这样，正该这样。从今以后，佛法将由你而普遍传播开来。"

这段故事提出了禅宗的两个最重要的概念，即"迷时师度"和"悟了自度"。见性成佛只在自身，但自身由于身在现世，受各种各样的现象界事物和现实心理的迷惑，难以发现那"本无一物"的本心。因此，师的指点和启悟就成了非常重要的事情，后来禅宗的各种公案，都是围绕着如何使弟子开悟而创造出来的。

识本来面目

慧能从五祖弘忍那儿领受了佛法和袈裟，照吩咐向南奔去。寺中僧人闻及此事，有数百人为衣钵先后追赶出来。惠明率先追上慧能。有一种带有一点儿神秘色彩的说法是，慧能将衣放在石头上，惠明本能地就去取，不知怎么，就是提掇不动。惠明马上想到自己追赶的主要目的，就对慧能说，我并不是为袈裟而来，而是为佛法而来，希望慧能为他说法。另一种没有神秘味道的说法是，惠明追上慧能之后，慧能说："你是为法而来，还是为衣而来？"惠明说："我不是为衣而来，而是为法而来。"慧能说："你既然是为佛法而来，那就先屏息呼吸，安静心灵，什么都不要想，然后我就告诉你。"惠明就照着他的话做，好一会儿，慧能看他已经达到心静如水，就说："当你既不思善也不思恶的时候，就是那一刻，想想看，什么是明上座你的本来面目？"惠明听到这句话，已经开悟。但还有一丝不放心，又问道："你确把密语给我讲了，但除了这一密意外，还更有其他密意吗？"慧能说："能够与你说，就不是密意。但你若用此反观你自己的内心，会发现，密就在你自己心里。"惠明这时完全省悟了，说道："惠明我虽在黄梅（弘忍的所在地）学习了这么多年，却实在未曾省悟到自己的面目，今天蒙受你的指示，完全明白了。如人饮水，冷暖自知。今天的惠明已经是真正的惠明师了。"慧能说："你这样就好了，我和你一道以黄梅为师，今后你要好好地护持自己。"

本来面目，就是本来无一物的本心，就是能够超现象界的本心。善与恶都是现象界的事，进入现世，才有了善恶。因此，只有当忘却了善又忘却了恶的时候，人才从现世的思想和观念中超离出来，接近了超越现世的本心。人在现世的行为和思想，都是与世相关的行为和思想。现世本身是有局限的，因此这些行为和思想也必然是有局限的。只有从有局限的现世中超离出来，才能认识自己的真正本来面目：超越的我。

知道有善，或者知道恶，一方面说明你还执着于现世，另一方面说明你还是用心。一旦用心，只能是用于现世。只能是在现世用，必然是远离本心。因此，禅宗的见性，是要以不思善不思恶作为起点。

而究竟思得怎么样，认识或回到了自己的本来面目没有，这都是只有自己才知道的，别人没法知晓，也是无法替代的。因此，"如人饮水，冷暖自知"成了禅宗思想中的一个非常重要的名言。

须识自家宝藏

大珠慧海禅师，姓朱，建州人，在越州大云寺受业。他第一次参见马祖道一时，马祖问他："你从何处来？"他答道："从越州大云寺来。"马祖接着问："你到我这里来想办什么事？"慧海说："来求佛法。"马祖说："我这里什么东西也没有，你求什么佛法？自家宝藏不顾，抛却家乡在外散走做什么！"慧海听到头一句大失所望，但听到后一句，心里一亮，马上紧问："哪个是我慧海的宝藏？"马祖说："即今问我者，是你宝藏。一切具足，更无欠少。使用自在，何假外求？"马祖的这句话是说，你殷切地询问我的那颗心，就是包含着你的宝藏之所在。你只能认识了这心，返回这心，才是求佛正确的道路。马祖的话使慧海顿时开悟。不由得踊跃起来，赶紧谢礼。

佛的根本，在自己的心中，在自己的本无一物的超越之心。而这颗超越之心，只有通过自己的"去蔽"，自己认识到的生存的具体的有限时空的有限性，而自己发现出来。要向外求，是找不到的。

"识自家宝藏"成了后期乃至今天中国文化中的一个非常重要的观念。当年面对佛家、道家两方面的巨大影响，宋儒就是运用禅宗的这个思想，识自家的宝藏，在孔子、孟子那儿去开山掘宝，来对抗佛道思想，而成就了宋明理学。今天的新儒学，面对声势更大的西方文化，仍然是运用这一观念，要识自家宝藏，以应对现代性的挑战。

这里面确实有很多问题可以思考。

"火"在自家里

沩山灵佑禅师，俗姓赵，十五岁出家，二十三岁游江西，参百丈怀海，被收为徒。一天，他立在怀海身旁，怀海问："谁？"灵佑说："是我。"怀海说："你拨一下，看炉中有没有火。"灵佑拨了一下，说："没火。"怀海弓身起来，深拨一下，得到一些火，举起给灵佑看，说："你说没有这个？"灵佑于是悟了，怀海让他拨火，是启发他，火（佛）就在他自己心中，只要他用心深拨，就会得到。于是他礼谢怀海。怀海说："这只是暂时的歧路。经里面说，欲识佛性义，当观时节因缘。时节既至，如迷忽悟，如忘忽忆。这时就知道，物不是从他处得来。因此祖师说：'悟了同未悟，无心亦无法。'只是无虚妄凡圣等心，本来心法原自备足，你今天已如此了，请善护持。"

不能说

香严闲智禅师，青州人，人很聪明，因讨厌世俗而辞亲外出访道。后投在百丈门下，很受欣赏。百丈坐化后，香严参见沩山。沩山说："我听说你在百丈先师处的时候，问一答十，问十答百，很聪明伶俐，对生死根本，也很有见解。现在你讲一讲，你父母没有生你的时候如何？"香严一下子真被问住了，茫然不知怎么回答，于是回到住所，将平时看过的文字从头到尾细察，想找出一句来对应，竟始终没能找到。他叹一口气，说："画饼不能充饥。"于是乞求沩山解说。沩山说："我若说给你听了，你以后一定会骂我。我说的是我的，始终不关你的事。"香严因此将自己以前所看的所有文字全部烧了。说：

"此生再也不学佛法了，且做个游走的要饭和尚，免得空劳精神。"他泣别沩山，直过南阳，睹忠国师遗迹，在那儿住了下来。

香严在地里芟除草木，偶然抛丢瓦砾，瓦砾落击在竹子上，发出声响，这一刻，他忽然悟了，马上回到房中，沐浴焚香，遥望沩山礼拜，赞沩山之恩："和尚大慈，恩超父母，如果当时说破的话，哪里会有今天的事呢？"又作颂，记自己之悟："一击忘所知，更不假修持。动容扬古路，不堕悄然机。处处无踪迹，声色外威仪。诸方达道者，咸言上上机。"沩山听说后，对得意弟子仰山说："此子彻悟了。"仰山说："只从语言上看，还不一定，待我去亲自勘察一下。"仰山见了香严，说："和尚赞叹师弟发悟大事，你给我试说说看。"香严复述了前面的那道颂。仰山说："此是夙习记持而成，你另外再说说。"香严再作一颂："去年贫未是贫，今年贫始是贫。去年贫，犹有卓锥之地，今年贫，锥也无。"这是比喻从有到无的过程，过去还有卓锥之地，现在连卓锥之地也无，就完全完成了从有到无的转换，具有了本无一物的空心。仰山说："如来禅许师弟会，祖师禅未梦见在。"意思是说，四大皆空，本无一物，这一所有佛教的基本原理，你是懂了而且表现出来了，但禅宗专有的特点在你的比喻中还没有表现出来。香严又作颂："我有一机，瞬目视伊。若人不会，别唤少弥。"这偈就体现出了禅宗的妙悟的精神和自性自足，不假他人的宗旨。于是仰山回去报沩山，说："且喜香严师弟会祖师禅了。"

启悟悟入

未尝渡者要须船

前面讲到《坛经》的时候说过，禅宗有两句话非常重要，一是"悟了自度"，一是"迷时师度"。自度是从本质上讲的，见性成佛，从根本上说，是自己的事，任何人也包办代替不了；师度是从方法论上讲的，当人还在走向成佛的路上艰难摸索的时候，非常需要老师的启发。如何启发学人自己发现自己内心的佛性，就成为一个非常困难而又必须去做的事情。福州龟山正元禅师用两首偈告诉其徒弟的也同样是这一问题。

其一：

> 寻师认得本心源，两岸俱玄一不全。
> 是佛不须更觅佛，只因如此便忘缘。

学禅一方面需要外在方面，要寻师引路，但另一方面更在内在方面，要认得本心。不要外求又需要外求，求师；需要外求又不要外求，靠己。

其二：

> 沧溟几度变桑田，唯有虚空独湛然。
> 已到岸人休恋筏，未曾渡者要须船。

头两句讲的多变的现世（有）和不变的本质（无）的关系，见性成佛也就是洞悟了这一关系。后两句讲的是学习的辩证关系，作为未悟者的学人需要老师，就像未渡河的人需要船筏一样，但船筏只是为了渡河，一旦渡河之后，就不需要了。因此禅宗之师与任何宗教和世俗的老师的一个根本的不同，就是他一心希望的，是学生成就自己，而且在成就了自己的时候，忘掉老师。

禅宗的核心是不依靠文字的以心传心，这就使得老师的教授都非常困难；直指人心的见性成佛，需要的是非逻辑、非常规的悟，这又使学生的学习非常困难。为了克服这一困难，禅宗发明了世界文化史上最独具特色的教授和学习的方法：各种各样的公案。

一切公案，棒、喝、茶、饼、涵盖乾坤、截断众流、随波逐浪，其目的都是：

一、在形式上，让学生摆脱日常思维，超越现在的定势，跳出当下情境对人的控制；

二、在内容上，让学生达到自我的树立、与师平等、"我即是佛"的气概。

师父们在形式上的各种方式都是为了达到内容上的目的，内容上的目的又只有用形式上的这类方式才能达到。前者是教师的启悟，后者是学人得到的开悟。

这两者都是建立在禅宗有关有（有限、现世、具体）与无（无限、超世、一般）的哲学关系上的。

教人如何在现世达到超世，而且不是超当下这个在世，而是超任何在世；超越了包括任何在世在内的现世，却仍然在当下现世；在当下现世，却洞悉了现世与超世的关系；洞悉了现世与超世的关系，却又表现为未曾洞悉的平常。禅宗的智慧，特别是在各种公案中表现出来的时候，让现在的人看来，就是如此的深奥。

经诵三千部，曹溪一句亡

洪州法达禅师，七岁出家，诵《法华经》，甚有成就，心中很有些骄傲，因此他在礼拜六祖慧能时，头不着地。慧能呵斥道："礼不投地，不如不礼。你心中一定有个东西，你蕴习的是什么？"法达说："我念《法华经》已有三千部了。"慧能说：你就是念到一万部，而且理解了其中的思想，也超不过我，顶多也就是我的水平。你今天枉负了你想要成就的事业，还不知道过错。听我说偈与你：

礼本折慢幢，头奚不至地？有我罪即生，亡功福无比。

这里，"有我"就是心动有执，有执离佛就远；"无功"即是无心，无心接近佛境。说完偈，慧能问："你叫什么？"答："名法达。"慧能说："你名法达，何曾达法？"又与说偈：

汝今名法达，勤诵未休歇。空诵但循声，明心号菩萨。汝今有缘故，我今为你说。但信佛无言，莲华从口发。

这偈指明，读经没用，明心见性才是正道。法达听完，立即悔过，说："从今以后，我要事事谦虚，愿和尚发慈悲，说说经中的义理。"慧能问："你念这经，以什么为宗？"答："学人愚钝，从来只是依经文诵念，不知道什么宗趣。"慧能说："你试着为念我一遍，我来为你解说。"法达于是高声念经。念到《譬喻品》时，慧能说："停！这经原来是以因缘出世为宗，说了很多很多比喻，都围绕这一中心。因缘是一大事，即佛的知见。这里你千万不要弄错，以为佛的知见，与我无分，这样理解，是谤经诽佛。佛已经知见了，不须开悟，佛知见者，只是你自己心，而绝不是其他别的什么。一切众生，自蔽光明，贪爱尘境，外缘内扰，甘受驱驰，因此佛就从三昧起，苦口婆心地讲劝，但归结到一点：莫向外求，与佛无二，这就是开佛知见。如果你劳劳执念，以为功课本身是佛，这与牦牛爱尾有什么不同呢？"法达说："这样说，只要解义，不用诵经了。"慧能说："经并没有错，它不会阻障你，迷悟在人，损益由你。偈曰：'心迷法华转，心悟转法华。诵久不明已，与义作仇家。无念念即正，有念念成邪。有无俱不计，长驱白牛车。'"法达听偈后，再问："经里面说，大声闻，乃至菩萨，他们尽思度量，尚不能测佛的智慧，现在叫凡夫俗子但悟自心，就自命为佛的智见，恐怕会被怀疑是谤佛吧。"慧能说："经中之意是清楚的，你自己迷背。三乘人之所以都不能测佛智，患在度量。他们思考得越多，隔佛理就越远。佛本为凡夫说的，不是为佛说的。你不相信这个道理，就好像自己坐着白牛车，却到门外寻找三车。况且经上已讲得很清楚了。只有一，无二亦无三，你怎么不省悟，那三车是假，一乘是真，只要教你去假归实，归实之后，实亦无名。应知道一切的珍宝，都属于你，由你享用。不要把自己当作父亲想，也不要当作儿子想，根本不用想。由此可知，那些手持《法华经》从早读到晚的人，是从一种劫走到另一种劫。"法达到此，已得启发，很是高兴，用偈赞曰："经诵三千部，曹溪一句亡。未明出世旨，宁歇累生狂……"

在慧能的话里，有两点是禅宗经常要引用的。一是佛是为凡夫说的，不是为佛说的。佛自己已经是佛，他不需为自己说，只为还不是佛的常人说。常人一定要树立自信，自己能懂，自己能达到佛的智慧，因为一切众生皆有佛性。这是禅宗要人成为"我即是佛"的理论基础。另一点是，心迷法华转，心悟转法华，读经的目的是成佛，而不能被经牵着鼻子走；相反，读者应当运用经来达到自己的成佛之悟。后来儒家的"我注六经"和"六经注我"在思维形式上，就是来源于禅宗此语。

经，只是成佛路上之一途，而不是目的本身。曹溪六祖一句话就点醒了这一为世世代代多少人不解的问题。

佛就在自己的心里。因此慧能要惠明反省自己的本来面目，马祖要人探求自家宝藏，禅宗把求佛的方向从崇高的外在转向常人的内心，从神圣的佛经、佛像转向个人的心灵。求佛再也不是要经过世世代代转世轮回的不断劫难和不懈努力才能达到的事，而是在此世此身此心就可以证得的。然而，虽然佛就在人的心中，人却总为"无明"所迷而不自知。如何才能获得自身本有的佛心呢？读佛经、拜佛像是不行的，参禅打坐也非要点，逻辑的推理，语言的教诲当然更是进入不了佛性的深层。究竟要怎样才能获得呢？禅宗认为，在于"悟"。慧能说"迷时师度"，禅宗大师们的任务就是向处于"迷时"的众生启悟，众生学禅是为了获得开悟。由于使禅宗得以成为禅宗，从外在到内心，从彼岸到此岸，从数世轮回到今身证悟，全在于从"教外别传，不立文字；直指人心，见性成佛"中走过来。因而，作为禅宗的关键的"悟"，具有两大特点：一、因其"直指人心"，悟的地点不是非得在寺庙，像各种大小乘佛教那样；也不是非得在坛城，像密宗那样，而是可以在任何地方，质而言之，就在日常生活之中。这一点一提谁都明白，但是记住这一点对理解禅宗的特色也很有用。二、由于"不立文字"，悟必然不同于一般逻辑和日常语言，而采取各种独特的方式，这就是各种非逻辑、非常规的公案。各种各样的公案语言都是为了以一种反常化的方式让对方在突然的震惊之中达到启悟的目的。佛就在每一个人的心中，为了通向悟的震撼，其他方式也发展、使用开来。其中的花样不少，什么德山棒、临济喝、云门饼、赵州茶……最有特点的，一是动手挥棒，让对方从身体的突然痛感中去开悟；二是当头猛喝，使对方于惊慌失措中去开悟。很多时候是棒喝齐上。

这些常人看来如此稀奇古怪的方式，目的只有一个，为了让人开悟。悟，是禅宗独创的一种见性成佛方式，它不同于小乘、大乘的静坐、读经、拜佛，也不同于西藏密宗在上师指导下的循序修持。所谓"禅道唯在妙悟"，悟使禅宗之寺庙也不似以前的寺庙，使禅宗的僧侣不同以前的和尚。悟是由凡入圣的一个关键，悟之前，处于无明的众生心态，悟之后，一通百通，一了百了，可以自性自度。因此禅宗才在求悟、启悟、开悟上费尽苦心，创造出生动活泼、千奇百怪、五彩缤纷的方式方法出来。

焚经与棒喝

德山宣鉴是在龙潭大师那儿悟道的。一天晚上，德山宣鉴侍立在龙潭大师的旁边。龙潭说："夜已经深了，你为什么还不下去？"宣鉴于是揭开帘子走了出去，一看外面黑漆漆的什么也看不清，不好走路，就回来，说："外面太黑了。"龙潭马上点了一个纸灯递给宣鉴。宣鉴正要接着，龙潭一下把灯吹灭。这一刻，宣鉴心中一亮，悟了，求道如在黑夜走路，靠别人点灯是不行的，得自己心里明亮，即自性自度。宣鉴便向龙潭作礼感谢。龙潭问："你见到了个什么道理？"宣鉴说："我从今天起，不怀疑天下老和尚的舌头。"这既是正话反说，又是反话正说；既是明话暗说，又是暗话明说。

第二天，龙潭到堂上，对众僧说："你们当中有一个汉子，牙似剑树，口似血盆，一棒打不回头。他日异时向孤峰顶上去，我的道也就在那儿了。"宣鉴取出《金刚经疏》，这是他多年以来最信仰的，也是读得最熟的经书。他在法堂前点一炬火，投经书于火中，说："穷诸玄辩，若一毫置于太虚；竭世枢机，似一滴投于巨壑。"

德山之悟，表明了禅宗老师在启悟上的重要性。佛经是死的，而老师是活的，只有他才能根据具体的情况给学人以恰到好处的启悟。禅宗开悟的一个特点，就是学人达到了自己的主体性，完全与老师平等，更正确些说，是与佛平等：我即是佛。因此，德山一悟，就可以说师父是"老和尚"，而龙潭用骂语说着德山，却洋溢着无比的快意。

一天，德山宣鉴去沩山大安那儿，沩山坐在法堂上，宣鉴用眼看着他，从法堂东走到法堂西，沩山根本不看他，仿佛无人，宣鉴又从法堂西走到法堂东，沩山还是不理他，宣鉴口中说道："没有，没有……"就向外走。走到门口，说道："不能这么草草了事。"于是摆出一脸威仪再走回去，才跨进门便提起坐具，唤道："和尚！"沩山正要去取拂子，宣鉴便喝，然后拂袖而出。

到了晚上，沩山问寺中道座："今天新来的那个现在在什么地方？"首座说："当时他背对我们，穿着草鞋就出去了。"沩山又问："你还认得这个人吗？"首座说："简直不认识了，与以前完全两样。"沩山说："这位先生已经从后面向孤峰顶上盘结草庵，呵佛骂祖去了。"

德山悟道以后，启发学人开悟的方式很特别，惯于以棒接客。他说："你们这些老秃奴，教你修行做佛，跟在别人的后面傍家行脚，成得了几个佛！你若无可学，又走做什么？若学得了什么，把你学得的呈给我老僧看看，有一句不相当，须吃痛棒。"因此天下都知"德山棒"。棒打，既可以真的用棒打，也可以是与棒打类似的方式。有一次，有僧来访，德山上堂说："我一旦问你，我就错了，不问你，又失了礼数。"德山用这种两难的方式提出问题，就是要使来僧跳出日常思维。但来僧不悟，仍上前施礼。他刚一施礼，德山便打。这是用反常化的方式再次提醒，僧还是不悟，说："我才开始礼拜，你为什么便打？"德山说："等到你开口，那我还受得了吗？"因为一开口，说的还是大家都知道的套话，离悟太远了。

又有一次，一僧来访，德山把门关上，僧就敲门，德山隔门叫："阿难。"来僧叫："大师。"德山开门，僧礼拜，德山一下骑到来僧颈项上，说："你这畜生从什么地方来？"德山的用心是什么呢？读者，这次你自己想想看。

三棒打不悟，一说就悟

临济义玄，俗姓邢，曹州南华人，从小就入佛门，勤奋好学，后来到黄檗希运那儿，同样专心致志，一学三年。有一天，龙兴寺的陈尊宿来到这里，不觉谈到佛理。陈问义玄："上座在学习中曾参问过你老师没有？"义玄说："从未参问过。"陈建议："你为什么不到堂头去问问，究竟什么是佛法大意。"义玄便去问。哪知话音未落，希运便打。义玄下来，陈问："问得怎么样？"义玄说："我问声未落，和尚便打，所以我还是不知道。"陈说："再去问问。"义玄又去问，希运又打，一连去了三次，连遭三次棒打。义玄回来对陈说："我三次去问，三次被打，只怨我自有缘障，体会不了深意，现在我要离开这儿了。"陈说:"你要离开,得先与和尚辞行才好。"义玄有些迟疑,于是陈先去见希运,说:"问话的那后生是很有法缘的,如果他来辞行,给他个方便,以后有一棵大树与天下人乘凉。"陈回告义玄,义玄便上去辞行,希运叫义玄不得到别处,只去高安滩头大愚处,大愚是马祖道一的嫡法孙。义玄到了大愚那里,大愚问:"从何处来?"义玄答:"黄檗处来。"大愚问:"黄檗说什么来着?"义玄说:"我三度问佛法大意,三度吃棒,不知我究竟有什么过错没有?"大愚说:"黄檗婆婆妈妈的,为了解你的困惑,让你到我这里来问有没有过错。"义玄一听,立即醒悟,说:"黄檗的佛法也就这么回事了。"大愚一把抓住,叫道:"你这尿床鬼,刚才还说有没有过错,现在却说黄檗佛法不过如此,你见到了什么道理,快说!快说!"义玄向大愚肋下筑了三筑,大愚一边躲开,一边说:"你的老师黄檗不关我事。"义玄离开大愚回去,黄檗一见,说:"你这汉来来去去,什么时候才有个完?"义玄说:"只因我像老太婆一样心急,想早点儿把该办的事办完。"黄檗问:"什么处来?"义玄说:"昨天奉和尚慈悲,而今参见了大愚回来。"黄檗问:"大愚说什么来着?"义玄实告,黄檗说:"大愚这老饶舌汉,等我以后痛打他一顿。"义玄说:"等以后干吗,现在就打!"说着对黄檗就是一掌。黄檗叫:"这疯癫汉来这里捋虎须。"义玄喝声更大。黄檗叫:"侍者们,引者们,和这疯癫汉一道参堂去!"

这里又一次表明了,悟的一个标志,就是学人与老师的平等,敢于和老师相互对打。因为学人心中已经有了"我即是佛"的气概。

还是该打

棒打是为了使人开悟,这在义玄启发弟子乐普的故事里体现得最清楚不过了。

义玄听到第二代德山的名言"说对了也是三十棒,说不对也是三十棒",就叫乐普去问为什么说对了也是三十棒,他教乐普:"如果他打过来,你接住棒就给他送回去,看他怎么办。"乐普见了德山,照着师父的话问他,德山便打,乐普接住一送,德山见乐普如此对应,就回到方丈(住持的居处)里去了。于是乐普回来一一告诉义玄,义玄说:"我从来就怀疑这汉子。虽然如此,你还见德山吗？"乐普正想回答，义玄劈头就打。

德山之所以不再打乐普，是他认为乐普的反应是出自本能，这表明他已经达到了佛性境界。义玄之所以必然打乐普，是因为他并没有开悟。义玄对德山的微词，是因为他没有识破乐普的行为不是本性，而是为义玄所教。

棒打，成了是禅宗启悟过程中普遍使用的一种方式，大概是德山最早用这方式，或者大概是德山用棒用得最经常、最普遍，或者大概是德山用棒用得最特别，因此，尽管大家都用棒，说起禅宗的用棒，人们都称"德山棒"。

但是，五台山秘魔崖和尚却是用叉，他手中经常握持一根木叉，每当有僧人前来礼拜，就叉着礼拜者的头，说道："是哪个魔魅教你出家？是哪个魔魅教你行脚乱跑？道得也叉下死，道不得也叉下死。快道！快道！"学徒们竟没有一个能对答上来。

应该怎么回答呢？有人请教法眼，法眼说："可说'乞命'。"请教法灯，法灯说："可作伸出颈项的姿态。"请教玄觉，玄觉说："给他一喝，'老头子你放下叉子得了。'"这三种对应法，在形式上，第一种用比问者低的姿态，每二种用与问者平等的姿态，第三种用比问者高的姿态。在禅宗逻辑上，三个都答对了，进入了应有的心路，但最后一种觉悟更高，表明了真正的自我做主的立场。

这三种都是旁观者清，我们来看看现场对应正确者的风采：

霍山的通和尚来访，一看见秘魔崖和尚，并不礼拜，便钻入他的怀里，秘魔崖和尚拊了通和尚背上三下，通和尚起来，拍手说道："师兄三千里外赚我来！师兄三千里外赚我来！"说完就回去了。

听喝不懂喝

德山以棒出名，义玄以喝出名，叫"临济喝"。禅宗都用喝，而"喝"字独按在临济宗的名上，当然还是义玄之喝比起其他一些流派来，更有特别的地方。至少我们知道，义玄的喝花样很多，义玄问学人："临济之喝有很多讲究，有时一喝如金刚王宝剑，有时一喝如踞地金毛狮子，有时一喝如探竿影草，有时一喝如不作一喝用，你会了吗？"学人正想着该怎么回答，义玄便喝。

在禅宗的理论里，凡是要想，就落入日常思维，一定没法开悟。因此在所有的故事里，面对提问、动作、暗示，每个要想一想如何对应的人，总要挨打。打，就是要马上阻断他的惯常思维，把他推向悟的境地。

义玄问乐普："两个僧人相见，一人行棒，一人行喝，哪个更接近佛理？"乐普说："两个都不接近。"义玄问："怎样才能接近呢？"乐普便喝，义玄便打。这里乐普喝是要表明他懂了，但是义玄感到乐普并没有真懂，仍然打。义玄对各种具体的提问多用喝，他的徒弟们久而久之都学会了喝。这样一来，就不容易分出究竟是真懂还是装懂。对装懂的人，当然要打。大概因为义玄的弟子中装懂的人多了一些，因此有一次，义玄特别当众把这一问题提了出来，对他的徒弟们说："你们总学我喝，我现在考考你们，有一个人从东堂出来，另一个人从西堂出来，两个人齐喝一声，这里分得出宾主吗？说，你们怎么分？若分不出，以后不许再学我喝。"

主宾作为禅宗术语有几种说法，最基本的有二，从身份上说，主为宗师，宾为学人；从知识上说，主已有化的境界，宾尚无佛的境界。综合起来，宗师有佛的境界是主中主，学人有了佛的境界，是宾中主；宗师的境界低于学人的境界，是主中宾，学人低于宗师的境界，是宾中宾。

一喝之义

净因继成同圆悟、法真、慈受，并十大法师、禅讲千僧一道，去太尉陈良弼府中赴斋。这时有个叫善华严的，是贤首宗里很有造诣的僧人，就问众僧道："我佛设教以来，从小乘到圆顿，扫除空有，独证真常，然后万德庄严，方名为佛。现在常常听到什么禅宗一喝就能转凡成圣，这好像与经典是相违背的吧。今天你们试喝一喝，若能入我宗五教，就是正说；若不能入，就是邪说。"这明显是向禅师们发难。众禅人都看着净因，净因说："法师所问，还够不上三大禅师来回答，我净因这个小和尚，就可以解决你的困惑。"就召善华严，善刚一答应，净因就说："法师所谓有愚法小乘教，讲究的是'有'，大乘始教，讲究的是'空'，大乘终教，讲究的是'不有不空'，大乘顿教，讲究的是'即有即空'；一乘圆教，讲究的是'不有而有，不空而空'，像我这样的一喝，不但能够入五教，而且工巧技艺、诸子百家，全都能入。"净因说完，就震声一喝。问善华严："你听见了吗？"善说："听见了。"净因说："既然听见了，是有，能入小教。"一会儿又问善："听到了吗？"善说，"没听见。"净因说："你既然没听见，刚才那一喝，是无，能入始教。"又看着善华严说："我最初一喝，你说有，喝声消失，你又说无，说无，则原来实有，说有，则现在已无，不有不无，能入终教；我有一喝之时，有不是有本身，而是因为无才有有；我无一喝之时，无不是无本身，而是因为有才有无，既有既无，能入顿教；你要知道，我这一喝，不作一喝用，有无不及，情解俱忘，道有之时，纤尘不立，道无之时，横遍虚空，即此一喝，入百千万亿喝，百千万亿喝，入此一喝，故能入圆教。"善华严于是佩服礼拜。净因又说道："不仅是一喝，一语一默，一动一静，从古至今，十方虚空，万象森罗，六趣四生，三世诸佛，一切圣贤，八万四千法门，百千三昧，无量妙理，契理契机，与天地万物一体，谓之法身；三界唯心，万法唯识，四时八节，阴阳一致，谓之法性。因此，华严经会，法性遍在一切处，有相无相，一声一色，全在一尘中，含四义，事理无边，周遍无余，参而不杂，混而不一。于此一喝中，悉皆俱足。但这还是建化门庭，随机方便，只能叫不歇场，还未到宝地，哪里知道我祖师门下，还有'以心传心，以法印法。不立文字，见性成佛'的向上一路。"说到这里，善华严问："什么是向上一路？"净因说："你且向下会取。"善问："什么是宝？"净因说："这不是你的境界。"善求道："望禅师慈悲。"净因说："任凭沧海变，终不为君通。"善华严于是不说话，出去了。

拧鼻·耳光·擒住

除了非常有名的棒与喝之外，禅宗还呈现出其他各种千奇百样的启悟方式。当年百丈怀海还是学人的时候，一天，他侍立在师父马祖道一的旁边。一群野鸭从眼前飞过。马祖问道："是什么？"百丈说："是野鸭子。"马祖又问："野鸭子怎么了？"百丈说："正在飞过去。"马祖就狠狠地拧了百丈的鼻子一下。为什么要狠拧百丈呢？师父的问意是启悟，即让学人从现象界超越，而学人却仍停留在现象界的思考层面，必须用异常的方式点醒他。百丈的鼻子被师父拧得疼痛非常，不禁失声大叫。马祖厉声说："你再说正在飞过去。"野鸭这时已经飞过去了，再说正在飞过去肯定是错的。百丈一听马祖这句话，立刻省悟了。野鸭正飞过去时，只是一个瞬间，这一过程很快就成为过去。在正在与不在之中，可以使人感受到现在与非现在、现世与超世的一种哲理。

还是马祖道一的故事。一天，在堂上，法会禅师问马祖道一："如何是祖师西来意？"马祖说："小声点儿，你到前面来，我告诉你。"堂上僧徒很多，法会真以为是马祖要专门把答案说给他一个人。于是走上前去，刚走近，马祖就给了他一个耳光，说："六耳不同谋，你走吧，明天再来。"一人有两只耳朵，六耳意味着三个人以上，三人就谈不上秘密。在堂上两人再近，毕竟难免会被第三者听去。于是第二天，法会独自走进法堂见马祖，说："请和尚告诉我吧。"马祖："你走吧，等老汉过会儿上堂的时候你再问吧，那时我当着大家给你证明。"法会一下就开悟了，说："谢谢大家证明。"说完，绕法堂一圈，自个回去了。法会一开始就问得不对，马祖一直用自相矛盾的方式在对他启悟，第一次马祖的自相矛盾，说要讲又不讲，法会还当是马祖改变了主意。但第二次自相矛盾的时候已经明显不是一个改变主意的问题，因此法会一下子就醒悟了。

临济义玄的一个开悟故事也属于这一类。有一次，麻谷问义玄："十二面观音，哪一面是正面？"义玄下禅床擒住麻谷说："十二面观音，到什么地方去了？速道！速道！"这里和马祖对待法会一样，是形体冲击和语言冲击同时进行。擒住他，给他一个强烈刺激，使他从直觉上马上明白他问话有错。语言上不沿着他问话的方向，而是另外开辟一个方向，让他知道问得不对。十二面观音，只是观音的一种形象之一，是观音的一种暂时形态，问十二面观音哪一面是正面，意味着把一种暂时的现象作为一种本质来追问，是一种错向思考。义玄的回答，十二面观音到哪里去了，试图针对麻谷的错向思考，把麻谷的思考引向正向上来，回到观音的具体形象从一种变为另一种时，前一种就不见了。从这种不断的变化中，应该思考的是现象与本质的关系。

都举一指

婺州金华山俱胝和尚在庵中，有一尼姑名叫实际，到庵中来，头戴斗笠，执锡围绕俱胝转了三匝，问了三个问题，俱胝都没有回答上来。尼姑要走，俱胝说："天色已晚，留住一宿吧。"尼姑说："你能回答得出我的问题，我就宿在这里。"俱胝无奈，叹息道："我虽然有丈夫之形，却没有丈夫之气。"

俱胝于是寻思弃庵到四方去求参高明。正要走的时候，天龙和尚来到这里，天龙是著名的禅宗高僧。俱胝以礼相迎，并把上次的事告诉了天龙，天龙什么话也没有说，只是竖起一个手指头。俱胝一下就省悟了。

从此以后，凡是有参学僧人到他庵里来学习，他没有别的，始终只举一指。有一天，他庵中的一个童子在外面被人诘问："你们庵中的和尚怎么说法？"童子也不答，就举一手指头。童子回庵以后，把这事讲给俱胝听，当童子举起手指的时候，俱胝用刀砍断了童子的手指，童子痛叫着向外跑出，俱胝呼唤一声，童子回头，俱胝向他竖起一手指头。童子豁然开悟了。

其他不论，就开悟的方式来说，与义玄对乐普的方式是一样的，童子虽然会学着竖起一根手指头，但是他并没有真正懂。只有当遭受到肉体的痛苦之际而再看到师父竖起手指时，才真正地懂了。

吃茶去

"吃茶去"是赵州从谂开悟方式中最有名的一种，人称"赵州茶"。

两个僧人新来到赵州从谂的座前，赵州对其中一个问："曾经来过这里没有？"答道："不曾到。"赵州对他说："吃茶去。"又问："那一人你曾经来过这里没有？"这人答："来过。"赵州对他说："吃茶去。"院主在旁，觉得不解，问赵州："和尚没有来过，你教他吃茶去，当然可以。人家曾经来过，为何也教他吃茶去？"赵州看着院主，说："院主。"院主说："在。"赵州对他说："吃茶去。"

对不同的情境，重复使用同一语言，使一句平常的语言产生出与这句语言平常之义不同的陌生化的效果，从而使这句话对人产生棒喝作用，这就是"赵州茶"的意义。义玄的一个用棒的事例，与赵州用语言的情况基本相同：

一僧来访，义玄问："从什么处来？"僧好像很懂，听问便喝。于是义玄作揖坐下，僧正想着怎么说，义玄便打。第二次，这僧又来，义玄竖起佛子，僧礼拜，义玄又打。第三次，僧又来，义玄又竖起佛子，僧不礼拜了，当没有看见，义玄又打。

不管你怎么不同，只要你没悟，都一样是打，就像赵州，不管你怎么不同，只要你没悟，就叫你"吃茶去"。

这种用重复方法去点悟的方式，赵州常常使用，如：

问："毫厘有差时如何？"赵州说："天地悬隔。"又问："毫厘无差时如何？"赵州说："天地悬隔。"

僧问："如何是佛？"赵州说："殿底里。"僧说："殿底里岂不是泥龛塑像？"赵州说："是啊。"僧重问："那么，如何是佛？"赵州说："殿底里。"

问："如何是佛祖西来意？"赵州答："庭前柏子树。"问者说："和尚不要只示出一个境给我。"赵州说："我不只示出一个境给你。"于是重问："如何是佛祖西来意？"赵州答："庭前柏子树。"

因此，赵州茶，不只是狭义的"吃茶去"，而是一种可以表现为多种形式的开启方式，如果说，德山棒、临济喝呈现的是禅宗开悟激烈的一面，那么，赵州茶则是文雅的一面。

云门饼

云门山光奉院文偃禅师，俗姓张，嘉兴人，小时就出家在空王寺，跟志澄律师学佛，多年来研究律部，终觉不能解决自己的问题，于是去找有名的睦州。睦州才见他来，就关上门，文偃敲门，里面问："谁？"外面答："我。"又问："干吗？"答："我有问题，向你请教。"睦州于是开门，但刚看见个脸，马上又关上。文偃一连敲了三天的门，在第三天里，睦州刚一开门，文偃就朝里钻，睦州把他擒住，说："说话！说话！"文偃正在想该说什么，睦州就把他向外推，一边说："你这个千年前的木车钻。"推出去时使劲关门，把文偃的一条腿给压坏了。但文偃在钻心的疼痛中，悟了。

悟了什么呢？文献上没有明言，但从故事中可知：一、自己有问题，从根本上说，只能自己解决，别人帮不上忙，这就是睦州用一再关门不开，开了也不让进这一系列行动在提醒他；二、睦州在进门时让他快说，意思是，体悟是不能思考的，一思考，就进入具体逻辑，远离了超越真理。

云门宗最有名的公案是云门饼，这大概也源于文偃的一次机锋。

一天，众僧上堂，一僧问："如何是超佛越祖之谈？"文偃答："糊饼。"僧不解，问："这两者有什么关系呢？"文偃说："火很热与糊饼有什么关系呢？"

文偃的话有两层意思，糊饼，可以是一种饼，最普通的食物。可以是做煳了的饼。从前一种意义上说，是把玩弄神圣字眼的高谈阔论，与普通的日常生活相对照，说明平常心是道；从后一种意义上说，是比喻最神圣的词汇，最狂热的话语，其实只能把事情弄糟，就像火太热了就会把饼烤煳一样。

为了让学人们理解他的"糊饼"之言，他根据这两层意思进一步向众僧解说道："你们千万不要见有人谈佛祖，便进而问什么超祖超佛。你们把什么叫作祖，什么叫作佛，且讲讲超佛越祖的道理来？给你们讲，除了穿衣吃饭，屙屎送尿，哪里还有什么事，做这些个妄想干吗？那些个俗人，聚在一起，学得个古人的话路，凭着记得牢，就以为自己会佛法了。你们千乡万里抛却父母师长来到这里，就为这个？"超佛越祖是一种看起来说起来非常神圣的事，对这种高超的东西，文偃用糊饼来回答，就把这种神圣拉回到普通的日常生活中来了。禅宗一向认为，真正的见性成佛，就在日常生活之中，学着佛经的话语，摆出神圣的架势，恰好说明离佛还远着呢。

饼是禅宗的方式之一，不只是云门运用。临济宗里，有一次义玄拈一糊饼给乐普看，说："千种万般，不离这个，其理不二。"乐普问："什么是不二之理？"义玄再次拿起糊饼给他看。乐普说："与么，就是千种万般了。"义玄说："屙屎见解。"乐普说："罗公照镜。"

屙屎见解，意含两层，一是臭，二是平常，这里义玄表面上是讥笑乐普，实际上是述说实质。糊饼，就是平常事，正如屙屎送尿一样的平常，所谓只有一个理，就是：平常心是道。

法眼巧便

法眼宗的启悟方式是巧便。所谓巧便，不是棒打和猛喝的激烈的截断，也不是让人摸不着头脑的你说地他说天的温和的截断，而是顺着话头的随机而应，法眼大师们自诩是"调机顺物，斥滞磨昏"，但"斥"与"磨"显出的都是"巧"与"便"，用他们自己的话来说，就是针对具体情况"应病与药"，以便让人"随根悟入"。

让我们看看他们是怎样"调机顺物"的吧。

公案一：

有僧问罗汉桂琛禅师："如何是罗汉一句？"罗汉说："我现在给你说，就变成两句了。"僧又问："那么，如果不会的人来问，你还会回答他吗？"罗汉反问："谁是不会的人？"僧说："刚才问你话的我，就是不会的人。"罗汉说："你这样不是自己小看自己了吗？"

最后一句话随着对话逻辑自然而然地点到了问者的病根。见性成佛的基本条件之一，就是自我做主，达到"我即是佛"的气概，不去掉崇拜外物、小看自己的心理，是见不了性，也成不了佛的。

公案二：

保福僧到罗汉桂琛处，罗汉问："你们那里的佛法如何？"僧说："师父给我们讲：蒙上你的眼，让你看而不见；塞上你的耳，使你听而不闻；坐却你的意，教你分别不得。"罗汉说："我问你，不蒙你的眼，你看到了什么？不塞你的耳，你听到了什么？不坐你的意，你分别出了什么？"

这里从蒙与不蒙的对立把人逼向了见性之道。不蒙时，人感受到的是现世；蒙了时，感受不到现世，但也并不是超世，但是通过蒙的不见现世之后，再来感受未蒙时的世界，就完全不一样了。虽然山还是山，水还是水，但既是原来的那个山水，又不是原来的那个山水；既不是原来的那个山水，又还是原来的那个山水。

公案三：

> 问："也不是'以'字，也不是'八'字，不知道是什么字。"罗汉反问："你真的不会？"答："学人真的不会。"罗汉："那就看下面的注脚。"

求字本就是错的，罗汉第一次就是要提醒他，不要求字，而要求心。但学人不解，于是罗汉用让他的希望完全落空的方式让他开悟。从语境看，或者下面就没有注脚，是一片空，这空，正包含着启悟之机；或者下面虽有注脚，但并未注出该字是什么字。不注，也包含着启悟之机：见性成佛，不待外求，正在内心，是什么字并不重要，通过认识的字和不认识的字直接开悟，才是重要的。慧能不识字而屡屡妙悟，早就说明了这一点。

公案四：

> 学僧问："什么是佛门的正食？"这当然是一个比喻，但罗汉把比喻转换成非比喻来喝醒他，就反问："佛门的正食，是吃得的吗？"学僧说："如果你要吃这食物的话，有什么作用呢？"罗汉："塞你的嘴巴。"

这个提问的错误，就在于一种向外求佛的指向，所谓正食是某部经、某座佛吗？当然不是。求佛不是向外找食，而是内心要悟。罗汉的两次回答，是两次猛喝。

公案五：

> 问："什么是罗汉的家风？"罗汉说："不给你说。"进一步问："为什么不说？"罗汉说："这是我的家风。"

在不说中说了，说了又没有说。家风本不是用一个定义式的话就讲得清楚的。

一口吸尽西江水

庞居士问马祖道一："不与万法为侣的是什么人？"马祖说："待你一口吸尽西江水，我就给你讲说。"庞居士的提问有一种非常高远的起向，但从禅宗的观点看，这种高远是有问题的，从而这个提问是不对的，这不对包含好几层意义，就最初浅的说，谁也不能超越于法（宇宙规律法）和万法（万物的规律），不能超越现世，仅此对不可能问题，马祖给了一个不可能回答的回答。

但庞居士还是没有完全解悟，仍然因着于自己的高超意念，他又问："不昧本来身，请师高着眼。"如果真识自己的本来面目的话，是不需要别人，哪怕是高僧，甚至是佛祖来考察的。因此马祖用具有反讽意味的形体动作来提醒他，不是要"高着眼"吗，马祖从高处下觑庞居士，说："一等没琴弦，唯师弹得妙。"然后又从低处上觑庞居士，这样一做，就把庞居士的"高着眼"引申出了另一种含义，让别人从高处看他，而这，在禅宗看来，正是不能自立世界的表现。而马祖从低处再看他，就是希望他能够真正地自立自足，不待外求。做完这两个形体动作，马祖就回方丈去了，居士跟随在后，有所体悟，说："刚才是弄巧成拙。"即自以为水平很高，想不到显得水平很低。"一口吸尽西江水"也因此成为禅宗公案中的名言。但这句名言还包含着这样的意义：西江水不但一口吸不尽，甚至一生也吸不尽，就是吸尽了，还有长江黄河，何时是尽头？这就是向外下功夫，总是痴心汉。穷尽佛经神圣去成佛，不就是这样的吗？因此，一口吸尽西江水，是从反面暗示"直指人心，见性成佛"的趣旨。下面一个关于马祖的公案说的也是这一问题。

一僧问马祖道一："如何是佛？"答道："心即是佛。"答得简单明了，但常人却不易体会。僧又问："离四句绝百非，请你指明什么是西来意。"还是同一种问法，马祖只有变换方式了，他说："我今天没心情，你去西堂问智藏吧。"僧于是去西堂，问智藏，智藏以手指头说："我今天头痛，不能为你解说了。你去问海兄吧。"僧又去问海兄，海兄说："这个东西我却不会，你问错人了。"僧于是回头告诉马祖如此如此，马祖说："藏的头是白的，海的头是黑的。"藏仍是用指方向的方式去暗示问得不对，海却用没方向的碰壁来暗示问得不对。这僧悟了没悟呢？

磨砖成镜

马祖道一未成道时曾在南岳传法院修行。他独居一庵，修习坐禅，无论什么人来拜访，都不理会，只顾坐自己的禅。著名的怀让大师来了，他仍不理。怀让看他是一块修道的材料，可惜方向不对，方法也不对，决定要开导他，于是，怀让拿了一块砖，在马祖的庵前磨，马祖仍是坐自己的禅，也不理会。怀让磨呀磨呀，一直磨下去。马祖后来忍不住了，就问："你磨这砖干什么？"怀让说："把它磨成镜啦。"马祖一听，乐了："砖怎么能磨得成镜呢？"怀让说："砖既然磨不成镜，成禅又怎么能成佛呢？"马祖一听，不觉从静坐的座上下来，问："如何才能呢？"怀让说："如果你驾牛车，车不行了，你是打牛好呢，还是打车好呢？"马祖沉吟不语，怀让直截了当地说："你学坐禅，当然是为了学坐佛，但是你想想，若想学坐禅，禅本身并不等于坐卧；因此，你坐时，得到的是坐，而不是禅。如你想学坐佛，佛本身没有一定的定相，你靠坐，能成佛吗？因此，从根本上说，你若坐佛，是在杀佛。把自己固执在坐相上，是达不到坐佛的目的的。"马祖豁然开悟。

达摩来之前有佛法吗

禅宗知道真理难用语言讲述，但又不得不借助语言讲述，他们的答话多用形象语言，或用比喻，或用诗句，下面就是一个好用诗句的例子。

天柱山崇慧禅师，姓陈，唐乾元初在天柱山创寺。一僧人问："如何是天柱境？"崇慧回答："主簿山高难见日，玉镜峰前易晓人。"用现实的景象回答了天柱山是一个修佛的好地方。谈到修佛，当然就涉及佛法，僧人问："在达摩祖师尚未来到东土之前，东土有没有佛法？"崇慧说："且安置未来的事，你今天做什么？"僧问过去，就意味着引入了过去、现在、未来这样一种在流动的时空思考问题的角度。因此崇慧以未来来对答过去，由此而使他进入现象与本质的禅思。但僧理解不了，说："我不懂，请师再讲清楚些。"崇慧说："万古长空，一朝风月。"用一个景色形象地说明了当下与永恒的关系。僧还是不懂，不知道说什么话。崇慧问他："你懂阇梨吗？"僧说："不会。"崇慧说："自己应该做什么，与以前达摩来不来和未来的事怎么样不相干。达摩来，就像一个卖卦汉，见你不会，为你锥破卦文，至于是凶是吉，尽在你自己身上，一切要看你自己。"僧问："如何是解卦的人？"答："你才出门，他的解就不灵了。"

崇慧的这两个比喻都是讲修行全在自己，圣人、前辈、师父只是给你最初的指引。

僧又问："如何是天柱家风？"崇慧说："时有白云来闭户，更无风月四山流。"僧问："出家人死了之后会到什么地方去呢？"崇慧答："隔岳峰高常积翠，舒江月明色光辉。"

僧又问："如何是大通智胜佛？"崇慧答："旷大劫来，未曾拥滞，不是大通智胜佛是什么？"又问："为什么佛法不现前？"答："只因你不会，所以不现前，你若会，去也无佛可成。"问："如何是道？"答："白云覆青嶂，蜂鸟步庭花。"问："从上诸圣有何言说？"答："你今天见我有何言说？"问："宗门中事，请讲一讲。"答："石牛长吼真空外，木马嘶时月隐山。"问："能讲讲和尚你是怎样利人的吗？"答："一雨普滋，千山秀色。"问："如何是天柱山中人？"答："独步千峰顶，优游九曲泉。"

这些回答，既充满形象，又充溢禅意。这还只是用诗的形式回答。有时候，问答双方都有一定的修为，会演出一种诗与诗的问答。

凤林见到义玄，说："有事相借问，可以问你吗？"义玄说："何得剜肉补疮？"尽管义玄对凤林这种"向外求"的方式给了巧妙的批评，但还是答应与凤林对话。于是凤林就开始提问了："海月澄无影，游鱼独自迷。"意思是说，我有迷惑未能解决。

义玄说："海月既无影，游鱼何得迷？"意思是说，不应该有迷惑。

凤林说："观风知浪起，玩水野帆飘。"显然迷惑是因为与外物接触而产生的。

义玄说："孤轮独照江山静，自笑一声天地惊。"意思是要自我做主，拿出"我即是佛"的气概来。

凤林说："任将三寸辉天地，一句临机试道看？"意思是我已经自我做主了，但是我要问一问你。

义玄说："路逢剑客须呈剑，不是诗人莫献诗。"意思是问得不对，既然是自我做主了，就不用去问别人。一问就表明你还没有自我做主，因此你给出的不是那么回事。

凤林无话可说，就不再问了，同时又表明他已经懂了义玄的意思。因此义玄乃作颂：大道绝同，任向东西。石火莫及，电光罔通。

二人的问答始终围绕禅宗的基本问题。在义玄看来，悟乃自己之事，问旁人如剜肉补疮，毫无用处。佛在内心，本无须外求，游鱼本不该迷。凤林一再强调向外的追求，义玄一再告诉他佛在自己心中，自静而又自由。

截断众流

禅宗有三句名言："涵盖乾坤""截断众流""随波逐浪"。这三句话其实又可以用到公案中问答的机锋上。如法眼宗的巧便，就可以说是随波逐浪的方式，而公案问答中最多的一种方式，可以用截断众流来形容。

在公案中不约而同反复要问的，也是问得最多的，是佛教的基本问题：

如何是禅？

如何是道？

如何是佛？

如何是师祖西来意？

如何是佛法大意？

如何是某某家风？

这些问句都有一个共同的句式：什么是什么？它的回答需要是一个经典的定义句式：什么是。有了这个回答，我们就了解了事物的本质特征。然而，在禅宗看来，这种问和这种答是有问题的。一、它是一种现世的逻辑，其结果是把人定义在一种现世的解释上，这与禅宗追求的永恒性和超越性的获得是相违背的；二、它呈现一种语言的完整性，而语言是不能完全反映本质的。因此，对于一个尚处在现世中的求佛者来说，对这些根本的问题，是一定要问的。但对于一个已有佛性的老师来说，面对这些问题，不能让它继续沿着现世逻辑滑动，而把它转入通向禅宗真理的渠道，老师们就是各展智慧的场地。首先，必须用截断众流的方式让学人猛醒，其次，又要根据每一个学人的具体情况和提问的具体情景给予不同的巧答。

如何是佛法大意？禅宗的回答五花八门：

正是汝放生命处（马祖）；三枷五棒（归宗澹权）；多少人摸索不着（彰法澄泗）……什么话都有。还可以不说话，给出各种动作。还可以像德山宣鉴那样连打带骂："出去，莫向这里屙！"

禅、道、佛、菩提、佛法……这最根本的问题，不仅不是用一句话、一个定义说讲得出的，主要根本是不可能用文字讲的，因此，这问本就不对，本就荒谬。对荒谬之问，必须给予荒谬之答，对不对之问，应当给予痛骂，使之悟出已入错道，快快回头。

问："如何是罗汉家风？"罗汉桂琛说："不向你道。"问："为什么不道？"答："是我家风。"

僧问："如何是清凉家风？"清凉文益说："汝到别处去，但道清凉来。"

前者耐心而幽默地回答，禅宗的根本家风，就是不能用语言道出；后者反问，如果让你用语言说，你就知道非语言所能说。禅宗的启悟和开悟，为了不用语言而用语言，用语言是为了不用语言，就表现为这种问答应对的机锋，然而这一切的目的，又只有一个，启悟学人，让学人开悟。

说佛谤佛，说经诽经

慧海在马祖道一处修学了六年，回家奉养。马祖后来看到慧海的侄子悄悄呈给他看的慧海的著作后说："越州有大珠，圆明光透自在，无遮障处也。"于是老有人到越州来找慧海求学，他总是推托而又契合禅意："禅客，我不会禅，也并无一法可示人，你们就不要老立在这里了，歇会儿就走吧。"但来学的人却越来越多，白天晚上门都被扣打得当当响，没有办法，他就随问随答。

一天有几个法师来谒。一人说："想请教一下，还愿回答吗？"慧海说："深潭月影，任意撮摩。"问："如何是佛？"答："清潭对面，非佛而谁？"众法师全都茫然。好一会儿，又问："师说何法度人？"答："贫道未曾有一法度人。"法师们说："禅家浑是这样。"慧海就反问："大德说何法度人？"答："讲《金刚经》。"又问："讲几座来？"答："二十余座。"又问："此经是谁说的？"法师提高声音道："你开玩笑，谁不知道是佛说的？"慧海说："若言如来有所说法，那是谤佛。是人不理解我所说之义。若言此经不是佛所说，则是谤经。请你说说。"僧对答不上来。

在慧海看来，经与佛的关系，就像前面讲的指与月的关系，经并不是佛本身，把经当成佛，当然错了。但经又确是佛说的，说不是当然也不对，但关键在于在把经不当作佛的基础上，才能把经当作佛说的经，经是一个手势，人经由它的指引，直接走向佛本身。

呵祖骂佛

在禅宗中，经不是佛，同理，佛像也不是佛，"佛"这个字，也不是佛。前面说过，一僧问德山："请问什么是菩提？"德山便打，一边打一边说："给我出去，不要在这里拉屎。"僧又问："什么是佛？"德山说："佛是西天的老比丘。"这"老"不是"您老"的"老"，带着尊敬；而是"老朽"的"老"，只有轻蔑。

之所以轻蔑，是因为在他看来这些外在的偶像会把人引入歧途。德山宣鉴和临济宗的狂勇之人把佛界的一切神圣都骂得一钱不值，说："我这里佛也没有，祖也没有，达摩是一身臊臭的老外，十地菩萨是担屎汉，等觉、妙觉是破戒凡夫；所谓菩提涅槃的境界仅只是系驴的橛子，十二分教的经书仅只是鬼神簿，是拭疮疣的手纸；初心十地菩萨是守古坟的鬼，佛是外国造的屎橛。"这么恶毒的骂，就是喝醒你：佛不是外在的偶像，外在的偶像不是佛，只能阻碍你成佛。禅宗因此告诫人们说："你别求（外在的、作为偶像的）佛，佛是大杀人贼，不知弄了多少人进他的淫魔坑，文殊、普贤是屁事不懂的傻子，让人吃毒药。"于是把佛像烧来暖身的现象有了，要杀佛喂狗的人也有了。

要杀佛喂狗的口号创造者大概是云门和尚，但这口号很快就广为流传了。杭州灵隐的延珊禅师就是一例。

有僧问延珊："什么是道？"延珊说："道远乎哉？"这是套用孔子的句子喻说佛之道。孔子云："仁远乎哉，彼欲仁，斯仁至矣。"就是说，只有你有了得道之心，道就来到你这里了。僧再问："什么是真正一路？"延珊说："丝发不通。"因为求道没有外在的路，只有人自己的内心。僧还是未懂，又问："有什么法则可以依法而行？"这想到的还是外在之路，因此延珊说："莫乱走。"针对这一类提问，延珊上堂说法提醒大家，说道："你们以为，让我给你们指一条道，从这里就可以得到佛法。如果真有这么好的事，这条道上早已挤得水泄不通，便教我自己早也没有了安身立命之地。当此之时，就是佛祖出头来，也会给他十二分棒。我这么说有什么过错吗？没有。大家知道，释迦牟尼生下来时，周行七步，目顾四方，一手指天，一手指地，说：'天上地下，唯我独尊。'对此，云门和尚说：'要是我当时看见释迦牟尼这副模样，一棒打杀了他，拿来喂狗。这样一下子就天下太平了。'你们说，云门说这个话，有佛法的道理在里面没有？当然有。不过，虽然云门有道理，还不全，算只有一只眼。好，大家站得久，各自珍重。"

在云门和尚看来，成佛没有一条外在的路，不然反而失去了本心，天下不太平，有了佛祖的"唯我独尊"，就没有人对自己内在本心的确信，人就失去了自尊。云门杀佛喂狗，破除外在的权威没有错，但他太执于、太计较外在佛祖的存在，也属于动心。境界还不太高，因此延珊说他只有一只眼。怎样才能成佛呢？靠自己，因此，延珊最后的话特别意味深长：珍重。

成佛做祖去

一天，王常侍拜访义玄，义玄陪同他在寺内参观。两人走到僧堂前，王问："这一堂僧还看不看佛经？"义玄说："不看经。"又问："还学禅吗？"义玄说："不学禅。"王常侍说："经又不看，禅又不学，毕竟总得做什么吧？那究竟做什么？"义玄说："总之，教他们成佛做祖去。"王说："金屑虽然是很贵重的，但一旦落到人的眼睛里面就成了眼翳，那又做什么呢？"义玄说：

"就说你是个俗汉。"

成佛做祖，是禅宗逻辑的必然结果。心外无佛，心即是佛，其结果必然是"我即是佛"。因此，见性成佛，就是让人成佛做祖去。王常侍认为这不可能，他用金屑落眼的比喻来说明，佛到了一般的心里，就不是佛了。从理论上说这是不对的，因此义玄说，这说明这种人根本就没有见性，仍是一个现世的俗汉。但是，从现实来说，王的话确实提出了一个非常思辨的哲学和历史问题。当然这个问题与禅宗没有关系，就不在这里展开了。这里只需要懂得禅宗的逻辑必然走向"我即是佛"的成佛做祖就行了。

无心是道

有僧来，沩山禅师作起势，僧说："请和尚不用起。"沩山说："老僧未曾坐。"僧说："我还没有行礼。"沩山说："何故无礼。"僧说不上来。二人往还三次，沩山一直试图让僧人摆脱日常思维，但此僧却一直未能被点醒。僧又开始正经地问："什么是道？"

沩山说："无心是道。"这是在告诉他，如此有心地问，不会得道。僧说："我不会。"这本来是不懂，但沩山接了这句话，将其翻转过来，说："会不如不会的好？"僧问："什么是不会的？"沩山一语双关地说："你就是不会的，不是别人。"进一步把此义深入进去，说："现在你直接体验的这个不会，正是你心，正是你佛。若向外得一知半解，与禅道一点关系都没有。名运粪入，不名运粪，肥你心田。因此道不是道。"

刘侍驭问沩山："可以从你那儿得到'了心'之旨吗？"沩山说："若要了心，无心可了。无了之心，是名真了。"这也是无心是道的意思。当你已经达到无心时，心自然也就了了。相反，你有心去了，已经有心了，又怎么了得了呢？

装模作样

一天，沩山在法堂上坐，一僧从外来，问讯了之后，他就向东边叉手而立，用眼睛看着沩山，沩山垂下左足。这僧又到西边叉手而立，沩山垂下右足。这僧又向中间叉手而立，沩山收起双足，僧就向沩山礼拜。沩山说："老僧自从住在这里，从来还没有打过人。"说着拿起挂杖就打，这僧便飞快地跑了。

陆希声相公想拜见沩山，在纸上画了一个相，封了呈给沩山。沩山开封看后，在相下面写道："不思而知，落第二义；思而知之，落第三义。"封上送回。陆看信后就入山来见沩山。沩山在门口相迎。陆才入门，就问："三门俱开，从何门入？"沩山说："从信门入。"陆来到法堂，又问："不出主人魔界，便入佛界时如何？"沩山以拂子倒点了三下。陆便设礼，又问："和尚还持戒吗？"沩山说："不持戒。"问："还坐禅吗？"沩山说："不坐禅。"陆沉吟好一会儿，沩山问："懂吗？"陆说："不懂。"沩山说："听我一偈：滔滔不持戒，兀兀不坐禅。酽茶三两碗，意在锹头边。"沩山接着问道："听说相公看经得悟，对吗？"陆说："弟子看见《涅槃经》上写道：'不断烦恼而入涅槃，得个安乐处。'"沩山竖起拂子，说："只像这个东西怎么入？"陆说："'入'这个字，也不消得。"沩山说："'入'这个字，不为相公。"陆便起来走了。

平常心是道

平常心是道

赵州从谂，山东人，自幼孤，投青州龙兴寺。从谂做沙弥时，有一次随师父参见南泉的普愿，普愿正在方丈躺着休息，见到从谂，问："你来到什么地方了？"从谂说："瑞像院。"普愿说："看见瑞像了吗？"从谂说："瑞像没有看见，看见个卧如来。"普愿起来，问："你这个沙弥有主，还是没主？"答："有主。"问："哪个是你主？"说："孟春犹寒，祝愿和尚尊体起居万福。"从谂因此受到了普愿的器重，许他入室为弟子。

一天，从谂问师父："如何是道？"普愿说："平常心是道。"又问："还需进一步深想吗？"普愿说："思量就错。"从谂说："不思量如何知是不是道？"普愿说："道不属知不知，知是妄觉，不知是无记，若是真达不疑之道，犹如太虚，廓然荡豁，岂可强用是与非去衡量？"从谂立即悟旨。

这里普愿是从现世思维与超世本体的关系讲的，现世思维不可能思到超世的本体，用思，就滞留于现世，而达不到超世的本体。在现世逻辑基础上，体系化的"知"是构成"思"滞于现世的原因，因此，仅在深入本体的意义上，知的妄觉，由知而来是无法衡量到超世之道的。

仅从现世与超世的关系，还没有把平常心是什么讲清楚，既然是平常，重要的是怎样一个平常，为什么既深入到超世的本体，又实存于现世的平常。这里青原惟信禅师的一段话是说得比较清楚的：

> 老僧三十年前未参禅时，见山是山，见水是水；及至后来亲见知识，有个入处，见山不是山，见水不是水；而今得个休歇处，仍前见山只是山，见水只是水。

未入佛门时，是一种平常，一种见山是山、见水是水的和一般的凡夫俗子一样的日常意识和感受。既入佛门，通过知识、规矩、法则等方式努力学佛，超越了日常意识和感受，不将山简单地看成山，不将水简单地看成是水，而要从佛理上去分析、理解，什么由四大构成，因缘合成，山性本空，水性本无之类。这样，山不是山，水不是水，山水变成佛理。而一旦真正悟入，透彻了本体与现象，过程与永恒，因缘的生灭，动中之静与静中之动，山仍是山，水仍然是水。佛理不与山水分离，就在山水之中。获得了最高最深的宇宙意识，真正的佛性，却并不离开日常意识，最重要的是，只有不离开日常意识，才表明真正获得了最高最深的宇宙意识，真正的佛性。禅宗的特色就在这"仍前见山只是山，见水是水"中凸显了出来，它所指的"成佛"不是净土宗向往的升入天国，也不是藏佛所盼望的成为所修的本尊，而是就是此世，就在当下。这种当下，就是禅宗大师一再说的"平常心是道"。

对平常心，马祖道一这样解释道："何谓平常心？无造作，无是非，无取舍，无断常，无凡无圣。经云：非凡夫行，非圣贤行，是菩萨行。只于今行住坐卧，应机接物，尽是道。"获得道的平常心，从外表上看，与平常人一样，但内心与平常人不一样，他做着日常的活儿，但超离现世的造作，不是非要努力去"做"一个什么。他参与现世的活动，但又超越了现世的是非观点，因为现世的是非是有局限的。他也做某事，不做某事，但并不是刻意地去非做此事，非不做此事，而是一切随缘。当他是平凡人时，并不固定为平凡；当他是圣人时，也不执意于圣人。他的在世的种种因缘、种种行为，只是应机接物而已。

对平常心讲解得最清楚的是大珠慧海禅师。以下是源律师与慧海的一段问答：

源律师问："和尚修道，还用不用功？"

慧海说："用功。"

问："如何用功？"

答："饥来吃饭，困来即眠。"

源律师说："一切人总如是，这与大师你用功有什么不同呢？"

慧海说："不同。"

问："何故不同？"

答："一般人吃饭时不肯吃饭，百种须索；睡时不肯睡，千般计较。所以不同也。"

律师这时就说不出话来了。

这就是禅宗悟入之后的平常心，既同平常又不同平常。同平常，是仍与常人一样，饥来则食，困来即卧，高兴就笑，伤心则悲；不同平常，是对日常的一切都有了一种佛理的彻悟，将佛理与人生的衣食住行、喜怒哀乐打成一片，使生命更加真诚，更加清澈，了无机心，随缘而往，无虚饰，不造作，不怨天，不尤人，重自然，呈本性。他的行为心境无不充满佛理，佛理全然渗透于他的行为心境之中。平常而又不平常，不平常而又平常。

无心于事，无事于心

前面讲过，德山悟道，悟的是什么呢？他是这样给众僧讲的："大家莫向别处求觅，就是达摩那个外国僧人来到这里，也只是叫你无事去，教你莫造作。着衣吃饭，屙屎送尿，更无生死可怖，亦无涅槃可得，无菩提可证，只是寻常，一个无事人。"就是说，你要求涅槃，你就被求涅槃之心所抓住了，不得自由；你要去证菩提，就被证菩提之心抓住了，不得自由。求涅槃，证菩提，本来是为了超越现世，结果反而被现世的求所束缚，因此，在禅宗看来，只有无事之心、平常之心，才是真正的禅境。

无心就是道，有心就入魔。因此德山说："劝你不如休歇去、无事去，你瞥起一念，便成魔家眷属，破戒俗人。"

有心无心也就是有求无求，德山说："于己无事，则无妄求；妄求而得，亦非得也。"你只要无事于心、无心于事，就获得了虚而灵、空而妙的境界。如果对人事要仔仔细细地去计较，对世事要从头到尾、从本到末地去考察，那么自己会被自己的俗心所欺骗。为什么这样说呢？有了一毫一厘的念头，有了三途前因后果的思索，人就被情感所抓住了，就被世劫所束缚了。其实，从本体上说，什么圣呀凡呀，都是一个名字、一个符号，全是虚幻的。美好的相貌，丑劣的形状，皆为幻色。当你一心一意去追求这些虚幻的东西，不是被这些东西所拖累了吗？但是反过来，去讨厌这些东西，一样证明你心中对这些东西耿耿于怀，结果这些东西还是紧紧地抓住了你，成为你的负担，始终对你一点儿好处也没有。因此，禅宗的平常心就是：无心于事、无事于心。无心于事，就摆脱了事之累；无事于心，就超越了心之累。

德山是从龙潭那儿悟道的，龙潭又是从天皇道悟那儿悟道的，天皇教人的也是平常心是道。龙潭去天皇那儿学习，学了很久，天皇一直让龙潭干着日常杂活，从不给他传授禅道。最后龙潭忍不住了，就去找天皇。于是二人之间出现了一场精彩的对话：

龙潭说："我到你这儿来了这么久了，你还没有指示过我你的心要？"

天皇说："自你来到这儿，我就一直在指示你心要。"

龙潭诘问："什么时候你指示过？"

天皇说："你擎茶给我，我就接住；你端饭给我，我就享用；你呵难时，我就低头。这哪一件事不是在指示你心要？"

龙潭低头思索了好一会儿，悟了，说："见则直下便见，拟思即差。"

龙潭过一会儿又问："如何保住？"

天皇说："任性逍遥，随缘放旷，但尽凡心，无别圣解。"

这就是平常心是道。

平常心即自然之心

平常心，根据具体的情况，有很多不同侧面的解释。下面这几个故事，都可以说是对"平常心是道"的一些注解。

故事一：

以前有一个老和尚，养了一个小孩，只是让孩子任其自然，因此小孩什么社会的礼貌呀、规矩呀都不会，也不懂。一天，来了一个行脚僧人，住在他家里，当老和尚外出时，就只有小孩在家。僧人见小孩什么都不懂，于是就教他各种礼貌规矩。晚上老和尚回来，小孩就向他问好。老和尚十分惊讶，问他是谁教的。小孩回答是今天来的那个僧人，正在堂上呢。老和尚就把这个游方僧人唤出来，说道："你这个傍家行脚，安的什么好心？这小孩我养了两三年，都长得好好的，你一来，就把他给教坏了。你给我赶快收拾，自己走吧。"这时正值黄昏，天正下着大雨，这行脚僧不得不冒雨而去。

努力去追求什么，就失却了平常之心，失却了平常之心，就失却了自然之性，不是接近了道，而是远离了道。

故事二：

以前，有一个老婆子，供养了一个庵主，就是说，这个庵是她建的，庵里和尚的一切费用也由她提供。一养就是二十年，婆子常叫一个二八女子给庵中和尚送饭，并服侍他。一天，婆子教这年轻女子去如此如此，这般这般。于是这女子到庵中，紧紧地抱住和尚，并问："这个时候你有什么感受？"这和尚在女人的拥抱中却真有柳下惠坐怀不乱的志气，他一本正经地说偈道："枯木依寒崖，三冬无暖气。"女子回来后把这些告诉了婆子。婆子说："想不到我这二十年只是养了一个俗汉。"于是把和尚赶了出去，烧了僧庵。

努力去追求一种东西，失却了自然之性。自以为是在避俗，但其实这"避"本身，就是用心，就是大俗。失去了自然之性，也失去了平常之心，进入了歧道。

故事三：

礼部杨杰居士，字次公，号无为，历参诸名宿，晚年的时候与天衣禅师同游。天衣经常引用庞居士的机语，让他仔细研究。后来杨杰奉祠泰山，有一天，雄鸡正鸣的时候，他看到太阳升起如盘之涌出，一下省悟。他以前为了表明向佛的决心和信仰，写过不少的偈语，其中有"有男不婚，有女不嫁"之类。这次开悟之后，有了新的偈语："男大当婚，女大须嫁。讨甚闲工夫，更说无生话。"真正的道，就在无做作的日常生活中。他把此偈寄给天衣，得到了天衣的好评。在临终之时，杨杰的辞世偈是这样的："无一可恋，无一可舍。太虚空中，之乎者也。将错就错，西方极乐。"

故事四：

有一个僧人，看《法华经》，读到"诸法从本来，常自寂灭相"之时，就怀疑犹豫起来，于是日常的行住坐卧，一举一动都仔细地去研究去思考，怎样才能达到寂灭清净，但这么做呀做呀，却一点儿收获都没有。春天的时候，他听见鸟声，顿然开悟，于是写出心得："诸法从本来，常自寂灭相。春至百花开，黄鸟啼柳上。"

寂灭相，不是做作，而是在平常之中。空心入世，不是刻意追求空心，而重在进入现世，在平常之中体现空心，不是有心求道，而是无心合道。

好事不如无

"无心合道"是禅宗的平常心境界。下面的一段对话就包含着这一境界：

一僧人问梁山善冀禅师："当拨开世俗的尘雾，见佛的时候，应该怎样做呢？"

善冀答："莫眼花。"

僧又问："和尚什么时候成佛呢？"

善冀说："且莫要压良为贱。"

僧人说："为什么不肯承当？"

善冀说："好事不如无。"

善冀说毕，又赋四言，赞颂鲁祖面壁："鲁祖三昧最省力，才见僧来即面壁。若是知心达道人，不在扬眉便相悉。"

整个对话是说，因缘不到，不要强行去求，强行去求，看起来是好事，结果反而会成为坏事，你想成佛，结果反而从良变为贱，自想是求得好事，其实是比没有好事还糟的坏事。真正的成道成佛，在平常心中，是随缘自在。

罗汉桂琛法师也有一段趣旨相同的故事：

罗汉桂琛法师在名叫地藏的精舍开法，但仍然劳作田间。一僧人来访，桂琛问："你从何处来？"回答："南州。"桂琛又问："你们那里的佛法怎么样？"来僧说："我们那儿对佛法讨论得非常热烈。"桂琛说："怎么比得上我们这里，种田有饭吃。"

佛法在种田吃饭中，不在热烈研讨里。热烈讨论，是一种外在的追求，是一种貌似走向神圣其实只得神圣皮毛的东西。道，就在穿衣吃饭之中。

拄杖横挑啰哩啰

令滔在渤潭那儿学禅已经有了很长一段时间。一天，渤潭问他："祖师西来，单传心印，直指人心，见性成佛，对这，你懂吗？"

令滔说："我不懂。"

渤潭说："你没有出家当和尚之前，在干什么？"

令滔说："牧牛。"

渤潭问："那时，你是怎么牧牛的呢？"

令滔说："早朝骑牛出去，晚后又再骑回来。"

渫潭说:"既然如此,你又怎么会不懂呢?"

令滔一下子就省悟了。于是写一颂:"放却牛绳便出家,剃除须发着袈裟。有人问我西来意,拄杖横挑啰哩啰。"

禅就在日常生活之中,令滔出家前放牧,过一种日常生活,相当于山是山,水是山;出家以后,参习禅理,相当于山不是山,水不是水;开悟之后,仍是一种日常生活平常心,一种出家人的日常生活:拄杖横挑啰哩啰。

由此可以说,禅是一种智慧的圆圈,从日常生活中出去,又回到日常生活中来。翠岩可真的公案,同样可以看成是这个圆圈的智慧:

慈明问:"如何是佛法大意?"

可真说:"无云生岭上,有月落波心。"

这个回答应是很好了,但慈明眼含嗔意,厉声喝道:"看你,头都白了,牙也松了,还是这个见解,如何解脱生死?"

可真心中悚然,请求指示。慈明说:"你问我。"

可真依言发问:"如何是佛法大意?"

慈明用雷一般的声音说:"无云生岭上,有月落波心。"

可真一下就省悟了。虽然是同一句话,但可真第一次回答的时候,只理会其日常性,并未深悟出其中的佛理,因此慈明一喝,他就失去了自信。第二次慈明回答的时候,他真正理解了自己语言的全部意义:佛法就在日常生活的趣味之中,岭上有云,云却不生在岭上,云浮岭上乃一种因缘;月落波心,月却不真落波心,波心中乃月在水中的倒影。

万古长空,一朝风月

有一首偈语专门述说"平常心是道":

　　春有百花秋有月,夏有凉风冬有雪。
　　若无闲事挂心头,便是人间好时节。

充满了对春夏秋冬人间事物的欣赏,是入世的,是在世的,但又不执着,不挂心，以空心入世。在现世之行与超世之心中达到了一种巧妙的平衡。禅道的平常心，其关键，其妙处，也就是在于这一平衡。

平常心，住行坐卧，穿衣吃饭，屙屎送尿，确实平常，但又是经过一番艰苦的修行才能获得的。禅宗对达到平常心的过程，有一种很好的说法：

参禅的第一境是由凡入圣。即从普通人的凡境进入佛教的圣境，这相当于前面青原禅师讲的从"见山是山、见水是水"到"见山不是山、见水不是水"。也就是学习佛理，用佛理来分析、看待现世的阶段。

第二境是由圣入凡。即由佛教的圣境又回到普通人的凡境，这相当于青原禅师讲的从"见山不是山、见水不是水"回到"见山仍是山、见水仍是水"。也就是以成佛之全身心去感受现世。一种内怀空心的平常心。

第三境是非圣非凡、即圣即凡。当由圣入凡之后，之所以区别于最初的"见山是山、见水是水"的凡，就在于由圣入凡后的凡是非圣非凡、即圣即凡。为了把这种即圣即凡区别于由凡入圣时的凡，特别要强调凡中的圣意。同样，为了把这种非圣非凡区别于由圣入凡之圣，又特别要强调圣中的凡意。因此大师们反复述说平常心是道。有了即圣即凡的佛境，禅者便呈现出不同于以往佛教的新的风韵。深知"本来无一物"，因此他对事对物、对人对己均不固执，明白"事物因缘而生"，因此他特别珍重已成的当下缘分。洞晓"主客本无二"，他对人对物、对事对己都一往情深，身与物化。深知"四大皆空"，他以空心入世，明晓"色即是空"，他入世而不累于世。

通过这三种境界的阐述，禅宗的"平常心是道"就有了一个清楚的界定。它的意味，就在于平常心与道的互渗互补，浑然一体，不知何者为道、何者为平常心这样一种合一的境界。

对于这种非圣非凡、亦圣亦凡的圣凡合一和不知何者为圣、何者为凡的境界，禅宗还有一种描绘，同样是三种境界：

第一种境界是"落叶满空山，何处寻行迹"。落叶是现世的活跃存在，空山是超现世的实相，落叶与空山、现世与超世，浑然一体，无从寻迹而又确然存在。然而，落叶呈出的是一种萧条之意，意味着现世中人的本体之思还在寻寻觅觅之中。

第二种境界是"空山无人，水流花开"。空山是超世的实相、水流花开是现世的活跃存在，花水与空山、现世与超世，浑然一体，花自盛开水自流，没有人为，一任自然，平常中有道，道寓于平常。然而，那水流花开呈出了一派生意，意味着现世中人正处在对佛的深深的体悟之中。

第三种境界是"万古长空，一朝风月"。万古长空是超世永恒实相，一朝风月是现世生动景象，现世与超世，浑然一体。万古长空呈出为一朝风月，一朝风月就在万古长空，既是永恒，又为现在，既显现在，又是永恒，亦圣亦凡的境界得到了一种最有诗意而又最平常的体现。

卷六

纵横家智慧

最圆滑的纵横家智慧

苏秦、张仪之流，凭借广博的历史知识、超人的胆略和无碍的辩才，或是南北合纵，或是东西连横，真可谓纵横捭阖、左右逢源，将天下玩弄于股掌之间。

纵横家智谋是中国智谋型文化中最无耻的一页。这种无耻表现在纵横家没有一定的政治主张和价值观念，他们行动的原则是"不管'东西南北'，只求有官可做"。

纵横家的产生有其漫长的历史过程。《汉书·艺文志》称："纵横家者流，盖出于行人之官。孔子曰：'诵诗三百，使于四方，不能专对，虽多亦奚以为？'又曰：'使乎！使乎！'言其当权事制宜，受命而不受辞，此其所长也。及邪人为之，则上诈谖而弃其信。"在这里，孔子和史家对"行人"的作用是很重视的，但最初"行人"还不是今天意义上的外交官，而是主管礼仪的官员。如《周礼·秋官》有"大行人"，其职责是"掌大宾之礼，及大客之仪，以亲诸侯"。又有"小行人"，其职责是"掌邦国宾客之礼籍，以待四方之使者"。但到了春秋时期，各诸侯国所设置的"行人"的职责已经与《周礼》中所记的行人有很大不同，他们不再以接待为主要职责，而是以出使各个诸侯国、执行外交使命为主要职责。

《左传》中就记载了许多"行人"优秀的外交辞令，从中可以看出，这时已经有人在有意识地使用"动以利害、巧辞服人"的说服术。到了战国时代，诸侯间的外交大势已经十分明朗，那就是各诸侯国联合起来（合纵）对付秦国，或是各诸侯国分别同秦国建立外交关系（连横）以求自保。为了适应合纵和连横的两种策略，同时一些士人也是为了在其中谋求个人的利益，便"仰禄而失道"，学习外交官"行人"的说服术，顺应这种历史潮流，奔走于各国之间。于是，"谋诈用，而从衡短长之说起"（《史记·六国年表》）。这样一来，纵横家就应运而生了。

在春秋战国时期，"纵横家"一语不是一个学派的名称，而是指春秋战国时期一个独特的谋士群体。尽管这样，纵横家的地位还是非常突出的，他们有自己的学说，甚至是各个学派中的显学。但关键之处并不在纵横家的学问上，而在于纵横家直接的现实效用。"一怒而诸侯惧，安居而天下熄"是对纵横家的巨大现实作用的准确描述。对于纵横家积极的历史作用，当时的人们就给予了肯定的评价，《战国策》曾经这样评价苏秦发起的合纵运动："不费斗粮，未烦一兵，未战一士，未绝一弦，未折一矢，诸侯相亲，贤于兄弟。"这个评价是非常高的。

与其他学派相比，纵横家现实实践中有三个特征：一、无从一而终的固定的君主；二、没有固定的政治主张；三、没有一定的价值标准，除了势利营求之外，没有道德束缚。苏秦和张仪无疑是当时也是整个中国历史上最著名的两位纵横家。纵观战国后期的那段历史，你会发现，其国际关系差不多完全是由两个智谋之人、舌辩之士左右的。先是苏秦的"合纵"，后是张仪的"连横"，这两个人把战国七雄当作一盘任由他们拨弄的棋，玩弄七雄于股掌之上。这真是人类文明史上的奇迹，在世界历史上恐怕也是绝无仅有的现象。人类古代历史上最为杰出的外交家恐怕非苏秦、张仪莫属。

不仅"连横""合纵"本身无所谓正义与非正义，就是拨弄"连横""合纵"的人也无所谓有无正义感。他们既不像同时代的庄子那样清高，也不像要教魏王、齐王实行"仁政"的孟子那样为理想奋斗不已，他们所有的信念就是权和钱，除此之外，没有什么崇高的理想和高贵的品德。相反，在他们身上体现出的是欺骗、狡诈、残忍、无耻的行为方式和一切以权势为标准的价值观念。如果就他们的所作所为总结其品德和为人的话，那就是"不管东西南北，只求有官可做"。

纵横家智谋也有自己完备的论述和系统，除了《韩非子》中的几篇论文以外，它的总结性的著作是《鬼谷子》。这部书从各个方面论述了游说的技巧，是一部杰出的智谋方面的著作。通过简要地介绍这部著作的章目，就可以很清楚地了解纵横家智谋的全貌。

该书的第一章讲游说中的纵横捭阖，左右逢源，要求纵横家要有高瞻远瞩、纵观全局的认识高度；第二章是讲反应，用今天的话来说，就是要善于捕捉信息、处理信息，能够见微知著，洞烛幽微；第三章是讲要善于揣摩君主的心理，能够迎合并进一步征服被游说的对象，就是"结内"，使对象能够真正地心服并喜欢你；第四章是讲在具体的游说过程中要善于弥缺补漏、随机应变，使自己的说辞天衣无缝；第五章是讲在游说的过程中要先使对方激动，使对方充分暴露自己，等到对方情志衰竭的时候，再抓住其心理，唆使对方去实现自己所想望的东西，对方就会被说服，乖乖地听命；第六章实际上是讲在游说过程中不要显得太直露，好像在哀求人一般，而要先忤后合、以忤为合；第七章是讲揣情度理；第八章是讲通过刺激、试探以引起对方的反应，从而了解内情；第九章是讲度量权衡利弊祸福；第十章是讲如何谋划说服人的策略；第十一章是讲要能够不失时机地决情定疑，果断处理游说中遇到的问题；第十二章是讲如何才能使自己的言辞和实际情况一致；第十三章是讲圆融灵通。

纵横家智谋是春秋战国时期特定的国际形势的产物，其兴也快，其衰也速。在汉代建立了大一统的帝国以后，纵横家智谋就很难再有用武之地了。虽然历代都有余音，但却很难再有大的发展了。

纵横家智谋的文化特点对我们的民族根性也有一定的不良影响，主要表现在对"有奶便是娘"的无原则的功利意识的倡导上。另外，纵横家的论辩滔滔的语言特色对中国的文学也有一定的影响。

不管"东西南北"，只求有官可做

当代诗人北岛这样说过："卑鄙是卑鄙者的通行证，高尚是高尚者的墓志铭。"这话透显出了人性与历史的悲剧意识，然而，历史也正是在这样的悲剧意识中奋然前行的。

　　一般说来，传统中国人的理想是当官，而不是当英雄。当官有权，有了权也就有了钱，荣、华、富、贵四个字真可谓形容尽了当官的好处。一旦当官，不仅在物质享受上得到了满足，被众人艳羡的虚荣心得到了满足，受人尊重、令人敬畏的权欲得到了满足，就是从道德上也得到了社会的承认，所谓光宗耀祖，正是这个意思。当英雄就不然了，在中国历史上，英雄大多没有好下场，富、贵往往是没有的，就是荣、华也要拜人所赐。所以，中国人是宁愿当官而绝不愿当英雄的。

　　只要当上官，不论你曾采取过什么手段，不论你是为了什么目的，你都是成功者，舆论一般都会站在你这一边。"成者王侯败者寇"，说的正是这个意思。中国人虽经常高喊"不以成败论英雄"，但在现实当中却很难做到。因此，他们往往并不为了某一理想、某一原则去做官，而是把做官当作目的。春秋战国时期主张南北"合纵"抗秦的苏秦和主张东西"连横"自保的张仪，就是这方面的典型代表，真所谓不管"东西南北"，只求有官可做。

　　苏秦的家庭有一定的社会地位和经济实力，但他不满足于丰衣足食的小康生活，想出人头地，想被人羡慕，想被人畏惧。于是，他根据当时的形势，努力学习各种权谋之术，分析当时各国的关系，准备去游说秦王，以获取很高的职位。

　　他穿上貂皮制的华贵衣服，带了一百斤黄金，来到了秦国，上书给秦惠王说："大王，您的国家西边有巴、蜀、汉中丰富的物产供您使用，北边有胡、代地出产的马匹，向南则有巫山、黔中作为屏障，东边有崤山、函谷关等险阻。秦国真是田地肥沃、人民富足；有万辆战车，有百万雄师；沃野千里，地势险要便利，储藏丰富，这是天府之国，也是可以称雄天下的国家。以大王您的贤能，以秦国众多的人口，以那么多的战车以及纪律严明的军队，足可以并吞诸侯，据有天下，统治四海。希望大王您能听听我的意见。"

　　苏秦讲了这么一通大道理，秦惠王的回答却客气而又冷淡，其主要原因大概是由于他刚刚杀了卫鞅，不太喜欢外国人，又加上时机还不太成熟，或是苏秦只讲一些大而无用的道理，却无具体方法。秦惠王回信说："我倒听说过：羽毛如果不丰满，就不能飞得很远；礼乐制度不成，不能够随便惩罚别人；道德修养不够深厚，也不能教导役使别人；政治法令没有理顺，也不能随便去烦扰大臣。现在先生您不远千里来到秦廷上教导我，还是等秦国具备了条件再听您的意见吧！"就这样，苏秦被秦王赶了出来。

苏秦接连上了十多次书，在秦国住了一年多，秦王始终没被说动。看着盘缠已花完了，身上的貂皮裘衣也穿破了，苏秦没有办法，只好回去。一路风尘仆仆，回到家时，只穿着用皮带绑缠着的草鞋，背着书，担着行囊，形容枯槁，面目黧黑，满面羞愧。等回到家里，家人知他求职失败，都不理他。妻子看他回来，连织布机都不下，嫂子也不替他做饭，父母连话都不跟他说。苏秦所受的冷遇够令他伤心的了。

他叹息说："妻子不拿我当丈夫看，嫂子不拿我当小叔看，父母不拿我当儿子看，这都是秦王造成的啊！我一定要想法报此被辱之仇。"

于是，苏秦当夜就把书都找了出来，在屋子里陈列了几十种，其中有一种是姜太公的兵法《阴符》，专讲权谋之术。苏秦如获至宝，连夜背诵揣摩。就这样，苏秦发愤读书，甚至以锥刺股，并告诫自己说："哪里有游说国君而不能获得锦衣美食，不能据有卿相之位的呢？"经过一年的苦读和潜心分析，苏秦各方面的水平都有了很大的提高，他终于充满信心地说："这回确实可以游说国君了！"

苏秦为了向兄弟求得路费，就跟苏代、苏厉谈论太公兵法上的道理，苏秦的精彩分析说服了苏代、苏厉，他们不仅拿出许多钱送给苏秦，自己也开始研究起这些问题，后来也成了有名的说客。

苏秦这回决心合纵抗秦。

他先来到赵国，想结交赵肃侯的兄弟秦阳君，没料到一开始就碰了个钉子。他并不灰心，继续北上，来到燕国。在燕国等了一年多，也未见到燕文公，钱已用光了，只好借了掌柜的一百个小钱度日。一天，燕文公出来，苏秦就趴在地上求见。燕文公听说他就是曾经游说过秦王的苏秦，就把他带回宫里。在那里，苏秦对燕王讲了一番道理。苏秦说："燕国在列国之中并不是个大国家，论土地，只有两千五百里，论军事力量，也只有六百辆兵车、六千名骑兵、十几万步兵。南面的齐国和西面的赵国都比燕国强大得多，却连年战乱不断，只有燕国得保平安。为什么呢？就是因为西面有赵国挡住了强秦，使秦国不能越过赵国来打燕国。赵国一旦投降秦国，那么，秦国马上就会进攻燕国。您现在不同赵国交好，却去同秦国结成联盟，这实在是不正确的策略。况且如果惹怒了赵国，赵国的兵马朝发夕至，您又怎么能抵挡呢？正确的策略应该是同秦国绝交，大家联合起来一起对付秦国。这样，各国才能自保。"

燕文公很同意苏秦的看法，只是怕各国人心不齐，苏秦就主动要求去联合各国。燕文公当然很高兴，就给了他许多车马、黄金和从人。苏秦来到了赵国，赵肃侯很热情地接待了他。苏秦对赵肃侯说："中原最强的国家是赵国，而赵国又与韩、魏接壤，秦国要想向中原发展，就必须先攻下赵国。现在秦国不敢来攻赵，是因为有韩、魏做挡箭牌。但如果秦国奋力攻打韩、魏，韩、魏并无高山大河做险阻，是很容易被打下来的。到了那时，赵国可就危在旦夕了。现在各国都同秦国交好，纷纷割让土地，可秦国贪得无厌，非把你的土地吞完不可，这是什么策略呢？中原各国再加上楚国如果能联合起来，土地比秦国大五倍，兵力比秦国多十倍，还怕秦国什么呢？我希望能大会诸侯，订立盟约，六国一起抗秦。"

赵肃侯当时十分年轻，正是一个血气方刚的青年，听到苏秦有合纵抗秦的办法，自然十分高兴。他立刻给苏秦一百辆马车、一千斤金子、一百双玉璧、一千匹绸缎，请他去约会各国的诸侯。正在这时，秦国打败了魏国，魏国献出十座城求和。赵肃侯听了很焦急，害怕秦国接着攻打赵国，就忙请苏秦商量。苏秦一面忙着备战，一面用激将法利用张仪，让张仪在秦国当上了客卿，说服秦国，使它不来攻打赵国。苏秦安定了赵国后，就开始游说其他诸侯国。

由于当时的情势所迫，韩、魏、齐、楚等国都十分同意合纵抗秦，苏秦的游说进行得很顺利，取得了很大的成功。他自己也做了六个诸侯国的宰相，挂了六国相印。他从楚国返回赵国，一路上前呼后拥，威风凛凛，真是史无前例的壮观场面。

苏秦当然不会"三过家门而不入"，他正要显示一下自己的威风。在路过洛阳时，他的父母亲自来到路旁迎接，他的嫂子扫地三十里，趴在地下不敢抬头，至于苏秦的妻子，只能远远地躲在一边，侧目而视，正眼都不敢瞧一下，只是竖起耳朵偷听。苏秦问他的嫂子说："嫂嫂为什么先前对我十分倨傲，而现在对我十分恭敬呢？"苏秦的嫂子说："因为叔叔您权大位尊而又有很多很多钱啊！"苏秦感慨万分地说："唉，贫穷的时候连父母都不认我，富贵以后亲戚也畏惧我。人生在世，势力权位以及富贵难道是可以忽视的吗？"

公元前 333 年，燕、韩、齐、魏、楚、赵六国会于赵国的洹水，歃血为盟，结为兄弟，互相支持帮助，共同抗秦，并推苏秦为"纵约长"，挂六国相印，专门办理合纵事宜。

应当说苏秦在一定时间内、一定范围内、一定程度上对减少战乱还是有一定的功劳的。《战国策》就曾这样评价苏秦发起的这次合纵运动："不费斗粮，未烦一兵，未战一士，未绝一弦，未折一矢，诸侯相亲，贤于兄弟。"但千万不可忘记，苏秦倡导合纵的动机仅是为了能有官做，六国合纵也只是为了自身的利益来缔结暂时的军事同盟。

苏秦的事业不可谓不"辉煌"，其独特的外交成就也是绝无仅有的，不过，他的结局却并不完满，其实这也是由他所从事的事情及其行为方式决定的。

秦王听说六国合纵，十分震惊。大臣公孙衍主张先打赵国，因为赵国是合纵的发起人。张仪连忙反对，认为六国刚刚合纵，不宜力取，若是去其一国，五国支援，那就不好办了，不如先拉拢其中的几个国家，慢慢地拆散盟约。可以先把魏国割让的城池退回几座，魏国一定感激，其他盟国一定猜忌，然后再把大王的小女儿嫁到燕国，同燕国结亲。这样，他们合纵的盟约就会被拆散。张仪出这样的计策，一方面确实有效，能够取得秦王的信任；一方面又遵守了不让秦国进攻赵国的诺言。

秦王依照张仪的计策去办，燕、魏果然同秦国交好。赵王很着急，立刻派苏秦去责问燕国，没想到燕王又向他诉苦，说是齐国夺去了燕国的十座城池，要求苏秦替他想想办法，苏秦又被迫来到齐国。苏秦对齐王说："您如果能退还那十座城池，燕国会很感激，燕王也会信任您。这样，您就有可能号令天下，建立霸业。"齐王本来雄心勃勃，因没有做上纵约长国家委屈得很，苏秦这么一说，正中下怀，就归还了燕国的城池。

燕王虽然十分高兴，但因苏秦跟燕王的母亲有私情，所以燕王并不看重他。苏秦心里也明白，六国合纵的首要问题是势力均衡，否则，合纵是绝不会长久的。他见燕王对他冷淡，就对燕王说："我现在对燕国已无多大的用处了，不如到齐国去，明里做臣下，暗里为燕国打算。"燕王正巴不得他离开，就派他去了。

齐宣王声色犬马无所不好，苏秦就迎合他的毛病，替他广搜美人，大造宫殿，为他父亲大办丧事。齐宣王虽然糊涂，但他的臣下田文等人却看得明白，这是消耗齐国的财力，要弄乱齐国的政治，弄垮齐国。田文等人就背地里派人去刺杀苏秦。刺客把匕首扎进苏秦的腹部就跑掉了。苏秦一时未死，挣扎着去见齐王，小声对齐王说："我死之后，请把我的头挂在街上悬赏，就说我私通外国，有知道秘密的人快来揭发，就能抓住刺杀我的人。"齐王照着苏秦的话去做，果然抓到了刺客。

苏秦死后，合纵之约瓦解更加迅速，尤其是苏秦替燕国破坏齐国的消息传出以后，齐、燕之间的矛盾更加激化。这样，散纵连横就成为秦国近期的外交目标了。

秦惠文王立即拜张仪为相国，让他办理连横事宜。张仪本是穷苦出身，据说曾同苏秦一起读过书。与苏秦一样，张仪也是一个十分热衷于功名利禄的人。在未仕之前，他也曾经历过了艰苦的漫游过程。他曾做过楚国的下等客卿，一次，楚令尹昭阳家传观和氏璧时，因忽来大雨，大家在纷乱中把和氏璧丢失，昭阳的家人见张仪衣着褴褛，一口咬定为他所偷，把他打得皮开肉绽，几乎死去。后来，张仪听一个叫贾舍人的商人说苏秦在赵国做了相国，就前去拜见，没想到苏秦对他极为傲慢，这使张仪极受刺激，发誓要闯出一条路来。在他衣食无着、山穷水尽的时候，又是贾舍人帮他来到秦国，并替他花了大量钱财打点公门，使他当上了秦国的客卿。张仪对贾舍人万分感激，但贾舍人临走之前说："这一切都是苏相国一手安排的，连我自己也是苏相国的门客。相国怕您在赵国得到了一官半职就满足了，况且相国认为自己的才能不如您，不宜在一国为官。所以才特意激励您的志气，把您安排到秦国来，希望您以后劝说秦王不要攻打赵国。"张仪听了，既感动又佩服，从此再也不认为自己比苏秦更有才能了。

这次他被秦王任命为相国，楚怀王很害怕，怕他要报和氏璧受辱之仇，就赶紧先下手为强，依照苏秦的想法，会盟六国，一起出兵进攻秦国。但他一连发动了两次进攻，都因各国军队军心不齐、战斗力不强而以惨败告终。

秦惠文王虽打败了六国军队，但齐、楚仍很强大，要想进攻齐国，就必须破除齐、楚联盟。于是，秦王派张仪带了许多礼物来到楚国，张仪先用重金买通了楚王的宠臣靳尚，又把六百里商于之地许给楚国，再加上花言巧语，昏聩贪婪的楚王竟然同意了张仪的要求，派人前去辱骂齐王，同齐国绝交，同秦国建交。但派去接受商于之地的人一年后才回来，终于弄清张仪的话里全是欺骗。楚王大怒，发兵十万攻打秦国，结果楚国在秦、齐两大军事强国的夹击下一败涂地，从此元气大伤。

后来楚怀王曾用黔中之地换得张仪，但经不起张仪蛊惑之术，又把他放回了秦国。楚怀王总是受骗，最后死于从秦国逃回的途中。

张仪功劳很大，秦王封他为武信君，并让他带足钱财，周游列国，实行"连横"计划。张仪首先来到齐国，对齐宣王说："楚王已同秦王成了儿女亲家，韩、赵、魏、燕四国都送土地给秦国，相结为好，独有您孤立无援，如果六国一起围攻您，您打算怎么办呢？"到了赵国，又对赵武灵王说了这一通话，并拿齐国当幌子，号召诸侯。赵武灵王虽有雄才大略，但毕竟为情势所迫，也只好求和。到了燕国，燕国的新君表示愿把五座城池奉献给秦国。

张仪可以说满载而归，外交使命完成得非常漂亮。但回秦国时秦惠文王已死，秦武王即位。武王平时很讨厌张仪，张仪就不得不设法脱身。他对武王说："齐王知道我骗了他，恨我入骨，我如果到魏国去，齐国肯定会攻打魏国。在齐、魏交战时，秦国就可趁机攻下韩国，您也就可以到周天王的都城去看看了，周朝的天下说不定就是大王的。"武王听得心花怒放，就派张仪去了魏国。

魏王拜张仪为相国，齐王知道后立刻派田文通知各国，重新结盟攻打魏国，并以十座城池的赏格捉拿张仪这个骗子。魏王十分着急，但张仪却自有主张。他派心腹冯喜假装成楚人去对齐宣王说："大王既恨张仪，就不该成全他。我从秦都来，听说张仪离秦赴魏乃是一计。大王如果攻魏，秦国就会打下韩国，占有成周。您如今果真攻魏，不是正中圈套吗？"齐王恍然醒悟，撤回了军队。

魏王当然更加信任张仪，张仪也最终完成了连横计划。

公元前310年，张仪病死。纵观这一段历史，真可称得上是"国际风云变幻"。一会儿南北联合，一会儿东西联合，各个国家间的关系也十分微妙复杂，真是瞬息万变。就是在当今复杂的世界格局中，也很难看到如此变幻无方的国际关系。尤其令人注意的是，这种复杂的关系差不多完全是由两个智谋之人、舌辩之士左右的。先是苏秦的"合纵"，后是张仪的"连横"，这两个人把战国七雄随意坑弄于股掌之间。

不管你东西"连横"还是南北"合纵"，不管你杀多少人，流多少血，不管是正义还是非正义，只要有我的官做，有我的荣华富贵，就一切都无所求了。当你面对如此"丰富"的智谋遗产的时候，是否会有深深的感喟呢？

（参见《战国策》等）

晏婴进谏有道

晏婴是春秋战国时期一位十分著名的人物，这倒并不完全因为他出色的政治才能及突出的民本思想，还由于他的滑稽多智。除《晏子春秋》以外，还有许多书记载了他的事迹，下面记述的就是几则晏婴进谏的故事。不过，读过这些故事之后，又会产生某种说不出来的感觉。**一位堂堂正正的大臣，不能用堂堂正正的方式来进谏，反倒要用类似优伶的方式来警醒君主，这多少令人感慨。**

齐景公有一匹心爱的马，被他的马官杀掉了。景公听说以后，十分恼怒，操起戈就要亲自杀死马官。晏婴看到了，就对景公说："你就这样杀了他，他连自己的罪过都不知道，死了也不明白，我请求为您历数他的罪过。"

景公不知晏婴的意图，就答应了。晏婴举着戈走近马官，对他说："你为我的国君养马，却把马杀掉了，大罪当死；你使我的国君因为马被杀掉而杀掉养马的人，此罪又当死；你使我的国君因为马被杀而杀掉养马的人的事，传遍四邻诸侯，使国君蒙受了不仁的名声，此罪又当死。"齐景公一听，马上说："您放了他吧，不要损害了我的仁德。"

宋宗元评论说，君主的威势雷霆万钧，当他盛怒之时，谁也不能触犯他，他的意志是很难改变的。马官固然有罪，只是不至于以死来惩罚。晏婴历数了他的罪过，故意夸大他的罪行，言外之意责备齐景公滥用刑罚。齐景公也是明白人，他听了晏婴的话，自然会幡然悔悟。晏婴也确实是一位善于劝谏的人。

有一天，一个人犯了一点儿罪，齐景公非常生气，命人把他分尸。又说："谁敢来劝谏我，就杀了他。"

这时，晏婴走过来，左手扶着罪犯的头，右手拿着刀，抬头望着景公，说："自古以来，圣主明君将人分尸，不知从什么时候开始，您能告诉我吗？我也好效法他们。"

景公听了，恍然大悟，立即放弃分尸的刑罚。

有一次，景公饮酒，七天七夜不停，大臣们知道他的脾气，都不敢来劝谏。

弦章忍不住了，进谏说："君主饮酒已七天七夜，希望君王不要再喝酒了。如果不停止饮酒，我就自杀。"

晏婴听说了这件事，去拜见景公，景公说："弦章劝谏我说，希望我不要喝酒了，否则他就自杀。如果听他的，那么我就是被臣下牵制了；不听他的话，又不忍心见他自杀，我该怎么办呢？"

晏婴说："多么幸运啊！弦章遇到的是一位贤君。假使弦章遇到了一般的君主，早就被杀了，哪里还能等到今天呢？"

景公听了晏婴的话，有所醒悟，就不再喝酒了。

有时候，一般的劝谏是不起作用的，而戴高帽往往是一种有效的方式。在中国古代的进谏艺术中，这是一种常用的方式，晏婴此次劝谏齐景公就是巧妙而成功地运用了这种方式。

晏婴不仅才华出众，而且以仁德为怀，受到了国君的尊重，也受到了普通百姓的爱戴。下面这个小故事虽然平淡无奇，却能反映出晏婴的为人处世之道。

齐景公在一个地方种了竹子，派官吏看守。一天他外出，经过竹林附近，恰巧发现有人砍伐竹子，于是把伐竹的人拘押起来，准备处刑。晏婴知道了这件事，就说："君王知道先君丁公是怎样行事的吗？"齐景公问："不知道，是怎样行事的呢？"

晏婴回答说："丁公打曲沃，攻下曲沃城时，下令任何人不得把财物运出城，而百姓可以自由进出。一天，有人抬着死人出城，丁公觉得很奇怪，叫人打开棺木检验，发现里面全是金玉。官吏建议杀了他们，丁公却说，我们用军队攻占别人的城池，借着人多势众来强取别人的财物，已经是不仁道了，况且治理人民的领袖，应该宽怀大度，对众人慈爱，不能随便杀人。于是命令官吏放了那些人。"

景公听了，说："你的话很好。"就令人放了砍竹子的人。

语言是一门高深的艺术，如何运用这门艺术也是十分有学问的。同一种事物，从不同的人的口里说出来，用不同的语言说出来，也许效果会是大相径庭的。下面这个例子有助于我们理解文雅和粗野的区别。

景公背上长了个毒疮，高子和国子两个人向景公请安，景公对他们说："你们有必要看看我的疮病。"高子就上前抚摸景公的长疮处。景公说："毒疮热吗？"高子说："很热。"景公说："热得怎样？"高子答："像火一样。"景公又问："毒疮是什么颜色？"高子说："像没熟的李子。"景公又问："大小如何？"答："像食豆一样大小。"景公接着问："瘪进去的地方是什么样子？"高子答："像旧皮鞋断裂之处的样子。"

高子、国子走后，晏婴求见。景公传话对晏婴说："我有重病，不能穿衣戴帽出来接见先生，先生能屈尊来看看我吗？"晏婴走进内室，叫内官端来洗手的用具，让车夫取来手巾，用刷子把手洗干净，让手在水中慢慢变热，然后打开景公身上的被子，掀了掀景工身下的褥子，然后跪在床边，抚摸景公身上的毒疮。景公说："毒疮热得怎样？"晏婴答："像太阳光一样热。"景公又问："是什么颜色的？"晏婴答："像青色的玉石。"景公问："大小如何？""像玉璧。"景公接着问："凹瘪的地方是什么样子？"晏婴答："像玉圭。"

晏婴走后，景公很感慨地说："我不见道德修养很好的人，真不知粗鄙之人的愚笨啊！"

晏婴的机智善辩、学识渊博，也使他在外交中显露出与众不同的风格。他政绩卓著，很有"国际"声望，只是身材相貌不太雅观。因此，无聊的国君有时就拿这一点跟他开玩笑。

有一次，晏婴出使楚国，楚王故意捉弄他，在城门的旁边开了一个小门，意思是想取笑晏婴的身材矮小。

楚国人请晏婴从小门进去，晏婴说："如果出使狗国的话，那是应该从狗门进去。现在是出使楚国，不应当从这个门进去。"

接待人员只好让他从大门进去见楚王。

楚王见到了晏婴，说："齐国没有人才吗？"因为晏婴其貌不扬，所以才这样说。

晏婴回答说："齐国光是临淄城就有三千闾（当时一闾等于二十五家），大家举起袖子就会连成帷幕，一挥汗像下雨一般；人挤人，肩挨肩，脚跟接着脚跟，怎会没有人才呢？"

楚王说："既然如此，怎么会派你这种人来呢？"

晏婴说："齐国派遣使者，是以才德做标准的。派贤者出使有贤能君主的国家，派不肖的人出使有不肖国君的国家。因为我最不肖，所以就被派来出使楚国了。"

楚王听了，一句话也说不出来。

晏婴的回答既十分机智，又十分得体，不要说是楚王那样愚蠢的人，就是比楚王再聪明十倍的人恐怕也无话可说。看来，"辱人者必先自取其辱"这句话还是很有道理的。

楚王事先派人绑着一个人来到宫廷，让侍卫押着走过楚王及晏婴的面前。楚王故意把他们叫住，问发生了什么事。楚人报告说："这个齐国人涉嫌偷盗。"

楚王转过脸来，对晏婴说："难道齐国人是擅长偷盗的吗？"

晏婴一点儿也不紧张，非常随意地说："我听说，出产在淮南一带的又香又甜的橘子，一到了淮北就变成了又苦又涩的枳。这是为什么呢？是因为环境的关系啊！现在这个齐国人在齐国不偷盗，来到楚国却偷盗，岂不是环境的关系吗？"

楚王无言以对，讨了一个老大的没趣，只好苦笑着说："我想取笑你，没想到却取笑了我自己，真是不可随便对贤明的人开玩笑啊！"

晏婴的故事妇孺皆知，但语言上的智慧绝不仅仅是搬弄口舌，这与他的内在学养和凛然正气是分不开的。

（参见《晏子春秋》等）

少年英才巧舌取五城

秦国的甘罗是一位少年英才，十二岁就出使他国，凭着杰出的才能，为秦国争得了很大的利益。

秦国的宰相文信侯吕不韦想派张唐出使燕国，希望与燕国合攻赵国，以扩充秦国在黄河流域一带的领土。

张唐对吕不韦说："我曾经帮秦昭王攻打赵国，赵国是非常恨我的，曾悬赏抓我，说'抓到张唐的人赏百里的土地'。如果要我到燕国，一定得经过赵国，我恐怕去不了燕国。"

吕不韦很生气，但并未勉强张唐。

甘罗见了，就问道："君侯为什么这么生气呢？"

吕不韦说："我亲自请张唐出使燕国，他却不肯去，真是不像话。"

当时甘罗才十二岁，说："让我试一试，我可以要他去。"吕不韦斥责他说："滚吧！我亲自去请他都不肯，你是一个乳臭未干的小孩子，会有什么好办法要他去？"

甘罗说："当年孔子曾拜七岁的孩童为老师，而我现在已经十二岁了，君侯不妨让我去劝他呀！您何必发这么大的脾气呢？"

吕不韦同意了。甘罗找到张唐，对他说："你的功劳比起武安君（秦国大将白起的封号）的来，谁的更大？"

张唐说："武安君曾经挫败了南方强大的楚国，威震北方的燕国，屡战屡胜，攻城略地，攻下的城池不计其数，功劳当然比我大，我怎么能跟他相比呢？"

甘罗说："那依你看来，以应侯（秦国的故相范雎）在秦国的权力，比起文信侯，哪一位更专权？"

张唐说："应侯当然比不上。"

甘罗说："先生明明知道应侯不如文信侯专权，应该也知道当初应侯想攻打赵国，武安君不同意他的意见，结果一离开咸阳，还不到七里路，就被迫死在杜邮，这件事您总该知道吧？现在，文信侯亲自请你去燕国，你却不去，据我看来，你将不得好死。"

张唐听了甘罗的话，如梦初醒，说："多亏您的提醒，我听您的，这就去。"

张唐出发几天之后，甘罗对吕不韦说："借我五辆车，让我先到赵国为张唐铺垫一下。"

吕不韦见了秦王，征得了秦王的同意后，派甘罗到赵国。赵襄王到郊外亲自迎接甘罗。甘罗说："大王知不知道燕国太子丹被送到秦国当人质的事？知不知道张唐到燕国的目的？"

赵王说："我知道了。"

甘罗说："燕国太子丹到秦国当人质，表明燕国不敢欺骗秦国；张唐到燕国，表明秦国不敢欺骗燕国。秦、燕一旦合作，是想攻打赵国，以扩充黄河流域的领土，大王不如先给我五座城，用其扩充秦国在黄河流域的领土。然后，秦国把燕国的太子送回，再与赵国一起攻打燕国。"

赵王听从了甘罗的话，立刻把五座城送给了秦国，秦国也把燕国的太子送回燕国。赵国于是攻击燕国，攻占了上谷一带的三十座城，让给秦国十分之一。

甘罗回到秦国，秦王就封他为上卿，又将当年甘茂所有的旧地、房舍赏给了甘罗。一个十多岁的孩子就如此懂得人世的利害，真是令人感慨万千！

（参见《战国策》《经世奇谋》等）

范睢入秦，远交近攻

秦国在其发展的关键时刻采取了两项十分及时的措施，一是实行远交近攻的军事和外交策略；二是把分散的大权重新集中到了秦王的手中。而这一切，都是范睢的智谋。

范睢到了秦国，秦昭王在宫廷迎接他，对他说："我早就应该领受您的教导了，只是近来因为义渠的事情十分紧急，我每天都要请示太后。现在，义渠的事情已经结束，我才能亲自向您请教。我深感自己不敏，请以宾主之礼相见。"范雎推辞谦让。这一天秦昭王会见范雎，在场所有人都因为吃惊而变了脸色。

秦王令左右的人退出，除秦王和范雎外，宫中再也没有别人在场。秦昭王跪坐着向范雎请教说："先生准备用什么来使我有幸得到教诲呢？"范雎只是恭顺地答道："是，是。"过了一会儿，秦昭王又问范雎，范雎还只是恭顺地答应着："是，是。"秦昭王问了三次，都是如此。秦昭王长跪在座席上说："先生是不是不肯指教我呢？"范雎道歉说："不敢这样。我听说当初吕尚遇见周文王的时候，吕尚身为渔父，只是在渭水之滨钓鱼而已，像他们这样的人，相互间是很生疏的。文王听了他一席话，就封他为太师，和他一起乘车回去，是吕尚的话深深打动了文王。所以文王果然因为用吕尚而建功立业，终于取得了天下，自己也当上了帝王。假使文王疏远吕尚而不愿意与之深谈，就说明周朝没有做天子的德行，文王、武王也就无人相助，帝王之业也就无法建立了。现在我只不过是一名寄居秦国的旅人，和大王没有什么交情，而我所想说的又都是军国大事，我虽然很愿献上自己的愚忠，却不知道大王的心思究竟怎样，大王三次问我，我都不对答，就是这个缘故。我并非恐惧而不敢说，即使知道今天在大王面前把话说了，明天就被处死，我也无所畏惧。大王如果相信并采纳我的意见，那么死也不会使我害怕，流亡不会使我感到担忧，漆身生癞、披发佯狂也不会使我感到耻辱。像五帝这样圣明的人也要死，三王这样仁爱的人也要死，五霸这样贤能的人也要死，乌获这样有气力也要死，孟贲、夏育这样的勇士也要死。死，是人所不能避免的。处于这种必不可免的情况下，可以稍有补益于秦国，这就是我最大的愿望，我又有什么可怕的呢？伍子胥藏在布口袋里逃出昭关，夜晚行路，白天隐伏，到了菱水没有吃的，手膝并用在地上爬行，在吴国的街市上讨饭，但最终复兴了吴国，帮助阖闾成就了霸业。如果能让我像伍子胥一样进献计谋，即使对我加以囚禁，让我终身不再与亲人相见，只要我的计谋得以施行，我担忧什么呢？箕子、接舆漆身生癞，披发佯狂，对殷朝和楚国无所帮助，我如果能够像箕子、接舆一样，可以对贤明的君主有所补益，就是我最大的荣幸，我又有什么耻辱呢？我所担心的绝不是我个人的生死，只是怕我死之后，天下人见我为大王尽忠而亡身，因此就闭口停步，不肯再尽忠于大王了。大王您上怕太后的威严，下受奸臣的迷惑，居于深宫之中，为佞臣所包围，终身糊涂愚暗，不能识破奸邪。其结果大则国家危亡，小则自身孤立危险。这才是我所担心的啊！至于我个人，什么困窘出逃，贬窜死亡之类，都不足以使我害怕。如果我死了而秦国得以治理，也是死胜于生了。"

秦昭王直身长跪在座席上说："先生这话从何说起？秦国偏僻遥远，我又愚昧无能，幸亏先生到这里来，这是上天让我烦劳先生，使先王的宗庙得以保存。我能够受教于先生，这正是上天钟爱先王而不抛弃他的后嗣啊！先生又何至于说这样的话呢？无论何事，上至太后，下至大臣，都希望先生能给我指点，不要有什么疑虑。"范雎听了，向秦昭王再拜称谢，秦昭王向范雎再拜还礼。

范雎说："大王的国家，北面有甘泉、谷口，南面环绕着渭水、泾水，右面是陇、蜀，左面是函谷关、武关和崤山；有战车千乘、甲士百万，凭着秦国军士的勇猛、车骑的众多与诸侯作战，就像让天下最快的猎犬去追逐瘸脚的兔子一样，霸主的功业可以成就。如今反而不敢发兵以探山东诸侯的虚实，这是因为穰侯不能尽心为国谋划，而大王的考虑也失当了。"秦昭王说："我想听一听秦国的失算在什么地方。"

范雎说："大王发兵，越过韩国、魏国，去攻打强大的齐国，这个考虑是十分不当的。出兵少了，不能损伤齐国；出兵多了，对秦国又造成了损失。我猜想大王是想少出兵，但全由韩、魏两国出兵于情理上又说不过去。现在，秦国发现盟国不怎么可靠，又要越过这些国家的边境去攻打齐国，这怎么行呢？这在策略上太疏忽了。从前，齐国攻打楚国，获得了很大的胜利，两次辟地千里，结果齐国不曾得到一寸土地，难道是齐国不想得到土地吗？显然不是。是形势不能允许齐国占有土地啊。诸侯看到齐国军队常年在外，国家十分凋敝，于是联合起来共同进攻齐国。结果，齐王逃走，齐军大败，被天下人耻笑。齐国之所以会落得这样的下场，就是因为它攻打楚国，使韩、魏两国得到便宜。这实际上就是把兵器借给强盗，用粮食来资助小偷啊！大王不如采取'远交近攻'的策略，得到一寸土地，这一寸土地就是大王的土地；得到一尺土地，这一尺土地也就是大王的土地。现在大王舍近而攻远，这不是十分错误吗？再说，从前中山这个国家，方圆五百里，后来被赵国所吞并，利益尽归赵国所有，天下各国都不能把赵国怎样。现在韩国、魏国位居中原，其地理形势是天下的枢纽。大王如想成就霸业，就必须占据中原以掌握天下的枢纽，以此来威胁楚、赵。赵国强大了，楚国就来亲附；楚国强大了，赵国就来亲附。楚、赵都来亲附了，齐国必定感到害怕，齐国害怕就会带着重礼来听命于秦。齐国亲附于秦国之后，韩国和魏国就可以攻灭了。"

秦昭王问："我想和魏国结交，但魏国是个反复无常的国家，我无法亲近它。请问我如何才能使魏国与秦国结为盟国呢？"范雎说："用谦卑的言辞和厚重的礼物去侍奉它；这样如果不行，就割让土地去贿赂它；再不行，就发兵去讨伐它。"

于是，秦国发兵攻打魏国邢丘，邢丘攻下后，魏国请求依附秦国。范雎说："秦国与韩国的地形，像各种颜色混杂在一起，不如将韩国收服。韩国对于秦国来说，就像树木上的蛀虫，人心腹里的疾病。天下不发生战事便罢，如果发生战事，没有哪个国家对秦国的危害比韩国更大的了。"秦昭王说："我想收服韩国，韩国不服从，我该怎么办？"范雎说："发兵进攻韩国的荥阳，通往成皋的道路就被阻断了，北面再断绝太行山的隘道，韩国上党地区的军队就不能向南增援。如果能一举攻下荥阳，则韩国就被截为三部分。韩国看到将要灭亡了，还会不服从吗？韩国服从了，秦国的霸业就可成功了。"秦昭王说："好。"

范雎说："我住在东方时，只听说齐国有田单，不听说齐国有国君；只听说秦国有太后、穰侯、泾阳君、华阳君，不听说秦国有大王您。只有能掌握整个国家，才能称得上是王；能不受约束地施行生杀予夺的大权，才能称得上是王。现在，太后独断专行，无所顾忌；穰侯擅派使者，也不向大王报告；泾阳君、华阳君处理事情毫无忌讳。国家存在着这样四个权贵，使秦国的大权四分五裂，国家难免陷于破败。国人都处于四个权贵的威权之下，这就是所谓的秦国无王。这样一来，国家的权威怎能不受损害，政令哪能从大王这里发出呢？我听说：'善于治国的君主，对内加强他的权威，对外注重他的权势。'穰侯的使者操持大王的权势，分割诸侯的土地，擅自发号施令，征伐敌国，没有敢不听从的。战胜敌国，夺取土地所获利益都归于陶邑；秦国困顿，就要受制于诸侯，战事失败，百姓生怨，导致国家受祸。《诗》说：'果实太多了，树枝就会折断了，树心就要受伤；封邑的城太大了，国家就要受威胁；臣子的地位太高了，国君的地位就要下降。'淖齿掌握了齐国的大权，他就抽了齐闵王的筋，把齐闵王吊在屋梁上，让他过了一夜才死；李兑在赵国掌权，他不让赵主父饮食，一百天后，赵主父饿死了。秦国太后和穰侯掌权，高陵君、泾阳君帮着他们，以致外人已经不知道秦国有王了，这就是淖齿、李兑一类的人啊。我今天见大王在朝廷上孤立无助，恐怕后世主宰秦国的就不是大王的子孙了。"

秦昭王听了之后感到十分害怕，于是就夺取了太后的大权，把穰侯、高陵君、泾阳君驱逐出了国都。秦昭王对范雎说："过去齐桓公得了管仲，当时称他为'仲父'。现在我也得到您，也要称您为'父'了。"

远交近攻是秦国在军事上所实行的一个极为重要的策略，自从这一策略实行后，秦国一改困窘的局面，迅速在军事上打破了僵局，进入了一个崭新的发展时期。范雎所提出的这一著名的策略不仅在当时产生了巨大的影响，就是在中国的军事史上，也是一项了不起的贡献。

（参见《战国策》等）

失一士而国亡

在春秋战国时期，人才是极为重要的，甚至到了关系国家生死存亡的地步。实际上，在这一时期，"得一士而国兴，失一士而国亡"的事是经常发生的，赵国的灭亡便是极好的说明。

文信侯吕不韦被驱逐出秦国后，他的亲信司空马到了赵国，赵王让他做代理相国，正在这时，秦国发兵攻打赵国。

司空马劝赵王说："文信侯在秦国做相国时，是我侍奉他，因为我做过尚书，所以熟悉秦国的情况。现在大王要我任相国之职，我也要熟悉赵国的情况。请让我假设现在秦、赵要交战，我们亲自观察，看看哪一国能取胜。请问赵国与秦国比，哪一个更强大呢？"赵王说："赵国当然不如秦国。"司空马问："以民众和秦国比，谁更多？"赵王说："不如秦国。"司空马又问："以金钱和粮食比，谁更富有？"赵王说："赵国不如秦国。"司空马又问："在国家治理方面，谁更好？"赵王回答说："赵国不如秦国。"司空马又问："两国的相国，哪一方更有才能？"赵王说："不如人家。"司空马又问："两国的将领，哪一方更勇武？"赵王说："赵国当然不如秦国。"司空马又问："两国的法令，哪一方更严明？"赵王说："不如秦国。"司空马说："看来赵国在许多方面都赶不上秦国，那么，赵国就快要灭亡了。"赵王说："您对赵国没有二心，如果能把治国的办法全部告诉我，我愿意接受您的计谋。"司空马说："大王可以分出赵国一半的土地去贿赂秦国，秦国不动刀枪就得了赵国的一半土地，肯定是十分高兴的。秦国也同样会担心赵国内有守备，外有诸侯救援，所以必然会立刻接受赵国的土地，并且不再进攻赵国。秦国得到半个赵国就会退兵，赵国守住半壁江山还可以存在下去。秦国得了半个赵国，就会更为强盛，山东诸侯各国自然会因为秦国得到了赵国的土地而担心害怕。诸侯们感到处境危险，他们一定恐惧，感到恐惧就会联合起来共同对付秦国。诸侯一旦合纵，事情就成功了。我请求大王结约合纵，如果合纵，虽然赵国在名义上失去了半个赵国，实际上却得到山东六国的支持，有了六国共同抗击秦军，秦国将不堪一击！"

赵王说："前不久秦国出兵进攻赵国，赵国用河间十二县去贿赂它，结果土地割让了，兵力也衰弱了，最后还是没有避免秦国的入侵。如今又要割让半个赵国去增强秦国的势力，赵国就更没有力量生存下去，只好等待灭亡了。请您换个计策。"司空马说："我年轻的时候做过秦国的文书小吏，以后又担任了不大的官职，迄今为止从未带兵打过仗。请允许我替大王带领全国的赵军去抗击秦国。"赵王不同意，不用他做将领。司空马说："我献上愚计，大王不采用，这样我就难以侍奉大王了，请让我离去。"

司空马离开赵国，渡过平原津。平原津的县令郭遗前来拜访司空马，问道："秦兵攻向赵国，听说贵客从赵国来，赵国的情况怎么样呢？"司空马讲了他为赵王献计而赵王不采用的过程，并预言赵国不久就要灭亡。平原令说："以贵客的高见，赵国什么时候灭亡？"司空马说："如果赵国以武安君李牧为将，还得一年才能灭亡；如果赵国杀了武安君，不过半年就会灭亡。赵王有个大臣叫韩仓，因为专会拍马奉迎，与赵王的关系很亲近，他为人又十分易妒，对有才能的人和有功的人都加以排斥，如今国家处于危亡之中，赵王一定会听从韩仓的话，武安君一定要被杀死。"

韩仓果然谗毁武安君。赵王命人取代武安君李牧的将军之职。李牧从边防回到国都后，赵王派韩仓数说李牧的罪过："有一次将军战胜回来，大王已赐给你一杯酒，你向大王祝寿的时候，手里却拿着一把匕首，所以应该赐死。"武安君李牧说："我右胳膊有病伸不直，身体虽然很高，胳膊却很短，手挨不到地，这样我怕因失敬而犯罪，所以让工匠做一块木头接在手上。大王如果不信，请让我拿出来看一看。"于是把木头从袖中拿出来给韩仓看，那块木头的形状很像木橛，用布缠着。李牧又说："希望您入宫说明此事。"韩仓说："我接受了大王的命令，赐将军一死，不能赦免。我不敢替您到大王的面前说话。"李牧向北拜了两拜，谢过了赐死之恩，抽出宝剑准备自杀，又说："做人臣的不能在宫中自杀。"便走过司马门，右手举起宝剑，但因为胳膊短，够不到脖子，于是用口衔着宝剑，对着柱子自杀了。

武安君死后五个月，赵国就灭亡了。平原令以后只要见人就一定为此感叹说："哎呀，司空马！"他觉得司空马实在有先见之明，又认为司空马被秦国驱逐，不能算作不明智，离开赵国，也不能算作没出息。赵国因为放走了司空马，结果亡国了。赵国之所以灭亡，不是没有贤明的人，而是因为有贤明的人不能被任用。

人们并不能时刻牢记历史的经验，嫉贤妒能、听信谗言、喜欢逢迎是人性的弱点，尤其是身居高位以后，这些弱点就更有了施展的舞台。

（参见《战国策》等）

鲁仲连义不帝秦

鲁仲连是战国时期人，历来被人们看作义士的楷模，多少年来人们对他讴歌不已，每当国家有难，民族处于危亡关头的时刻，人们总是想起他。这一切都是因为鲁仲连曾经慷慨陈词，说服魏国和赵国，即使蹈海而死，也绝不以秦为帝。

　　秦国围困赵国的都城邯郸，魏王派大将晋鄙率兵前往救援，但因害怕秦军的威势，在汤阴就停止了前进，等候观望。

　　魏王派客卿辛垣衍偷偷地潜入邯郸，见到了平原君，通过平原君传话给赵王说："秦国所以围困赵国，是因为秦王想称帝。先前，秦王与齐王争帝，两人都加上了帝号，后来秦王被迫取消了帝号，是因为齐王首先取消了帝号的缘故。现在的情况已经发生了很大的变化，齐国比当时衰弱了许多，天下最强大的只有秦国了。秦国此次围困邯郸，其真正的目的倒并不一定要夺取邯郸，而是为了赵国能够主动地尊奉秦昭王为帝。如果能这样的话，秦王一定十分高兴，肯定会撤军而去的。"平原君听了这话以后，犹豫不决。

　　其时鲁仲连正在赵国做客，碰上了秦军围困邯郸，听说魏国的使者要赵国尊奉秦国为帝，就去见平原君，问道："您是不是同意尊秦王为帝了呢？"平原君说："我哪里还敢说话呢？赵国的百万军队已在国境之外覆灭了，现在秦军又深入赵国的国土，围困邯郸，无法使他们退兵。魏国的使节辛垣衍就在此处，我哪里还敢随便说话呢？"鲁仲连毫不客气地说："以前我还以为公子是天下最贤能的人呢，现在看来不是这样。魏国的辛垣衍在哪里？请让我来教训他！"

　　平原君去请辛垣衍，说："齐国有个鲁仲连先生，此时恰好在邯郸，请允许我介绍你们认识认识。"辛垣衍说："我听说鲁仲连是齐国的高人，我是魏国的使臣，公务在身，还是不相见的好。"平原君说："可我已经把您的事告诉他了。"辛垣衍没有办法，只好去见鲁仲连。

　　鲁仲连见到辛垣衍后，一言不发。辛垣衍忍不住主动说话了，问道："我看在这座邯郸城中，大多数人都是有求于公子，今天看先生的样子，不像是有求于公子，先生为什么不趁早离开呢？"鲁仲连说："世人一般都以为隐士鲍焦不是从容而死，那是以庸人的心理来揣摩别人。庸人都只为自己打算，并没有长远的眼光。秦国是一个尚首功而不讲仁义的国家，以权术驱使士人，以酷刑役使人民。如果秦王真的做了皇帝，那就会更加肆无忌惮，以暴虐来统治天下。我宁愿蹈东海而死，也绝不做秦国的臣民。我所以来见您就是想为赵国出一点力。"辛垣衍说："先生打算怎样出力帮助赵国呢？"鲁仲连说："我要让魏、燕两国出力帮助赵国，齐国和楚国本来就已经在帮助它了。"辛垣衍听了之后，不以为然，说："燕国帮助赵国，可以听从您的吩咐；至于魏国，我就是魏国人，不知您准备怎样让我们帮助赵国。"鲁仲连说："那是因为魏国没有看到秦国称帝的危害，如果看到了这一点，魏国也一定会帮助赵国的。"

辛垣衍不解地问道："那么，秦国称帝对魏国会有什么害处呢？"鲁仲连说："从前，齐王曾经施行仁义，率先提议诸侯都要去朝见周朝的天子，那时的周室已经十分贫弱了，诸侯们都不肯去朝见，只有齐王一个人去了。过了一年，周烈王死了，诸侯都去吊唁，齐国的使者因为去得晚了，周朝的大臣就大光其火，在给齐国的讣告里："天塌地陷，周朝的天子都罢朝守丧，齐国的田婴却最后才到，应该杀了他。'齐王看后勃然大怒，骂道："您娘是个丫头。'齐王不仅没有落下仁义的美名，这件事还终于成为天下的笑柄。周朝天子在世的时候，齐王前去朝拜，死了便破口大骂，实在是因为忍受不了周天子的苛求的缘故。不过，天子苛求臣下，本来就是如此，不足为怪。"

辛垣衍还是不同意鲁仲连的话，说："然而，先生没见那些仆人吗？十个仆人侍奉一个主人，难道是力量不如主人吗？是才智赶不上主人吗？都不是，是因为他们害怕主人啊！"鲁仲连说："那么，魏国对于秦国，难道也是仆人吗？"辛垣衍说："是的。"鲁仲连说："既然如此，我可以让秦王把魏王煮成肉酱！"辛垣衍听了有些发怒，说："先生怎可如此讲话？您怎能让秦王把魏王煮成肉酱呢？"

鲁仲连说："当然可以，您如果不信，就请听我慢慢地给您讲。从前，鬼侯、鄂侯和文王是纣王的三个诸侯，鬼侯有个女儿，鬼侯自己认为女儿长得很美，便献给了纣王，但纣王却说长得很丑，就把鬼侯剁成了肉酱。鄂侯只是为他辩护了几句，话说得直率了一些，就被杀死，晒成了肉干。文王见到这种情形，只是轻轻地叹了一口气，就被抓起来，囚禁到牖里的监狱里，关了一百天，还差点儿被杀死。为什么同样具有称帝的条件，而有的人就落了个被剁成肉酱、被晒成肉干的下场呢？还是让我说一说那些宁死不屈而终于避免了悲剧下场的人吧！先前，齐闵王潜称帝号，他要到鲁国去，夷维子执鞭跟从。夷维子见到鲁国人就问："你们准备怎样招待我们的国君呢？'鲁国人按照正常的礼节说："我们准备用牛、羊、猪各十头来款待客人。'夷维子说："你们怎么能用这种礼节来款待我们的国君呢？我们的国君是天子的身份，天子出来视察，诸侯就应该交出宫室和钥匙，还应该像仆人一样，提起衣襟，站在堂下侍奉天子吃饭，等天子吃完了，你们才可以退下来听政。'鲁国人听了，立即关闭了城门，不让他们进城。齐闵王去不了鲁国，又准备到薛国去。路过邹国时，恰巧，邹国的国君死了，齐闵王想去吊丧，夷维子又对新即位的邹国国君说：'天子来吊丧，你们必须把死者的灵柩掉转个方向，好让天子面南朝北祭祀。邹国的群臣说：'如果一定要这样做的话，我们宁愿全部自刎而死，也绝不受此侮辱！'因此，齐闵王也没敢进入邹国。鲁国和邹国的群臣，在活着的时候不能在天子面前当差，死后也不能按照隆重的仪式装殓，而齐闵王却想让他们以天子的礼节来侍奉他，这当然是办不到的。如今，秦国是有万乘兵车的大国，魏国也是有万乘兵车的大国，两国同样可以称王，只是因为秦国打了一次胜仗，就要尊称秦王为帝，如此看来，韩国、魏国的一群大臣，是远远不如鲁国、邹国这些国家的仆妾呢！"

鲁仲连意犹未尽，接着分析道："秦国的贪心是没有止境的，如果真的称帝了，他就要干涉别的国家的内政，要调换别的国家的大臣，要撤换他认为不行的人，安插他的心腹，他还要把他的女儿和奸佞的小人嫁给诸侯做妻妾，这种人一旦进入魏王的宫中，魏王还能有一天的安静日子吗？而您又靠什么来保住自己尊贵的地位呢？"辛垣衍听得汗流浃背，站起来拜谢道："我原以为先生是平常的人，现在才知道先生是天下最有见识的人。请您允许我告辞，从此再也不敢提尊秦王为帝的事了。"

秦国的将军听说这件事后，也感到害怕，便退兵五十里。此时恰好魏国的公子无忌盗窃了兵符，杀了魏军统帅晋鄙，夺了兵权，亲率大军前来击秦，秦军就解围而去。

平原君决定封赏鲁仲连，但鲁仲连再三拜谢，坚辞不受。平原君设宴款待鲁仲连等人，酒酣之时，平原君为鲁仲连把酒祝寿，并奉上千金为谢。鲁仲连笑着说："对于天下的士人来说，最可贵的莫过于为人排忧解难而功成不受赏。如果接受了报酬，那就如商人一样了，我鲁仲连是不愿意做这样的人的。"

于是，鲁仲连告辞而去，从此再也没有露过面。

鲁仲连之所以备受后人赞赏，主要因为两点：一是坚持气节，义不帝秦；二是为人排忧解难，功成不受赏。这两点是中国传统文化中最为高尚的品德，

也是具有恒久价值和意义的文化理想。鲁仲连堪为千古义士，将永远为后人所景慕。

（参见《战国策》《国语》等）

一次耐人寻味的务虚辩论

每一个智谋都有多种发展的可能性，如果不能充分考虑到各种发展的可能，就不能应对随时出现的各种情况。下面的这个例子极富启发意义，它能使我们看到，每一次谋划实际上都是一项系统工程。

楚怀王死后，其太子仍在齐国做人质。苏秦对薛公说："您为何不扣留楚太子，用他交换楚国与齐国的接壤之地呢？"薛公说："这恐怕不行，我扣留楚太子，楚国另立新君，这样就等于我白白地守着一个毫无用处的人质，而且又在天下人面前做了件不义的事。"苏秦说："不对，如果楚国另立新君，您就可以对新君说：'您如果给我楚国与齐国接壤的土地，我就替您杀掉太子，否则，我将联合其他诸侯国共同立太子为楚王。'这样的话，楚国东边与齐国接壤的土地就一定可以到手了。"

苏秦说的这件事，可以有许多实行的办法：一、可以由苏秦自己出使楚国；二、可以让楚王迅速割让东边与齐国的接壤之地；三、可以从楚国割取更多的土地；四、可以因忠于太子而使楚国献出更多的土地；五、可以替楚王放走太子；六、可以以忠于太子之名让太子马上离去；七、可以在薛公面前说苏秦的坏话；八、可以替苏秦请求在楚国封官；九、可以使人劝说薛公善待苏秦；十、也可让苏秦在薛公那里去自我辩白。

苏秦可以对薛公说："我听说，'计谋如果泄露，就会无效；做事如果不坚决，就不会建立美名。'现在您扣留楚太子，不过是为了得到与齐接壤的土地。如果不能马上得到这地方，楚国一旦改变了主意，您只是守着一个没有用的人质，而且会背上被天下人耻笑的恶名。"薛公将会说："对。那么该怎么办呢？"苏秦说："我愿意替您出使楚国，如果楚国马上献上东边与齐接壤的土地，那么您就没有什么损失了。"薛公会说："好。"就会派苏秦出使楚国。

所以说可以由苏秦自己出使楚国。

苏秦可以对楚王说："齐国打算尊奉太子，把他立为楚王。据我看来，薛公之所以扣留太子，是为了交换楚东边与齐接壤之地。大王如果不马上献上这一块土地，那么太子就要加倍答应给齐国割地，请求齐国把自己立为楚王。"楚王会说："我听从您的吩咐。"于是献出土地。所以说可以让楚国迅速割让土地。

苏秦可以对薛公说："从楚国的形势看，还可以多割让土地。"薛公如问："怎样？"苏秦会说："请告诉太子事情的缘故，让太子正式提出请求，齐国答应他的请求，以此表示忠于太子，并且要让楚王知道这个消息，这样，就可以增加楚国给齐国的割地了。"所以说可以从楚国割到更多的土地。

苏秦可以对楚太子说："齐国尊奉太子您，要立您为楚君。楚王请求割让土地，让齐国扣留您。齐国嫌楚王割让的地少，太子您为什么不答应加倍割地来资助齐国呢？这样齐国一定会尊奉太子您为楚王的。"楚太子会说："好。"于是答应加倍割让土地给齐国。楚王听说后，必然感到害怕，又增加了割地献给齐国，并且还害怕事情办不成。所以说可以使楚国增加割让的土地。

苏秦可以对楚王说："齐国之所以敢于要求楚国多割让土地，是因为齐国以太子在齐国为要挟，现在齐国已经割取了楚国的土地，还并不就此为止，是因为太子在齐国与大王势均力敌的缘故。所以我能让太子离开齐国。太子离开齐国，齐国就没有立太子的借口，这样齐国就不能违背与大王的约定了。大王转而与齐国建立友好关系，齐国就会服从您了。如此一来，大王就除掉了仇人，还能与齐国建立良好的关系。"楚王听后会非常高兴，说："那就请您建立楚、齐之交吧。"所以说可以替楚王让太子马上离开齐国。

苏秦可以对楚太子说："控制楚国政权的是楚王，而以空话许诺割让土地与齐国交换的是您，齐国未必相信您的空话，也显示出楚王确有献地的诚意。楚王与齐国的交换成功了，太子您的处境就必定危险了。请您赶快想办法。"楚太子会说："我听从您的吩咐。"于是连夜准备了车辆，离开齐国。所以说可以使太子急忙离开。

苏秦可以派人对薛公说："劝您扣留太子的是苏秦。其实苏秦并不是为您打算，而是要有利于楚国。苏秦怕您知道他真正的打算，所以让楚国多割让土地，以隐藏自己的阴谋，如今劝楚太子离开楚国的是苏秦，而您却不知道，我替您感到迷惑不解。"于是，薛公就很生苏秦的气。所以说可以使人在薛公面前说苏秦的坏话。

苏秦还可以派人对楚王说："让薛公扣留太子的是苏秦。尊奉大王让您取而代之而立为楚君的又是苏秦，订立割地条约的是苏秦，表示忠于太子而又劝走太子的也是苏秦。现在有人在薛公面前诋毁苏秦，认为他薄于齐国而厚于楚国，希望大王知道这个情况。"楚王会说："我听从您的吩咐。"于是封苏秦为武贞君。所以说可以替苏秦在楚国求封。

苏秦还可以派景鲤对薛公说："您之所以能够被天下的人所看重，是因为您能招揽士人，并掌握着齐国的大权。如今，苏秦这个人是世上最好的辩士，天下少有的人才，您如果不重用苏秦，就会堵塞言路，天下的士人也都会跟从苏秦，这样一来，您的事情就危险了。现在，苏秦与楚国十分接近，如果不及早地亲近苏秦，就会与他结下怨恨。所以，您不如现在就尊重苏秦，重用苏秦，并趁此机会与楚国搞好关系。"薛公会因此而亲近苏秦，所以说可以劝薛公亲近苏秦。

苏秦的一句话竟然引出了一大通议论，而上述的分析都是合情合理、有实际操作意义的。上述的每一种可能性，如果苏秦努力去做，都有可能变成现实，而这些现实又都不一样，甚至截然相反。在此，我们不仅看到了事物发展的多种可能性，更令人感慨的是，庄严的政治有时竟是权谋家的掌中之物。

需要特别指出的是，中国古代史书一般都是以记述史实为主，但上面的这一段选自《战国策》的例子却大异其趣。除了第一段是记述外，其余各段均是以猜测、推断为主，是中国史书中罕见的现象。

（参见《战国策》《左传》《三史拾遗》等）

治国与打猎

子产是春秋时期著名的政治家。子产为政，郑国兴旺，连孔子都很称赞他。他不仅以仁德治国治民，就是在具体的策略上也处处高人一筹。下面是他与子皮讨论如何选拔和使用人才的一个例子，从中我们可以看出他的才智。

春秋时期，郑国的子皮执掌国政，他见子产有治理国家和选拔人才的才能，便想把国家的政务交给他。子皮手下有个家臣叫尹何，这个人对子皮十分顺从，子皮很喜欢他。有一次，子皮对子产说："我想让尹何治理我的封邑，您看怎么样？"子产说："这个人太年轻，不懂得治理国家，恐怕不能让他去当县大夫。"子皮说："这个人办事小心谨慎，又很听话，我很喜欢他，我想他也不会背叛我。什么事都是学来的，让他学学，他也就知道怎样治理了。"

子产见他固执己见，摇摇头，说："这不行。别人喜欢一个人，总想着如何对他有利；您喜欢一个人，却让他伤害自己。"子皮非常不理解，子产就说："尹何不会治理，您却把政事交给他办，就好像一个人不会用刀子，您偏让他去做厨师，到头来只能伤着自己的手指。有谁还敢求得您这样的喜欢？"

子皮听了，默然不语，他在细细地品味着子产的话。子产见子皮默不作声，以为他不高兴，就说："您是郑国的栋梁，栋梁一折，房屋就会倒塌，连我们也将被压在底下，因此，怎敢不对您讲真心话？"

子皮听了，连声说："请讲，请讲。"子产问："您有了漂亮的绸缎，舍得让不会做衣服的人去胡乱裁剪吗？"子皮说："当然舍不得。"

子产说："衣服是蔽体的，而封邑是庇护您的身家性命的，它的价值比漂亮的彩绸不知贵重多少。您怎么舍得让不懂治理的人去练手呢？我听说学习以后才做官，没听说把做官作为学习锻炼的手段的。如果您非要如此不可，您一定会受到伤害。譬如打猎吧，只有会射箭、会驾车的人才能获得猎物。如果让不会射箭、不会驾车的人去打猎，他一上车，一心想着如何不翻车，如何不被压在底下，哪里还有精力去管猎物呢？"

子产的这些比喻实在是太生动深刻了，治国治民就是打猎，如果没有打猎的本领，那就将自顾不暇，哪里还能捕获猎物？最终只能车覆人亡，或为猛兽所伤。这样一来，是先有了治国治民的本领再去做官，还是先做官再学治国治民的本领，就十分清楚了。至于子产把爱惜衣服和爱惜生死攸关的封邑相比，就更是足以警顽拨愚了。

子皮听了这番话，连声赞叹说："好呀，好呀！我真是个糊涂人。我听说，君子所虑大而远，小人所虑小而近。我真算不上是君子。我只知蔽体衣服的珍贵，从而谨慎待之，不知护身封地的价值，从而轻视之。从前，我认为您治理郑国，我治理家族，就可以国强家旺，现在看来，家族的事也少不了您的参与啊！"

（参见《左传》等）

邹阳奇谋救人

邹阳是西汉时期的著名文学家，同时也是一位富有谋略的人，他曾经劝谏梁王不要谋反，被梁王下狱。下面这个例子很能说明他的谋略。

梁孝王（即刘武，文帝的儿子，深受母亲的宠爱）因为刺杀了汉景帝的得力大臣袁盎而触怒了汉景帝，汉景帝十分恼火，将要对他采取措施。他也感到很恐慌，于是想起了邹阳先前对他的忠告，就找邹阳深入讨论，并且表达自己的歉意和谢意，又赠送了千金，请他指点可以消解皇帝怨怒的策略。

邹阳是当时的才子，也是一位极有谋略的人。他与以奇计见称的奇人王先生相识。王先生已经八十多岁了，仍然奇计百出。于是，邹阳就拿这件事去求教他。

王先生说："这种事情很难办啊！人主有很深的仇恨和愤怒，一定想杀了对方，来消解自己的愤恨。纵使以太后那样的尊贵，以及亲生骨肉、同胞兄弟的深厚情谊，都难以制止，何况为人臣下的呢？你应该去求见王长君，以情感打动他，他一定会为你想办法，替你出力的。"

邹阳领悟了王先生的意思，说："非常感谢，我遵照您的教诲。"于是辞别而去，直接到长安晋见王长君。

王长君是景帝宠姬王美人的兄长。邹阳在长安留了几天，趁着空闲的适当时机向王长君拜请说："臣下并不是因为长君没有可供役使的人而来服侍您的。臣下愚憨粗鲁，有些自不量力，希望能告诉长君一些事情。"

王长君并没拒绝，邹阳就继续说："臣下听说长君的妹妹受皇上宠幸，没人能及；而长君的行动作为，有些不依常理，这是人所共知的。如今袁盎被刺杀的事并没了结，正要继续追查下去，梁王很可能因此被杀。这样的话，太后也只能将爱子被杀的悲痛强压在心头，不能对皇上发泄她的怨怒，可是太后可以迁怒皇上所亲近宠幸的妃子和臣子。臣下担心您的处境也将会很不妙。"

王长君听了他的这一番话，一时有些惊慌失措，说："那要怎么办才好呢？还是请先生为我想办法。"

邹阳说："长君若能劝皇上不要再追查梁王涉嫌刺杀袁盎的事，必可以增强你和太后的关系。太后得到你的帮忙，内心必然深深地感激你，那么你的妹妹就同时受到太后、皇上的宠幸，她的地位也就会越来越巩固了。但愿长君好好地为自己想一想。"

邹阳又对王长君说："以前，舜的弟弟象一天到晚所想的、所做的，就是要怎么把舜杀了；等到舜当上了天子，却将有庳之地封给他。一个仁者，对自己的兄弟是不会长久地怀恨在心的，不会长久记仇，只是更加亲善厚爱罢了，所以后世的人特别赞扬他们，舜也才能成为为后世所称颂的圣人。希望你用这些事例来说服天子，也许天子就不会查办梁王涉案的事情了。"

王长君依照邹阳所教的方法，找了个合适的机会，向皇帝进言，整个事件果然不了了之。

对于这样的事情，直接进言是不行的，甚至还会适得其反，只有采取迂回的策略。而问题的关键还在于选择谁作为进言之人，这一点利害攸关。王长君既是汉景帝的宠幸之人，又是将来可能要遭殃的人，形势所迫，不得不为，他可谓是最佳人选了。而说服汉景帝的说辞也是经过精心策划的，没有哪一个皇帝不想被别人说成是圣人，所以，以圣人相标榜，汉景帝就容易接受了。

细细品味王先生和邹阳的这一谋略，真是令人感叹不已啊！

（参见《史记》等）

苏代合纵

我们喜欢大讲历史"规律"，但如果认真看看历史，就会发现，"规律"的弹性实在太大了，有时历史简直成了某些权谋家手中的面团，可以被他们随心所欲地摆弄成各种形状。

苏秦一死，六国又失去了主心骨，各图眼前利益，拆散纵约，各自希望讨好秦国以保平安。苏秦的弟弟苏代历数了秦国的"罪状"，才使得燕昭王猛醒，也使得其他诸侯国有所警惕。

秦王召见燕昭王，燕昭王打算到秦国去拜见。苏代劝阻燕昭王说："楚国虽然得到了枳地，可是同时也失去了大片国土；齐国虽然得到了宋地，也是失了大片的国土。齐、楚都不能因为占有枳地和宋地就去侍奉秦国，为什么呢？因为取得成功、夺取土地的国家，都是秦国最仇恨的。秦国的目的是夺取天下，奉行的不是仁义，而是强暴。

"秦国在实行暴力政策时，首先正式警告楚国说：'蜀地的军队，如果乘着轻舟从汶出发，趁着夏季水涨时顺汉水而下，五天就可到达郢都；汉中的军队，乘船从大巴山出发，乘着夏季水涨而下，四天就能到达五渚；我在宛地东部集结军队向随地进攻，聪明的人来不及谋划，勇敢的人来不及发怒，我的军队就获胜了。大王却要联合天下诸侯攻打函谷关，这种想法不是太不实际了吗？'因为这个原因，楚王十六年来一直侍奉秦国。秦王也曾警告韩国说：'我发兵少曲，十天之内就可以阻断太行山的要道；我再发兵进逼平阳，两天之内，六国没有不动摇的地方；我经过两周进逼晋地，三五天之内你们国家就会被攻破。'韩国害怕了，因此也去侍奉秦国。秦国又对魏国说：'我攻下安邑，堵住要道，再占领韩国的太原。我顺着轵道，取道南阳、封陵、冀亭而下，包围两周，趁着夏季水的涨势，乘着轻快的船，强弓手在前面，长矛手在后，决开荥口，魏国就没有了大梁；决开白马河，魏国就没有了济阳；决开宿胥河口，魏国就没有了虚地和顿丘。在陆上进攻可以击破河内之地，在水上进攻可以灭掉大梁。'魏国信以为真，因此也侍奉秦国。

"秦国想攻打安邑，又害怕齐国来救援，于是就把宋国交给齐国对付。秦王认为宋王是个无道昏君，因为宋王曾经让人用木头刻成秦王的模样，命人去射木人的脸。秦国和宋国隔着许多险阻，路程太远，不能发兵攻打，齐国如果能够攻破宋国，占有了宋国的土地，就如同秦国自己占有了一样。秦国已经占据了安邑，控制了要道，于是就把攻破宋国当作齐国的罪过。秦国想要进攻齐国，又怕诸侯援救它，就把齐国交给天下诸侯，告诉天下诸侯说：'齐国与我订约四次，四次欺骗我，有三次要率领天下诸侯进攻我。所以，有齐国就没有秦国，没有齐国才有秦国，我一定要讨伐齐国，一定要使齐国灭亡！'秦国已经得到宜阳和少曲，又把蔺和石弄到手，于是又把攻破齐国的罪过推给了六国。秦国想要进攻魏国，所以重视与楚国的交往，于是就把南阳交给楚国去对付，秦王说：'我本来要和韩国绝交的，所以才破坏了均陵。如果楚国能从中得到好处，那就如秦国得到好处一样。'于是魏国就抛弃了盟国而与秦联合，秦国却把封锁韩国作为楚国的罪行。

"当秦兵在林中被围困的时候，它才想到要尊重燕赵，要把胶东送给燕国，把济西送给赵国。又与魏国讲和，把公子延送去做人质，于是魏将公孙衍让秦国军队过境攻打赵国。军队在离石受挫，又在马陵吃了败仗。这样秦国更加尊重魏国，就把叶地和蔡地送给魏国。当秦国与赵国讲和后，它又去胁迫魏国，魏国则不肯割让土地。可见，只要秦国处于困境中，就让太后和穰侯去讲和。如果打了胜仗，就是连母亲和舅舅都可以欺骗。以齐国胶东的事向燕国问罪，以济西的事向赵国问罪，以叶地和蔡地的事向魏国问罪，以灭宋的事向齐国问罪。这样循环往复地推论下去还能有完？秦王发动战争就像刺死小虫和绣花一样轻而易举，母亲和舅舅都无法约束他。

"龙贾之战、岸门之战、封陵之战、高商之战、赵庄之战，秦国杀掉的三晋人民有数百万，现在那些活下来的人，大多数都是被秦国杀死者的遗孤。西河的外面，上洛的土地，三川和晋地的战祸，韩国、赵国、魏国的人就死了一半。秦国的兵祸如此之大，可是燕赵朝中的那些亲近秦国的人还都争相劝说他的君主去侍奉秦国，这正是我最为忧虑的事。"

燕昭王听了苏代的这一番话，便不再去秦国。苏代在燕国也受到了重视。燕国又像苏秦在世的时候一样，联合其他国家，共同对付秦国。

（参见《战国策》等）

报君黄金台上意

唐代诗人李贺有诗道："报君黄金台上意，提携玉龙为君死。"说的是燕昭王高筑黄金台求贤纳士的事。陈子昂也在《登幽州台歌》里说："前不见古人，后不见来者。念天地之悠悠，独怆然而涕下。"对燕昭王表现出了无限的怀念，也流露出生不逢时的悲剧感。的确，燕昭王求贤的故事是令人深思的。

春秋战国时期，"得一士而国兴、失一士而国亡"的情形十分常见。举一个最为典型的例子，秦国由一个方圆不足数百里的小国而终于据有天下，全仗在不同时期有各种文臣武将为其出力献策。尤其有意味的是，对秦国不同历史时期的发展起过重大影响的人全是外国人才，没有一个是在秦国本土上出生和成长的。燕昭王高筑黄金台，为燕国求得了大批贤能之士，使得燕国获得了一次复兴。

燕昭王收复残破的燕国之后，就继位为燕王。他首先以丰厚的礼物去招请有才能的人，准备报仇。为此他去见郭隗先生说："齐国趁着我国内乱攻破我河山，现在，我很清楚燕国势单力薄，无力复仇，然而如能得到贤明之人与我共商国是，以雪先王的耻辱，那将是我最大的愿望。请问怎样才能为国报仇？"

郭隗先生说："成就帝业的君主以贤者为师；成就王业的君主则以贤者为友；成就霸业的君主则以贤者为臣；而亡国的君主就以低贱的小人为臣。您如果能卑躬地侍奉贤者，超过自己百倍的人才就来了；先于别人劳动，后于别人休息，先去请教别人，然后再深思默想，那么超过自己十倍的人才就来了；与别人一样辛勤劳动，并且能够平等地对待别人，那么和自己才能一样的人就来了；如果只是身倚几案，拿着手杖，盛气凌人地指挥别人，那就只能招来仆役那样的人；如果以十分粗野的态度对人，随便发怒，任意呵斥，那就只能招来奴隶那样的人。这就是自古以来侍奉有道德的人和招致有才能的人所应注意的地方。大王如果真想广泛选用国内的贤者，就应到他们门下去拜访，天下人很快就会知道大王拜访自己的贤臣，那么天下的贤士，一定会跑到燕国来了。"

燕昭王问郭隗说："我应该去拜访谁呢？"郭隗就告诉燕昭王说，他听说古代有个想用千金求买千里马的君王，三年也没有买到。宫中有个侍者对君王说："请让我去买千里马！"君王就派他去了。三个月后，这个人找到了千里马，但那匹马已死了，他就用五百金买了马骨，返回来报告了他的国君。君王大怒，说："我要买的是活马，哪能用五百金买个死马？"那个人非常自信地回答说："买死马尚且肯用五百金，何况活马呢？天下必定都以为大王真要买良马，千里马很快就要来到了。"于是，没过一年，就有三匹千里马送上门来。

郭隗对燕昭王说："如今大王要真想招致人才，就请从我开始。我尚且被任用，何况比我更有才能的人呢？难道那些人才还会惧怕数千里的路途吗？”

燕昭王听从了郭隗的话，筑起高台，拜郭隗为师，并筑黄金之台以待贤者。于是，乐毅从魏国来了，邹衍从齐国来了，剧辛从赵国来了。燕昭王努力事奉他们，并且吊唁死者，抚恤贫者，和百姓同甘共苦。

二十八年之后，燕国殷实富足，士兵生活安逸不怕战争。于是燕昭王拜乐毅为上将军，与秦、楚及三晋联合谋划进攻齐国。齐军溃败，齐闵王也逃到了国外。燕军独自追逐败军，一直打到了临淄，抢光了临淄的宝物，烧毁了齐国宫殿和宗庙。没有攻下的齐城，只剩了莒城和即墨城。

燕昭王高筑黄金台以招贤纳士的历史故事历来被传为美谈，其复仇几乎灭亡了齐国也是著名的历史事件，但这一切均来自郭隗的一番游说。郭隗的"帝者与师处，霸者与臣处，亡国与役处"的著名的"知识分子"政策也在中国历史上发生了重大的影响。郭隗是根据燕国的具体历史情况提出这一建议的，燕国因此有了一个辉煌的时期。

（参见《战国策》《史记》等）

张仪破纵连横

张仪是春秋战国时期连横的代表人物，秦国在实行了张仪的连横策略之后，一改过去用力甚勤而收效甚微的局面，在外交和军事领域都迅速取得了发展，为其统一六国奠定了基础。下面是张仪在说服秦惠王采取连横策略时的一段十分著名的话，从中我们可以看出张仪对天下大事洞若观火的政治洞察能力和运筹帷幄的雄才大略。

张仪对秦惠王说："我听说过这样的古训，'对自身不明之事妄发议论，是不明智的；而已明之事却不肯讲出来，却是不忠实的'。做人臣者对君主不忠，那是犯了死罪，所言不实也是死罪。所以，我决定将我所知向大王倾吐，还请大王裁决。"

这当然是说客们客套的开场白，下面才是张仪要说的真正内容。张仪说："我听说四海之内，从北方的燕国直到南方的赵国，又在联合楚国，笼络齐国，还收集了赵国的部分势力，准备再次联合起来，形成合纵之势，共同对付秦国。这在我看来是十分可笑的。我听说世上有三种情况可以导致国家灭亡，而天下有才能的人终会出来收拾残局，大概说的就是今天的这种情况。前人说过：'政治混乱的国家去攻击政治清明的国家是自取灭亡；以武力治国的国家去攻击以仁义治国的国家是自取灭亡；逆乎天理民心的国家去攻击顺乎天理民心的国家是自取灭亡。'如今六国财物匮乏，粮仓空虚，还要扩充军队，动员人民前去赴战，在这种情况下，即使白刃在前，斧钺在后，百姓还是不肯拼力死战，再加上赏罚不明、不能兑现，其失败是必然的。"

张仪接下来与秦国作了对比。他说："现在秦国号令、赏罚严明，所以有功无功之人皆能为国拼力死战。秦国的百姓在父母怀抱之中长大，生来并未见过战阵，并不是天生好战，但一听说作战，都跺脚袒胸，痛下决心，敢于迎着敌人的刀枪剑戟，赴汤蹈火，万死不辞。抱定必死决心的人，比比皆是。这都是由于贤明的君主提倡勇敢、赏罚严明的缘故。这样的战士就可以一人胜十人，十人胜百人，百人胜千人，千人胜万人，万人胜天下。现在秦国的土地，方圆数千里之广，军队有数百万之众，号令严明，赏罚有信，地形优越，诸侯各国皆有不如。凭借这些条件对付、主宰乃至兼并诸侯是不成问题的。如果财物不丰，粮仓不实，人民不安，四邻不服，那不是大王的过错，不是秦国的资源不足，而是臣下不能用命尽心的缘故。"

接下来，张仪对秦国既往的成功与失败之处做了深入而细致的分析。他说："从前，齐国向南攻楚，向东攻宋，向北伐燕，向西征秦，处于中原地带的韩、魏则供其役使。齐国兵多将广，号令四方，别国莫敢不从。他们战无不胜，攻无不克，可谓威势赫赫。齐国大败了五个国家，却因一次失败就导致了灭亡。由此看出，战争是关乎一个国家生死存亡的大事。我还听说，斩草除根方可不留祸患。过去，秦国与楚国作战，大破楚国，袭取了楚国郢都，占领洞庭湖及江南等地，楚王被迫东逃，退处阵地自守。此时如果继续进军，就可全部占领楚国。占领了楚国，其民则可为秦国所专用，其土地可以为秦国所专有，向东可逼齐、燕，中间可以进攻赵、魏、韩三国。如此一来，秦国一举就可成就霸主之名，诸侯朝拜，四邻宾服。可是，秦国的谋臣却不这样做，反而领兵退回，与楚国讲和了。如今楚人收拾好残破的国家，召回逃散的人民，另立新君，恢复祭祀，重整旗鼓，又率领诸侯与秦国对抗。秦国就这样失去了第一次建立霸业的机会。

"天下诸侯想要联合起来，并已屯军华阳，对抗秦国。大王完全可以施用诈计，大破敌军。只要进军到了魏都大梁，围攻数十天，那么大梁可破；攻破大梁，魏国就可全部占领；占领了魏国，那么楚、赵就会打消合纵之念；楚、韩散纵，那么赵国就会处于危境；赵国形势危急，楚国必然孤立；这样向东可以削弱齐、燕，中间可以进攻韩、赵、魏三国。如此，一举就可以成就霸主之名，使四邻的诸侯前来宾服朝拜。可是那些谋臣又不这样做，反而是带兵退走，与魏国讲和。使魏国得以收拾将灭之国，召集流散的人民，另立新君，再造祭祀。这样，当然就失去第二次建立霸业的机会了。

"从前穰侯治秦，意图用一国之军队，建立两国才能完成的功业。这样一来，士兵终身在外作战，怨声载道，国内的人民也疲惫不堪，而秦国还是没有成为霸主，第三次失去了成为霸主的机会。

"赵国是一个五方杂处的国家，人民不遵法令，难以管理；赏罚不能实施，地理形势也十分不利；国君也不能体恤人民、充分调动人民的力量。这本是亡国之势，再加上赵国屯兵长平，与韩国争夺上党地区，大王您完全可以施以诈计，大败赵国，攻破武安。此时，赵国上下互不信任，离心离德，其都城邯郸也就无法守住，此时再趁机攻下邯郸，收取河间，再派兵攻下上党。代郡三十六县，上党十七县，兵不血刃即可得到。东阳与河外，不经过争夺就已成为齐国的了；中呼池以北，不用争夺也就成为燕国的了，如此一来，占领赵国则韩国一定灭亡，韩国灭亡了则楚、魏不能独自存在。这样一个行动就破坏了韩国，损害了魏国，控制了楚国，向东削弱齐、燕。最后，可以决开白马渡口、淹灌魏国。此一举可使韩、赵、魏三国灭亡，合纵的联盟就失败了。大王您本可以拱手而得天下，诸侯会接连不断地向您屈服。可是那些谋臣却不这样做，反而领兵退却，与赵国讲和。以大王您的英明，秦国军队的强大，霸主之业未成，反为那些被打败的国家所取笑，这都是因为谋臣太过愚钝懦弱了。"

张仪以赵国为例，继续展开论述，支持自己的论点。张仪说："赵国应当灭亡而没有灭亡，秦国应当称霸而未能称霸，诸侯因此看透了秦国的谋臣，此其一；秦国不仅没有接受教训，反而又调动全部兵力进攻邯郸，却又久攻不下，士兵丢盔卸甲，发抖败退，诸侯因此看透了秦国的实力，此其二；军队退却后，聚集在李邑下，大王又重新组合军队，极力作战，但又不能够取得大的胜利，只好退兵，再次让诸侯看透了秦国的实力，此其三。诸侯看透了国内的谋臣，又了解了我们的兵力。由此看来，我认为诸侯的合纵力确实是很难对付的了。现在秦国军队疲惫，人民委顿，积蓄殆尽，田地荒芜，仓库空虚；而天下诸侯又联合紧密，意图共同抗秦，希望大王认真考虑才是。"

张仪在分析了秦国的一系列失误之后，接下来就对秦惠王提出了劝告。他说："古人说'为人处世，应当日慎一日'，如果谨慎得法，就能消弭祸端，据有天下。何以知之呢？过去纣王为天子，大军有百万之众，左军还在淇谷饮马，右军已到了洹水，淇谷喝干，洹水断流，声势之大，可以想见。但周武王仅率三千哀兵，只用一天的时间，就打破了纣王的国都，活捉了纣王。周武王灭掉了商纣，据有其国，竟无人为纣王感到惋惜和悲伤，这都是纣王肆无忌惮虐待百姓的缘故。

"晋国的智伯统率三国的军队，在晋阳围攻赵襄子，掘开晋水灌城，水淹晋阳，城内锅灶生蛙，晋阳灭亡在即。但智伯骄横狂妄，言语不慎，使韩、魏两国遂生叛心。赵襄子与韩、魏两国联合，击败了智伯，灭掉了晋国，赵襄子因而成就了建立赵国的大业。如今，秦国地大物博，方圆数千里，赏罚有信，号令严明，地势优越，其他诸侯国都远远不如。凭借这些条件，完全可以兼并诸侯，将天下据为己有。"

最后，张仪提出了他的连横策略。张仪说："我之所以冒死前来晋见大王，是为了向您陈述一举打破诸侯合纵联盟的策略和使秦国成就霸主之名的道理，大王可以试行，如果赵国不破，韩国不亡，楚、魏不服，齐、燕不亲，霸主之名不成，四邻不来朝拜，大王可杀掉我向全国示众，以惩戒那些为大王出谋划策而不忠的人。"

张仪的话可以暂时告一段落。我们从中可以看出，说客并不仅仅是所谓的舌辩之徒，好的说客实际上是兼政治家和外交家于一体的。他们要具备如下的素质：一、要有十分广博的历史知识，尤其是要对当时各国的史实了如指掌；二、要有独到的见解，能够见别人所未见，言别人所未言，对一些问题的分析要有振聋发聩的深度，能够警醒君王；三、要有超人的胆略、宏大的气魄，还要有藐视一切的气势和无碍的辩才。苏秦和张仪身为战国时期的著名说客，可以说他们基本具备了上述的素质。

秦国已经经历过商鞅变法、远交近攻等一系列的政治、军事的重要变革，但张仪为秦国确定的破纵连横的军事、外交政策在秦国的发展史上有着最重要的意义，甚至对中国历史的发展都有一定的影响。说客的作用，实在是不容忽视的。

（参见《战国策》《战国纵横家书》等）

李泌弭大祸于无形

李泌在中国历史上也应该算是一个十分有特色的人物，一方面他是一位隐士，在自己认为不能出仕的时候便不出来做官，即使皇帝屡次征召也坚辞不受；另一方面，他又是一位杰出的官场艺术家，在他觉得应该出仕的时候就主动地投奔皇帝，哪怕安史之乱尚未平息，当时的一般人还辨不清风向，不敢做出抉择。他历事三个皇帝，多次解危纾难，在犬牙交错的复杂形势之中真正做到了游刃有余。下面是他通过进谏来说服唐德宗的一个例子，读者读后自会有一种把惊涛骇浪玩弄于股掌之上、在万钧雷霆之下从容不迫的感觉。

唐德宗时，有人密告大长公主（太子妃萧妃之母）淫乱，并且以巫术咒人。唐德宗听后大怒，将大长公主幽禁在宫中，并严厉责备太子。太子因此请求与萧妃离婚。唐德宗一时拿不定主意，便召见了丞相李泌，把这件事对他讲了，想听听他的意见。并且对李泌说："舒王近来已有很大长进，孝敬、友爱、温良、仁义，是不是可堪造就呢？"

李泌听了德宗的话，知道他是听信了谗言，想废掉太子，另立皇储，便说："陛下只有一个儿子，为什么要将他废掉而另立一个太子呢？您想一想，陛下对自己的亲生儿子尚且怀疑，又怎么能相信别人的儿子呢？舒王虽然孝敬，但是，从今以后，您可要心中有数，不要指望他对您孝敬了。"德宗说："你违背了我的意思，难道不爱惜你的家族吗？"李泌说："我正是因为爱惜我的家族，所以才不敢不把话说完。如果我贪图一时的恩宠，对您委曲求全，您将来必定反悔，必定埋怨我说：'我任用你为宰相，当时竟不力谏，才把事情弄到这个地步。'因此，您将来一定要杀我。我老了，残年不足惜，但如果杀了我的儿子，立我的侄子为继承人，我未必能享受到今天的祭祀了。"于是痛哭流涕。德宗也流泪说："事情已经这样了，您说该怎么办呢？"

李泌回答说："这是一件大事，希望陛下慎重行事。自古以来，父子相疑，没有不亡国灭家的。难道陛下不记得建宁王是怎么被杀的吗？"德宗说："建宁王叔确实是冤枉的，只是肃宗太性急了。"李泌说："我过去因建宁王被杀而辞去了朝廷的官职，发誓不再到天子身边做官，如今又当上了陛下的宰相，又要亲眼看到了类似的事情发生了。当时，先帝（指代宗）自从建宁王被杀以后，常怀危惧之心，在我临别那天，我为先帝朗诵了《黄瓜台辞》，肃宗感到后悔，流了泪。"

德宗听了李泌的这番话，心绪稍稍平缓了一些，问道："大唐贞观、开元年间，全换了太子，大唐为什么没有灭亡呢？"李泌回答："从前，承乾（太宗所立的太子）想谋反，事情被发觉了，太宗派他的舅舅长孙无忌与朝廷中的几十个大臣审问他。真相大白后，还有人求情说：'希望陛下不失慈父之爱，让太子留下一条性命。'太宗同意了，并废黜了魏王泰。现在，陛下既然已经知道肃宗性急，也认为建宁王的死是冤枉的，臣感到很庆幸，因为陛下能够明察秋毫。希望陛下能够以此作为前车之鉴，审慎再三，悉心考察，一定会看到太子没有什么阴谋不轨的行为。他如果真的有不法行为，愿陛下按照贞观年间的办法来处置他，废黜舒王，立皇孙。那么百代之后，执掌天下的人还是陛下的子孙。至于开元时，武惠妃诋毁太子李瑛，后来李瑛兄弟被杀，国人都感到怨愤。这是今后的帝王应该引以为戒的，为什么还要效法呢？况且，太子住在宫中，并未接触过外面的人，也没有干预过外面的事，怎么会有异心呢？那些向您进谗言的人，极为狡诈，即使有像晋愍怀那样的亲笔信，有太子瑛穿的兵甲那样的证据，也是不足信，又怎么能因为妻子的母亲有罪就受连累呢？幸亏陛下把此事告诉了我，我敢用我的整个家族来为太子担保，太子不会有谋反之心。假使让从前的杨素、许敬宗、李林甫之流来听从您的旨意的话，那他们就会成为为舒王得到天下而定策的人了。"

德宗说："听了您的话，我想把这事缓一缓，等到明天再考虑吧。"李泌抽回自己的笏板向德宗叩拜，哭着说："这样的话，我知道陛下父子将慈孝如初。可是陛下回到后宫以后，一定要自己一个人审思，不要把这些意思透露给身边的侍臣。如果泄露出去，他们就会就告诉舒王，那么太子就很危险了。"德宗说："我明白你的意思。"

又过了一天，德宗来到了延英殿，单独召见了李泌，哭着对李泌说："如果没有你一番真诚的劝说，我今天后悔也来不及了。太子敦厚仁义，确实没有别的企图。"李泌叩头向皇帝庆贺，并借此机会请求皇帝让他告老还乡。

宋宗元评论说，李泌的话情真意切，见解极其深刻，最终感动了皇帝。要想稳固皇储的地位，该发表意见的时候不能不说话，李泌就是一个范例。据史书记载，李泌在唐朝，前后侍奉过三个君主，多次在父子骨肉之间巧妙周旋，弥缺补漏，救危扶难。世上很多人把他比作汉代的张良，但其实李泌所处的境况比张良更为复杂和棘手。因为张良遇到的是豁达大度的贤君，而李泌所遇到的都是性情多疑而又萎靡不振的平庸之主。

太子的废立，外人是很难发表意见的。如果争辩得不力，无法使皇帝回心转意；如果争辩得太过，则可能激起皇帝的怨愤。历来当皇室亲族内部、骨肉之间发生矛盾、彼此猜疑的时候，大臣们大多以沉默来保住官位，使自己不至于因为选择失误而丢掉官职乃至脑袋，这样的人当然是不值一提的。即使有一两个敢于说话的大臣，也可能因为触犯了皇帝的痛处而招来祸患，最终对于保护皇储的地位也起不了什么好的作用，还不如缄口不语。李泌在德宗盛怒之下，恳切委婉，言无不尽，始终以诚心来感动他，尤其是引用了不久以前建宁王被冤杀的例子作为前车之鉴，做得更是巧妙极了。他用皇帝所能够明白的道理反复劝谏开导，终于使德宗回心转意了。

（参见《旧唐书》《新智囊》等）

子产不辱使命

郑国的子产是著名的历史人物，为人正直，善于理政，不仅博学多才，还十分善于辩论。他多次出使外国，都能够不辱使命，使郑国这样一个小国在大国中很有影响力。

公元前 542 年，子产陪同郑国国君到晋国拜访。晋国接待他们很不礼貌，给他们住的宾馆大门低矮，围墙又矮又破。不但如此，晋国国君借口鲁国国君死了，推说有事，迟迟不肯接见子产一行人，这在当时是很不符合交往礼仪的。

子产见晋国如此无礼，十分恼怒，便想出了一个使晋国难堪的办法。他派人把郑国所住的宾馆围墙全部拆毁，将带来的车马礼品全部安放在宾馆内。

晋国听说了，觉得郑国很无礼，便派负责接待官吏的士文伯前来责备子产。士文伯很谦虚地说："我们晋国现在治安很不好，刑罚又不严厉，所以盗贼很多。但各诸侯国又经常派人到我国来访问，没办法，我们只能派人对使者住的宾馆进行修缮，修起高大的门户和厚厚的围墙，用这个办法保护各国使者的安全，使他们不被盗贼惊扰。现在，您把围墙全都拆毁了，虽然您的随从们能够警戒，使您不受惊扰，但是将来别国使者怎么办呢？我们作为东道国主，将来用什么来接待别国使者？"

子产当然知道他的话里隐藏了责备的意思，回答说："我们拆毁围墙，也实在是迫不得已啊！我们郑国是个小国，处在大国中间，经常要给大国进贡。而大国索求贡品又没有一定的时间，不知道什么时候就要我们送贡品，因此我们不敢掉以轻心。我们征集了全国的财富前来与贵国会盟，不巧，碰上你们国君没有空接见，又没有告诉我们具体接见的日期，我们带来的东西怎么办呢？您总得让我们找个地方存储东西啊！"

士文伯说："你们可把东西直接送到我们国君那里去呀！为什么要拆除围墙呢？"

子产说："这样做是很不妥当的。我们所奉献的财物，是君主府库中的珍品，要通过在庭中举行的陈列仪式才敢奉献，如果没有陈列仪式，就等于是私自馈赠，我们不敢使贵国的大臣蒙受这样的羞辱。如今没有仪式，我们不敢奉献，但又不能让它们在外边经受日晒雨淋。如果贡品经过日晒雨淋而变坏，到了你们的君主索要贡品的时候，我们将一堆腐朽之物献上，那我国的罪过就更大了。"

士文伯听了他的这一番话，觉得十分有道理，明明知道子产是故意报复晋国，却也找不出更好的理由责备他，只得无可奈何地说了一句："以前从未发生过外国使者拆宾馆围墙之事。"子产说："对呀！我听说贵国文公在位时，也经常接待各国使者。那时候，贵国的宫殿很矮小，也没有那么多楼阁台榭，但是接待诸侯的宾馆却修得又高又大，就像你们现在高大的宫殿一样。不但如此，对宾馆的管理也十分周到，对使者的招待也无微不至。宾馆内的库房、马厩经常修缮，宾馆内外的道路按时修整，宾馆的墙壁定期粉刷。各国使者到贵国来，掌灯人燃起火把，仆人在宾馆内外巡视，使者的车马都有一定的地方停放，使者的随从也有人替代，管理车马的人员给车轴加油。总之，各种接待人员都把分内之事干得很好。贵国君主文公也从不让宾客耽搁，总是及时地安排贡品的陈列仪式，与各个诸侯国同忧同乐，对他们加以安抚。宾客到了贵国，就像回到自己家中一样，他们不怕抢劫偷盗，也不担心贡品受损。"

子产的话真是滔滔不绝，令人无法直撄其锋。他见文士伯没有什么反应，接着说："现在可不一样了。贵国国君的宫室绵延几里，无比壮观，而诸侯使者的宾馆却像奴隶住的屋子。门口进不去车子，东西只能放在外面经受风吹雨打。盗贼公然横行，瘟疫又十分流行。宾客晋见没有一定的时候，君王接见的召令也迟迟不发布，请问：我们不拆围墙把东西放进来，还能有什么别的办法呢？请您放心，如果能够及时献上物品，我们还是愿意把围墙重新修好的。"

士文伯听了子产的这些话，知道自己不是他的对手，只得回去复命。晋国国君听了他的汇报，也知道子产不可辱，觉得自己如此对待诸侯使者有些不妥，便派人对子产表示歉意。

子产并不是一个典型的纵横家，但他以自己的正直和道义来折服对手，能够在外交上不辱使命，实在是难能可贵的。

（参见《左传》等）

毛遂自荐

用则满目俊才，弃则遍地粪土。有些人才自己脱颖而出，但更多的人才是你必须将他放到囊中，使他有脱颖的机会。至于你将哪些人放到囊中，那就要看你的水平了。

秦国围攻赵国都城邯郸的时候，赵王曾经派平原君到楚国求援，希望推举赵国作为盟主，订立合纵盟约，共同联合抗秦。平原君约定与门下智勇双全的食客二十人一同前往楚国。平原君说："如果能通过和平谈判取得成功，那就最好了。如果谈判不能取得成功，那么，也要想办法挟制楚王，在大庭广众之下把盟约确定下来，一定要确定了合纵的盟约才能回国。同去的文武之士不必到外面去寻找，从我们门下的食客中寻找就足够了。"结果选得十九人，剩下的人没有可选的了，无法凑满二十人。

这时平原君的门下食客中有个叫毛遂的人，他找到平原君，向平原君自我推荐说："我听说您要到楚国去，人员不到外面去寻找，而现在还少一个人，您就拿我充个数，一起去吧！"平原君说："先生来到我的门下，到现在有几年啦？"毛遂回答道："已经整整三年了。"平原君说："有才能的贤士生活在世上，就像锥子放在口袋里，它的锋尖立刻就会显露出来。如今，先生寄附在我的门下，到现在已三年了，我的左右近臣从没人称赞推荐过你，我也从未听说过你，这是先生没有什么专长啊。先生不能去，还是留下吧！"毛遂说："我今天就算是请求大王把我放在口袋里吧。假使我早就被大王放在口袋里，就会整个都脱露出来的，不只是露出一点锋尖就完了。"平原君终于同意让毛遂一同去。那十九个人互相使眼色示意，暗地里嘲笑毛遂，只是没有发出声音来。然而等到毛遂到达楚国，跟那十九个人谈论、争议天下形势，说得那些人个个佩服他的才华与见识。

平原君与楚王谈判订立合纵盟约的事，再三分析利害关系，从早晨就谈判，直到中午还没有决定下来，那十九个人就鼓动毛遂说："先生应该登堂了。"于是毛遂紧握剑柄，一路小跑着来到了殿堂上，对平原君说："谈合纵不是利就是害，只两句话就可以了。现在从早晨就谈合纵，到了中午还决定不下来，是什么缘故呢？"楚王见毛遂登上堂来，就对平原君说："这个人是干什么的？"平原君说："这是我的随从家臣。"楚王厉声呵斥道："怎么还不下去？我是跟你的主人谈判，你来干什么？"

毛遂紧握剑柄走向楚王说："大王敢呵斥我，不过是依仗楚国人多势众。现在我与你距离只有十步，十步之内，大王是无法依仗楚国人多势众的，大王的性命就握在我的手中。我的主人就在面前，当着他的面，你为什么这样呵斥我？况且，我听说商汤曾凭着七十里方圆的地方最终统治了天下，周文王只是凭着百里大小的土地就使天下诸侯臣服，难道是因为他们的士兵多吗？不过是善于掌握形势而努力发扬自己的威力罢了。秦国的白起，不过是个蠢材，他带着几万人的部队，发兵与楚国交战，第一战就攻下了郢都、鄢城，第二战烧毁了夷陵，第三战使大王的先人蒙受了极大的耻辱。这是楚国百世不解的怨仇，连赵王都感羞耻，可大王却不觉得羞愧。合纵盟约是为了楚国，不是为了赵国。我的主人就在你的面前，你为什么这样呵斥我？"听了毛遂这一番话，楚王即刻变了态度说："是，是，的确像先生所说的那样，我一定竭力履行合纵盟约。"毛遂进一步逼问说："合纵盟约就算是确定了吗？"楚王回答说："确定了。"于是毛遂用命令式的口吻对楚王的左右说："把鸡、狗、马的血取来。"毛遂双手捧着铜盘，将其端到楚王的面前，跪下说："大王应先歃血盟誓，以表示确定合纵盟约的诚意。您先饮完了，下一个是我的主人，再下一个是我。"

就这样，平原君与楚王在楚国的朝堂之上确定了合纵盟约。

平原君在完成了使命之后回到了赵国，说："我真是不敢再自称懂得观察、识别人才了。我所选拔的人才多说上千，少说也有数百，我自以为不会遗漏天下的人才，现在，竟把毛先生给漏掉了。毛先生一到楚国，赵国的地位就比九鼎大吕还要尊贵，毛先生的那张能言善辩的嘴，竟比百万大军的威力还要大，我实在不敢再说我善于识别人才了。"

毛遂自荐、脱颖而出是妇孺皆知的成语典故。通过这个故事我们可以看出，毛遂是不是成功地促使楚国和赵国缔结了合纵盟约倒不是一件重要的事，关键是对人才的观察、识别。所以我们千万不要自高自大，不要随便看轻别人。

（参见《战国策》《史记》等）

苏秦一言，价值连城

春秋战国时期，是一个"处士横议"的时期，纵横家在这一时期是很吃香的。然而，纵横家绝不仅仅是骗子，更不是什么江湖术士，往往是些有真本领、大本领的人。用鲁迅的话来说，即使是帮闲吧，也要有帮闲的本领，绝不是随便就可做得来的。且看苏秦的"一言十城"。

秦惠王将女儿嫁给了燕国的太子，这一年（公元前333年），恰好燕文侯去世，太子即位成为燕易王。燕易王刚即位，国家尚未稳定，齐宣王便趁燕国国丧之际，出兵进攻燕国，攻下了燕国的十座城池。

燕易王对苏秦说："当初你首先来到了燕国，是我父亲帮你，才使你见到了赵王，完成六国合纵的大业，成就了你的名声。如今，齐国却先攻打赵国，然后又打我们燕国。你主持了六国的合纵之事，现在却弄成了这个局面，天下都在笑你了。你能为燕国夺回被齐国侵占的土地吗？"

苏秦感到非常惭愧，说："请让我为大王效劳。"

苏秦见到齐王以后，一拜再拜，先是低头庆贺，然后又仰头哀悼。齐王见苏秦这样一副怪样子，便问："您怎么一会儿庆贺，一会儿又哀悼呢？"

苏秦说："我听说，饥饿的人之所以不吃鸟儿一口就能吃掉的那一点儿食物，是因为吃了也无济于事，那与饿死没有什么两样。现在，燕国虽然弱小，却是秦王的女婿。大王贪图燕国的十座城，却没有想到与强大的秦国结下了怨仇，就好像燕国是雁阵，却没想到秦国这样的猛禽躲在背后。您袭击了燕国，却会招来秦国；您这不等于是饥饿的人吃下了鸟食一般吗？燕国的那点儿土地对于齐国来说实在是聊胜于无，但却会给您带来灭顶之灾。"

齐王听了他的话，十分吃惊，连脸色都变了，说："那该如何是好呢？"

苏秦说："我听说，古时候善于处理事情的人，能转祸为福，反败为胜。大王如果真能听我的话，就请您立刻归还燕国的十座城池。燕国无缘无故地收回了十座城，一定十分高兴；您再派使者告诉秦国，秦王如果知道是为与秦国处理好关系您才归还，也一定十分高兴。这种做法的结果是，齐国少了仇人却得到了两个国家的知交，而一旦燕国和秦国一同臣服于齐国，那么大王如果再号令天下，有谁敢不从？"

苏秦接着说："大王让秦国得到了虚荣，而大王却用十座城池取得了天下，这就能够完成称霸的大业了，您何乐而不为呢？"

齐王说："好，您说得很有道理，就照您说的办。"

于是，齐国归还了燕国的城池。

人言义士一言九鼎，那是说信守诺言；而苏秦一番话就能使燕国不费吹灰之力收回十座城池，真可谓价值连城了。

（参见《鬼谷子》《战国策》《史记》等）

邹忌讽齐王纳谏

所谓偏听则暗，兼听则明，能够虚心地听取各方面的意见是一个国家立足于不败之地的坚实基础。齐威王之所以能够"在朝廷上战胜敌国"，就是因为他能够从谏如流。

齐国的国相邹忌身高八尺有余，是一位相貌奇伟英俊的美男子。一天早晨，他穿戴好衣冠准备上朝，一边照镜子一边对夫人说："人家都说城北的徐公美，你看，我跟徐公相比，哪一个长得更英俊呢？"他的夫人回答说："当然是你长得英俊潇洒，徐公怎能跟你比？"城北的徐公，是齐国著名的美男子。邹忌听到他的妻子说自己比徐公还美，不太相信，于是就问自己的妾说："我跟徐公谁长得英俊？"妾回答说："徐公怎能和你比呢？"第二天，有客人来访，邹忌跟客人谈话时，又问客人说："我和徐公相比，谁更美？"客人回答说："徐公当然不如阁下漂亮啦！"

后来，徐公来到邹忌家，邹忌仔细看徐公，再比一比自己，自认为并不如徐公俊；再对着镜子仔细看看自己，也觉得远不如徐公漂亮。到了晚上，邹忌躺在床上思索，并且自言自语说："我的妻子之所以说我英俊，是因为她爱我；我的妾夸赞我，是因为她害怕我；客人也说我英俊，是因为他有求于我。"

于是邹忌上朝时对齐威王说："臣确实知道远不如徐公漂亮，但是由于臣的妻爱臣，臣的妾怕臣，臣的客有求于臣，于是他们就都夸赞我比徐公英俊。如今齐国方圆千里，是个有一百二十座城池的大国，宫娥都爱君王，而朝廷群臣都怕君王。由此可见，君王一定被人蒙蔽得很厉害。"齐威王说："贤卿的话很有道理。"于是，齐威王立刻颁布诏令说："从今以后，凡是齐国臣民，能够当面指出寡人过错的，可受上赏；上书直谏寡人过错的，可受中赏；能在街头巷尾批评寡人过错的，可受下赏。"

这道诏令刚一公布，群臣就争相进谏，王宫门前犹如市场一样。几个月以后，还经常有人向朝廷进谏。一年以后，想要进谏的人已经无话可说了，因为所有的意见都已经献给朝廷。燕、赵、韩、魏等国听说了这个消息后，都纷纷派使节前来朝拜，这就是所谓"在朝廷上战胜敌国"。

在中国历史上，臣下敢于直言进谏、君主从谏如流的事例是很多的，但能够像齐威王这样敢于让天下百姓直言进谏的却不多见。齐威王能做到这一点，确实是难能可贵的。尤其需要指出的是，邹忌能够以亲身经历来说服齐王，让其明白自身处于蒙蔽之中，是罕见的。邹忌也因为这一次对齐王的讽谏而名垂青史。

（参见《战国策》等）

为子孙计深远

触龙说赵太后的故事在中国历史上是非常著名的，这个故事告诉我们怎样才是真正爱护子女。真正爱护子女，就不能只看眼前的安逸，应当"为之计深远"。

春秋战国时期，赵国的赵太后刚刚执掌政权不久，秦国就发兵攻打赵国，赵国向齐国求援，齐国说："赵国必须用长安君做人质，我们便出兵援赵。"长安君是赵太后最宠爱的儿子，所以，赵太后不愿意这样做，大臣们都极力劝谏，太后明白地告诉左右说："如果再有人来劝说让长安君到齐国做人质，我一定要当面唾他。"

此时，左师触龙说想见太后，赵太后很生气地等待着。触龙慢慢地走进去，到太后面前自己请罪说："我的脚有毛病，走不快，以致好久没有来拜望太后您了。我在私下里虽然能宽恕自己，但又担心太后的身体也不太好，所以还是来拜见您。"太后说："我现在是靠车辇。"触龙说："您每天的饮食没有减少吗？"赵太后说："我只是喝粥而已。"触龙说："我近来食欲不振，于是就去散步，每天行走三四里路，饭量就稍有增加，身体也舒服了一些。"太后说："我已不能这样做了。"这时，太后的面容稍微有了好转，怒气也消了一些。左师触龙说："我有一个不肖的儿子叫舒祺，他年纪尚轻，没有什么本领。但是我已经老了，很怜爱他，我希望让他做一名宫廷卫士保卫王宫，我冒着死来向太后说明这个意思。"

赵太后说："好啊，有多大岁数了？"触龙说："十五岁了，年龄虽然小，但我希望在我未死以前，能把他托付给太后。"太后说："您也疼爱自己的儿子吗？"触龙说："疼爱之情胜过太后您。"太后说："我也是非常疼爱自己的儿子的。"触龙说："我私下里以为您爱燕后（赵太后之女）超过爱长安君。"太后说："您完全错了，我爱燕后远不如爱长安君。"触龙说："做父母的疼爱自己的子女，要为他们做长远的打算。燕后初嫁时，您老人家跟着她，为她远行感到悲伤。到后来她出嫁了，您也十分思念她。但到祭祀的时候做祝福她说，'千万别让她回来'。因为您希望她的国家不要灭亡。这就是为她做长远的打算啊！您希望她的子孙能继承王位。"太后说："很对。"

触龙说："现在追溯到三代以前，赵国开国时，赵烈侯的子孙被封侯的，今天还有人存在吗？"太后说："没有了。"触龙说："不但是赵国没有了，其他国家子孙封侯的，到今天还有继续存在的吗？"太后说："没有了。"触龙说："所以说，近者灾祸就降临到这些人的本身，远者则降临到他们的子孙。难道国君的子孙一定都是坏的吗？不是的，原因是他们位高而无功，俸禄丰厚而无所事事，所拥有的资财又太多了。现在，您老人家一再提高长安君的爵位，把丰腴的土地都封给他，又把国家的许多重宝送给他。可是现在不让他为国立功，有一天您老人家去世之后，那长安君又怎能自己在赵国立足呢？我认为您没有为长安君做长远的打算，所以我说您爱长安君不如爱燕后。"

太后说："您说得真是有道理啊！就听凭您安排使用他吧。"于是太后为长安君准备了百辆车子，让他到齐国去做了人质，接着齐国发兵救赵。赵国贤士子义听到了这一消息后说："国君的儿子是至亲骨肉，同样也不能依靠无功的尊位和先人的俸禄而守住财宝，更何况做人臣的呢？"

今天看来，触龙所讲的道理并不复杂，但触龙所用的方法却是十分高明的。首先，触龙面对的是一个特殊的对象，即一位十分宠爱自己儿子的母亲；其次，她又不是一位一般的母亲，而是执掌赵国大权的太后；第三，已经有许多人劝谏过了，太后不听，而且声称要对再来劝谏的人"唾其面"，对触龙一开始也是"盛气而揖之"。所以，触龙如果要想用一般的方法去说服太后是不可能的。他说服赵太后的过程可分为三步：一是"套近乎"，使太后在感情上转移了注意力，减少了对触龙的抵触情绪；二是表示要把自己的小儿子送到太后的身边当侍卫，表明自己爱护子女的态度；三是由此引出太后爱长安君不如爱燕后的看法，引太后入彀，自然而然地引出了"父母爱子女当为之计深远"的结论，使太后心悦诚服地接受了他的观点，送长安君去齐国做人质。

无独有偶，还有一个与此十分类似的例子。

燕国的陈翠想让燕、齐结盟和好。按当时的规矩，盟国之间必须派人质到对方国家，陈翠就想让燕王的弟弟到齐国做人质。可是燕王的母亲太后听到这件事后，大发雷霆说："陈翠这个人不能治国也就罢了，哪能想方设法使别人母子分离呢？真是岂有此理！"陈翠听说太后发怒的消息后，就要求晋见太后，太后听到禀报就说："我正要找他算账，没想到他竟送上门来了！快让他进来。"陈翠进来后，太后盛怒未息，不冷不热地对陈翠说："听说你想让我把我的儿子送到齐国做人质，是吗？"陈翠回答道："启禀太后，正是。"

太后听完恶狠狠地说："告诉你，你的这个要求是绝对办不到的。"陈翠见此，不慌不忙地上前一步探视了一下，然后缓声说道："太后息怒，请您听听我的道理。我让您派公子去齐国做人质，是有我的理由的。我听说，太后爱子还不如一般的平民百姓爱自己的儿子，不仅不爱自己的女儿，更不爱自己的儿子。"

太后听后连连皱眉说道："你说这话是什么意思？我听不明白。"

陈翠沉默了一会儿才说："太后您把自己的女儿嫁给诸侯，还知道陪送多达千金的嫁妆。大王想封公子一官半职，群臣就会说，公子没有什么功劳，不应该受封。现在让公子做人质，就是他立功的好机会啊！可是太后不同意，我才知道太后不爱儿子。况且太后和大王幸而健在，公子可以很高贵。但太后和大王不幸百年之后，公子如果不能继承王位，那就有可能比一般的平民百姓还要低贱。如果太后在世时公子都不能受封，他以后有可能终生都不会受封了。"

太后听到这里不觉大吃一惊，说道："老妇目光短浅，不知道这长久之计，还是陈爱卿有远见卓识。"

于是太后就答应让自己的儿子前去齐国做人质，并马上下令为公子预备前去的行李物品。

这个故事记述的过程虽然没有前者详细，但道理是一样的。**人之爱子女，要为之计深远，这恐怕就是大爱和小爱的区别了。**

（参见《战国纵横家书》《容斋随笔》等）

卷七

阴阳家智慧

最神秘的阴阳家智慧

"天则有日月，地则有阴阳；天有五星，地有五行。"阴阳家通过天象观测，掌握了自然的变化规律。高明者往往是把科学——如天象运行的自然规律——与神秘的巫术形式结合起来，用来预测人事的吉凶祸福。

关于学派和阴阳家，《汉书·艺文志》里面讲得十分清楚："阴阳家者流，盖出于羲和之官，敬顺昊天，历象日月星辰，敬授民时，此其所长也。及拘者为之，则牵于禁忌，泥于小数，舍人事而任鬼神。"从这里可以看出来，《汉书》的作者把阴阳家分为两大类，一类是根据所谓的四时之运、五行之性、八风之气来为国家制定各种律历、指导各种祭祀活动甚至参与制定国家政令的人，这样的阴阳家在漫长的中国历史上一直是被官方看作主流的。不过这些人虽然受到了观念上的尊重，但丰富的历史事实告诉我们，真正在宫廷庙堂和下层社会发生影响的并不是这一派，而是"牵于禁忌，泥于小数，舍人事而任鬼神"的那一类人。的确，后一类人不为正统的阴阳家所看重，甚至遭受他们的鄙夷和排斥，但由于他们有着广泛深刻的社会基础，用其神秘的理论和实践来混淆视听、蛊惑人心，所以，他们不仅在民间很有市场，就是在宫廷庙堂也时时被看重。

这里所说的阴阳家的智谋主要是指后一种。

阴阳观念产生有其深刻的社会历史根源。在以农立国的中国古代，"象天法地"是人们固有的思维方式，人们在生产和劳动的实践中，通过仰观俯察，首先感受到的就是有着最大差别的那些相互对立的事物，因为这些事物对人的影响和刺激最大，所以也就首先在人们的意识中形成了比较明确的概念，如天地、日月、寒暑、水火、男女、昼夜、阴晴等自然现象。随着社会的进一步发展，经济分工开始出现，社会上的差别也就随之而来，于是，主奴、贵贱、贫富、治乱、兴衰等上下等级观念和社会发展变化的观念就开始在人们的头脑中出现了。

然而，这些都是个别的、具体的观念。随着历史的发展，人们认识到应该从这些个别的观念中提升出一个具有概括性的观念，这个观念就是阴阳。至于阴阳一词是如何产生的，现在已经无法考证了，由于它产生在渔牧向农耕转变的时代，可能与农业生产有一定的关系。人们也许从农业生产实践中认识到了向阳的庄稼丰收，而背阴的庄稼却容易减产，就总结出"相其阴阳"的生产经验，这一经验与人们的生产和生存有密切的关系，又确实能够囊括上述的那些对立的具体概念，于是，阴阳观念便得以确立了。

阴阳观念后来被迅速神秘化了。如《淮南子》就按照礼制与时令对应的原则将一年十二个月政令与失度所引起的阴阳失衡描述如下：

正月失政——七月凉风不至

二月失政——八月雷声不止

三月失政——九月不下寒霜

四月失政——十月不结冰冻

五月失政——十一月动物不眠

六月失政——十二月草木不凋落

七月失政——正月大地不解冻

八月失政——二月不闻雷声

九月失政——三月春风不止

十月失政——四月草木无实

十一月失政——五月天落冰霜

十二月失政——六月五谷不收

好在我们的目的不在于去研读这些典籍，更不打算去做什么算命先生。所以，这里不去介绍预言家的各种方法，也不选择一些无稽之谈来耸人听闻，只是从正史和一些可靠的典籍上有目的地选择一些观点和事例加以介绍和分析，希望有助于读者了解传统文化的这个重要的侧面，并能对之有正确的认识。

阴 阳

阴阳家的内涵非常丰富，这里只介绍其中的部分观点和历史事例。阴阳家在古时也是十分受尊重的。据《史记》和《汉书》记载，在战国时期，邹衍是一位学识十分渊博的人，他善于谈论天地的形成，对五行生克非常有研究，著有《主运》一书，所以当时人们称他为谈天衍，很是尊重。《史说》中说，邹衍在当时的诸侯国中很有地位，"在他出使的时候也很受各个诸侯国的尊重，他旅行至梁国，惠王亲自到郊外迎接，并且对他行宾主之礼；他到赵国时，平原君竟然侍候在路旁，亲自为他擦去座位上的尘土；他到了燕国，昭王为他做引导，并且请求做他的弟子；昭王在碣石为他建造了一座宫殿，并亲自去聆听他的教诲。他在王侯之间游说时受到了如此好的待遇，这与孔子几乎饿死在他国，或者孟子在齐国和梁国受困比较起来，是多么的不同"。

殷、周之际产生的《周易》就是在总结了以往广泛的矛盾现象的基础上，试图用阴阳变化的观念来解决生产和社会的矛盾的一种极其有力的尝试，其核心目的就是趋吉避凶。可以看出，《周易》中提出的乾坤、泰否、剥复、损益等一系列的矛盾范畴，比以前的天地、日月、寒暑、水火、男女、昼夜、阴晴等单纯地描绘自然现象的概念和主奴、贵贱、贫富、治乱等单纯地描绘社会现象的概念不仅上升到了抽象的层次，更重要的是这些概念中已经融入了人们对自然现象和社会现象的规律性的认识，显示出人们把握自然和社会的强烈的渴望。在《易经》中，这些观念都在阴阳观念的笼罩之下。可以说，《周易》为阴阳范畴的确立开了先河，即使在今天看来，阴阳观念在当时也是"科学"的概念。

在漫长的历史发展过程中，人们又将这种经验和规律用来指导管理国家，认识到矛盾的缓和与激化关系到社会的治乱和安危。西周末年，人们开始用阴阳二气的消长来解释万事万物变化的原因。其后不久出现的《老子》一书似乎专注在阐述阴阳观念，他在书中提出了一系列的对立的概念，应该说，《老子》在更高的水平上丰富、发展了阴阳学说，为中国古代的阴阳观念奠定了基础。

其实，真正大谈阴阳的不是《周易》的卦和爻辞，而是用来解说《周易》的《易传》部分。《易传》共十篇，它产生的年代肯定比《老子》要晚，可能是从孔子时代至汉代的作品，其中肯定经过了许多人的增删修订。《易传》中的二元对应的模式已经有意识地明确化了，并对阴阳观念作了系统的论述。如《系辞传》中说：

> 一阴一阳之谓道。
>
> 阴阳不测之谓神。
>
> 阴阳合德而刚柔有体。
>
> 阴阳之义配日月。
>
> 阳卦多阴，阴卦多阳。
>
> 乾，阳物也；坤，阴物也。

由此可见，阴阳观念在这里已经明确地上升到二元对应的主导地位。在此以后，整个中国古代哲学文化都是在这种观念的影响下发展变化的。

如上所述，阴阳家是由先秦时期的天文家和占星家演变而来的。阴阳家在天象观测中看到"天则有日月，地则有阴阳；天有五星，地有五行"。他们掌握了自然界阴阳五行变化规律，是具有较多科学知识的人。他们甚至能够预测日食、月食和某些自然现象的发生时间，人们便对他们有了神秘感。再加上政治统治的需要，统治者往往有意识甚至是处心积虑地将其神秘化，后来他们又流布民间，这就逐渐产生了以玩弄方术为主的方士型的阴阳家。在这一类人中，高明者往往是把科学——如天象——与神秘的巫术形式结合起来，用来预测人事的吉凶祸福。这些人到汉代即被正式命名为阴阳家，成为"六家"或"九流"之一。

在春秋战国时期，阴阳五行学说盛极一时。据《汉书·艺文志》记载，阴阳家约有六十八家，著述多达一千三百余篇，这在当时实在应该算是"显学"了。这种学说的影响之大，甚至连不相信天命的孔孟之徒都受到了濡染，以孟子为代表的思孟学派甚至与它有很深的渊源。

然而，需要看到的是，在汉代之后的两千多年中，阴阳学说经历了曲折的发展过程，各个时代都受到了当时哲学家的改造，形成了一个哲学体系。其中不仅包括"敬顺昊天，历象日月星辰，敬授民时"的正宗的阴阳家，更多的似乎应是方士所玩弄的方术、数术，道教的许多思想理论也是出自阴阳观念。

应该说，在汉代以后的阴阳家那里，科学的成分逐渐减少，愚民之术、牧民之术的成分逐渐增多。

在一定的历史时期，它甚至成为一种非常重要的统治方法。当然，我们在这里不能过多地去责备阴阳家，因为这是与整个中国文化的大背景相联系的。但我们要看到的是，如果说儒家、道家、纵横家甚至法家、兵家的智谋还有许多合理的成分可供今天的人们借鉴的话，那么，阴阳家的所谓的智谋就没有太多的东西可以为今人所用了。

然而，阴阳家的学说的确又是中国历史上的极为重要的文化组成部分，对我们的民族性有着很大的影响，其内涵也是极为复杂的。我们在这里仅是列举一些比较重要的侧面，以便了解其内在的结构。

我们只是为了介绍的方便才把阴阳家分成阴阳、命数、谶纬、易占、星占、解梦、灵异等七个方面。实际上这是很不合适的，这不仅是因为阴阳方术本来就盘根错节，很难分类，更重要的是这根本无法包括其极其复杂的内容。中国古代方术的资料可谓浩如烟海，光谶纬之类的典籍就够一个人穷尽毕生的精力去研读了，如果再加上各类专门的典籍，如道典类、释典类、易学类、太玄类、神仙类、奇闻类、占卜类、占星类、占梦类、测字类、相术类、堪舆类、三式类、命理类、杂术类等，简直数不胜数，如果还想进一步挖掘的话，道藏中还有这方面的许多资料。面对这些遗产，我们也许只能望洋兴叹。

命 数

中国有一句家喻户晓、妇孺皆知的话，就是"生死有命，富贵在天"。意思是说一切都是命中注定的，个人是无法改变自己的命运的。其实，在中国的传统文化中，天道观在某种意义上也是讲究命中注定的。

在漫长的历史长河里，的确也发生过一些十分巧合的事。按照阴阳五行的说法，天干地支纪年法中的丙午年和丁未年是凶年，如果从有记载的汉朝算起，确实在这两年经常发生比较大的内忧和外患。

汉高祖在丙午年（公元前195年）驾崩，权柄落在吕后手中，吕后对刘氏家族大加杀戮，几乎倾覆刘家宗庙。汉武帝元光元年（公元前134年）为丁未年，这一年，出现了名叫"蚩尤旗"的彗星（状似旗，古人认为此星一现，战祸就起），横亘天际。这年春天，太子刘据（后被汉武帝所废）出生。也就在这一年，汉朝开始命令大将率兵征伐匈奴，从此以后，双方战争三十年，死伤无数。后来因为受陈皇后巫蛊案的牵连，生在这一年的太子刘据与他的两个儿子也一起被害。

汉昭帝元平元年（公元前74年）为丁未年，汉昭帝驾崩，昌邑王刘贺登基。因刘贺多行淫乱，旋即被废，在这一年中又立汉宣帝。汉成帝永始二年（公元前15年）为丙午年，永始三年（公元前14年）为丁未年，后戚王氏家族正昌盛，王莽被封为新都侯，赵飞燕被封为皇后。由此，酿成汉朝基业被王莽所篡之祸。

汉光武帝建武二十二年（46年）、建武二十三年（47年）又分别为丙午、丁未年，当时虽然海内外平安无事，然而，这一年汉朝与南匈奴结盟共抗北匈奴，为后来的南匈奴首领刘渊在西晋末年起兵祸乱中原埋下了祸根。汉殇帝即位于延平元年（106年），为丙午年；第二年为丁未年，汉安帝即位，东汉的衰败正是源于这两年。汉桓帝驾崩于永康元年（167年），这年为丁未年，汉灵帝此年继位，汉朝衰亡。

曹魏时，魏文帝在黄初七年（226年）驾崩，这一年为丙午年，魏明帝登基，由司马懿受遗命辅政。司马氏专权，然后灭魏，其祸始于这一年。

西晋时，晋武帝太康七年（286年）和太康八年（287年）分别是丙午、丁未年，此时，晋惠帝还是东宫太子，后来的"五胡乱华"就来源于这两年。

唐太宗贞观二十年（646年）、贞观二十一年（647年）分别为丙午、丁未年，后来篡夺唐朝江山的女皇帝武则天，这时已在后宫，在唐中宗神龙二年（706年）之丙午年，景龙元年（707年）之丁未年，武则天篡唐的事已经可以明见。唐代宗大历元年（766年）、大历二年（767年）分别为丙午、丁未年，安史之乱平定了，但唐朝却采取了很不明智的举措，把投降的安史余孽安置在河北各地做节度使，遂形成了藩镇割据的局面，最终导致了唐朝的灭亡。

唐敬宗宝历二年（826年）为丙午年，唐敬宗被宦官杀害。唐文宗太和元年（827年）为丁未年，唐文宗开始统治全国，但还没有过十年，就酿成甘露之变。

唐僖宗光启二年（886年）、光启三年（887年）分别是丙午年、丁未年，天下大乱之际，僖宗逃亡，襄王被立为皇帝。后晋出帝开运三年（946年）为丙午年，后晋亡于契丹。

宋真宗景德四年（1007年）为丁未年，第二年却出现天书祥符等事，结果大修官观，大搞封禅活动，使国家的财力人力大为消耗。宋英宗治平四年（1067年）为丁未年，王安石进入朝廷，后来围绕其变法活动，朝廷展开了激烈的斗争。宋钦宗靖康元年（1126年）为丙午年，金兵围攻汴京，次年为丁未年，宋高宗去世。

宋朝以后的情形，不像宋朝以前的情形这样明显，但基本上还是可以看出来，在这两年内忧外患确实要比平常的年景多一些。

也许，上面的那些灾难都是巧合。在人类漫长的历史发展过程中，什么样巧合的事情都是可能发生的，更何况我们再去刻意地寻找呢？也许，下面的灾难年号也是巧合。

据南宋洪迈的《容斋随笔》记载，自从汉武帝刘彻用"建元"作为年号以后，至宋代的一千多年之间，皇帝的年号有好几百个，其中为时代治乱离合而趋吉避凶、故意附会的年号更是不可胜数。但其中据说有不少较明白的预示吉凶的年号。

如东晋元帝司马睿的年号"永昌"，当时的明士郭璞解释说，"昌"字是个非常不吉祥的字，表示有两个太阳，当年冬天晋元帝果然死了。

东晋桓玄擅权时，将晋安帝的年号改为"大亨"。有人说，这两个字分开，可以解释成"一人二月了"，即"大"字分为"一人"，"亨"字分为"二月了"，即有一个人在二月里完蛋。次年二月，桓玄果然失败了。

萧栋和武陵王在同年当皇帝，都以"天正"为年号。有人说"天"字可以解释为"二人"，"正"字可看成是"一年即止"。这样二者合起来乃是"二人一年而止"。后来果真如此。

北齐文宣帝高洋以"天保"为年号。有人说这两个字可以分开为"一大人只十"。高洋果然在位十年就死了。

北齐后主高纬以"隆化"为年号。把"隆"字的后两画移到"化"字上，便成了"降死"；安德王延宗以"德昌"为年号，可以说成是"德有两个日（太阳）"。这都是不吉祥的，事实上这几个帝王都没有好的结果。

北周武帝宁文邕以"宣政"为年号，这两个字被看成是"宇文亡日"；宣帝以"大象"为年号，则被看成是"天子冢"，在位仅一年。

隋炀帝杨广的年号为"大业"。根据"业"字的古字，"大业"便可以看成是"大苦末"，隋朝是一个生灵涂炭的时代。

唐僖宗的年号为"广明"。根据"广"的繁体字，这二字可以看成是"唐去丑口而着黄家日月"，即预示着黄巢造反的祸患。

宋钦宗赵桓的年号为"靖康"。可以看成是"立十二月康"，果然在他在位一年后就被金人掳走，由康王赵构建立了南宋。

宋神宗末年准备更改年号，公卿大臣指出了三个年号送给神宗，这三个名号分别是"平成""美成""丰亨"。神宗看了以后认为，"成"字右边带戈，"美成"好像是"太平都负戈"，觉得不吉祥。"亨"字下面好像"为子不成"，即做儿子少了一横，不如把"亨"去掉，立上个"元"字。于是便改为"元丰"。

其实，阴阳家是一个很大的概念，其狭义的概念就应该是术数方技了。术数（也称数术）中，形法的主要内容之一是根据人体的外形和外貌来预测一个人的命数，这在中国古代也许是最广泛的，所谓"学会了'麻衣相'，吃穿走四方"，就反映了这一历史事实。

据洪迈《容斋随笔》记载，有人能预言祸福、卜知未来。有的还确实很神奇，一言就中。如后唐庄宗时有一位术士名叫周玄豹，就是专门以预知人和事而著名的，还确实常常言中。

当时后唐庄宗的弟弟李嗣源（即后来继位为皇帝的唐明宗）为内衙指挥使。他不相信什么预测，又兼年轻气盛。他听说周玄豹的相术神奇灵验，想考验他。于是就令别人换上自己的衣服，坐在自己的位置上，让玄豹看相。而李嗣源自己在台下旁观看，他是想看笑话。只见周玄豹走上前去，仔细观看了这个人后，肯定地说："内衙指挥使应当是一名贵人。可这个人没有这种富贵相，不能担当此任。"他又环顾一下四周的人，发现了李嗣源，又肯定地指着李嗣源说："这个人才是真正的内衙指挥使。"接着又对李嗣源说他将来必定能登上皇位，贵不可言。李嗣源虽然当时还没有成为皇帝，但他不得不佩服周玄豹的神奇相术。

周玄豹相术虽神，却也有失算的时候。如当时还是一个小人物的冯道，刚从瀛洲跑到太原，监军使张承业任命他为本地的巡官，觉得他很有才能，十分器重他。可周玄豹看了他的相貌以后却对张承业说："冯道将来没有什么前程，不可过于重用。"但当时不懂什么相术的书记官卢质则说："我曾经见过前宰相杜黄裳所画的真人图，与冯道的相貌非常相似，这个人将来必有大用。周玄豹的话不可轻信。"张承业相信了卢质的话，于是又推荐冯道为从事官。后来冯道终于官运亨通，连续升迁，很快官至宰相。更奇怪的是，他经历了多次改朝换代，仍然稳坐相位，为五代十国时期最为稳享官禄的人之一。

据《北史》记载，在南北朝时期，有一位盲人善于通过听声来辨别一个人的吉凶祸福，北齐文襄帝高澄十分仰慕他的名声，特意请他为自己的家人算命。当听到刘桃枝说话的声音时，盲人说："此人日后必定大富大贵，他会杀死许多王侯，但也一定会被别人役使。"当他听到赵道德的声音时，他说："也是富贵之人，但不如前者。"在听到太原公高洋（北齐文宣帝）的声音时，他毫不犹豫地说："此人当为人主。"听到文襄帝的声音时，他却不说话了，在他身边的人偷偷拧了他一下，他才仿佛醒悟过来，说："也是帝王。"他的话日后果然一一应验，文襄帝虽然也是帝王，但他在二十九岁时就被人杀死了，他的帝号还是追认的。

据说，皇帝的形貌都是十分奇特的，但总的说是像龙。龙种与常人长得不一样。龙种据说大鼻口，直鼻梁，且鼻梁直通上额，额的两边有凸起的角，口方而大，眼圆而突，头顶尖高而平，脖子细而长，胸如凤凰（大概有点像缺钙造成的鸡胸），背如龟盖，如此等等，无法细述。如果按这要求做一模型，那肯定是一尊怪物。

据《三国志》记载，三国时期刘备的形貌也是十分奇特的。他"身长七尺五寸，垂手下膝，顾自见其耳"，所以当时刘备有一个外号叫作"大耳"。并且刘备家东南墙下生有一棵桑树，五丈余高，远远望去像一个车盖，来往的人都说这棵树长得异常，一位叫李定的人说："这棵桑树所罩住的人家一定要出大贵之人。"

据《隋书》记载，隋朝的开国皇帝杨坚的面相更是充满了传奇色彩，据说他的体态像龙，额头上有"五柱入顶"之象，生下来手心上就有"王"字的字样。他出生时，屋内充满了紫气，他母亲抱着他时，有一次竟然看见他头上生着角，遍体生鳞，吓了一跳，把他摔到了地上。这时一位尼姑恰好看到了此情此景，赶忙将杨坚抱起来说："这个孩子是个大有来头的人，你这一摔可不要紧，使他晚得天下了。"

其实，这都是后来修史的人为了拍皇帝的马屁故意神化的，最典型的当数刘邦的神化过程，他经历了三变。

据《史记》记载，刘邦生时有异相。刘邦的母亲有事外出，路过一个大泽，觉得乏力，就坐在泽边休息，不觉中竟迷迷糊糊地睡去，就在似睡未睡之际，蓦然看见一个金甲神人从天而降，即时就惊晕过去，不知神人干了些什么。刘邦的父亲见妻子久不归来，担心有事，便出去寻找。刚走到大泽附近，见半空中有云雾罩住，隐约露出鳞甲，似有蛟龙往来，等云开雾散，见泽边躺着一个妇人，正是自己的妻子。问起刚才的事，她竟茫然不知。从此，刘邦的母亲便怀了身孕，后来生下一个男孩，就是刘邦。

刘邦生有异秉，长颈高鼻，左边大腿上有七十二颗黑痣，刘邦的父亲知道他不同一般，就取名为邦。他出身卑微，必须神化才可。于是就制造了"神母夜号"的故事：刘邦喝醉了酒，让一帮人在前边走，前边的人慌慌张张地跑回来说："前面有大蛇挡径，愿还。"高祖醉，曰："壮士行，何畏！"就走向前去，击斩蛇。蛇遂一分为二，道路也就通了。行数里，醉，就卧在地下。后人来到那个被斩杀的蛇旁边，有一老娘夜哭。人问她为什么哭，那人说："人杀吾子，故哭之。"别人又问："你的儿子怎么被杀的？"那人说："吾子，白帝子也，化为蛇，当道，今为赤帝子斩之，故哭。"

第二变是在刘邦登基之初。在张苍等大臣的倡导下，汉代沿袭了秦制，崇尚黑色；并且将祭祀四帝改为祭祖五帝，又增添了一个黑帝，刘邦成了黑帝的后裔，进一步被神化了。

第三变是在刘向父子重新编排了历史的顺序以后。他们说神母夜号正是预示着刘邦是赤帝的后代，应当尚赤、主大统。根据五行循环的理论，在这个五行相生的循环中，汉代这一轮所对应的属于赤色的帝王是帝尧，所以汉代应是帝尧的后代，刘邦不仅又恢复了作为赤帝之子的地位，而且身世越来越高贵，由流氓无赖逐渐变成了真命天子。

据说，天子既接命于天又归命于天，所以他们死亡的时候，天地之间总是要发生一些惊天动地的变化，它们正是天人感应理论的显现。下面仅就《后汉书》记载后汉的几位皇帝的死看看出现的所谓天象。

光武帝死前两个月，日食。

明帝死前两个月，有星冲撞太微。

和帝死前六个月，地裂。

殇帝死前两个月，三十七郡国水灾。

安帝死亡当月，日食。

顺帝死前一年，凉州大地震。

冲帝死前一年，大地震，且水涌地裂。

质帝死前一个月，海水溢，太白星犯荧惑。

恒帝死前两个月，六州水灾，渤海水溢。

灵帝死亡当月，日食。

献帝禅让帝位于曹魏当年，日食。

当然，也有许多人就不相信天命，这些人往往成为历史上的著名人物。

　　早在春秋战国时期以前，就有人就不相信定数不可改变，认为通过德政是可以改变"既定的命运"的。例如，据《左传》记载，鲁僖公十六年春天，宋国的境内落下了五块很大的陨石，还有六只鹢鸟退着飞过了宋国的国都。宋襄公感到非常恐慌，就问他身边的大臣说："这是什么预兆？主什么吉凶？"大臣叔兴说："今年鲁国有大丧，明年齐国有动乱，不过，君王将会得到诸侯的保护，但不会维持多久。"其实，他是不相信这些的。他出来之后对别人解释说："国君对这个问题问得不恰当，这些天上现象本来是和人间的事无关的，与人事吉凶无关，人事的吉凶只是由人的行为所决定的，怎么会由上天决定呢？我之所以这样回答他，实在是因为不敢违抗国君的缘故啊！"

　　其实，在阴阳家那里，命与数是两个有差别的概念。命是前定的宿命，数是具体的大小多少。预知和改变命数的方法有很多，历代都不一样，我们在这里无法介绍，实际上也没有必要了解得十分详细，因为它毕竟没有多少精华可供今人吸取。

谶　纬

　　谶纬之学是西汉和东汉时期经学神化以后的一种表现形式。"谶"是一种带有浓厚的神秘色彩的预言，往往假托神灵来预言吉凶祸福和告知人间的政事；"纬"则是相对"经"而言的，是对各种经书的解释，也是各种经书的衍生。"谶"先于"纬"而产生，但作为预言的形式，二者是没有什么区别的。

　　谶纬早在秦始皇时期就已经产生了，当时的方士卢生入东海求仙曾带回了一卷《图录》，其中有"亡秦者胡也"的谶语。但这时谶纬尚未形成风气和系统。直到西汉中期，儒生们才大量制作谶书，并编辑成册，蔚成风气。

　　据《后汉书》记载，在西汉末年王莽专权的时候，有一条谶语说不久一个名叫刘秀的人要做皇帝。当时著名的经学大师刘歆为了应这条谶语，甚至将自己的名字改为刘秀，因为他在《河图书》中发现这样的一条谶语："刘秀发兵捕不道，四夷兴兵龙斗野，四七之际火为王。"当时，王莽的政权正受到了越来越多的人的反对，各地的农民起义风起云涌，所以在朝廷做大官的刘歆就想取王莽而代之。

刘秀就是以谶语而得天下的。刘秀生于公元前 6 年，是汉高祖刘邦的九世孙。其父刘钦是南顿县令，在刘秀九岁时病故，此后，刘秀与哥哥便被叔叔收养。据说刘秀身长七尺三寸，美髯目，大口隆准，生有帝王相。他的哥哥好养侠客，而刘秀却好稼穑佣耕，人们就经常讥笑他。一次到亲戚家做客，宾朋满座，其主人蔡少公精通谶纬之学，在述及谶语时说道："将来刘秀必为天子。"因为当时王莽的大臣刘歆精通谶文，改名为刘秀，大家都以为是王莽的大臣刘秀。谁知座上忽起笑声："怎见得不是我呢？"大家回头一看，竟是刘秀，不禁哄堂大笑。

后来，刘秀夺得了天下的。所以在他当了皇帝后，更加相信预言，有时还凭预言来决定自己的行动。

建武三十年（54 年），大臣们为讨好刘秀，纷纷歌颂东汉建国三十年来的功绩，一致请求皇帝封泰山，祭苍天。可刘秀却下诏说："朕即位三十年来，并没有把国家治理好，百姓怨气很大，在这种情况下举行封禅大礼，是欺骗谁呢？我怎么能够欺骗上天？今后如有官吏上书称太平者，必处以髡刑（古代一种剃去头发的侮辱性刑罚），把他发配到边疆种田。"此诏一下，再也没有人敢劝他去封什么泰山了。大臣们拍马屁拍到了驴腚上，讨了个没趣，于是就又歌颂起皇帝实在圣明来。

但才不过两年，当刘秀看到《河图会昌符》一书，便下令寻找河图洛书，得到的谶语是"九世当封禅"。于是就忘记了自己几年前下过的命令，居然决定东封泰山、祭天地。

还有一位比刘秀更加迷信的皇帝，他就是五胡十六国时期的前秦的皇帝苻坚。苻坚是十分迷信谶纬神学的，生怕别人用谶纬之学篡夺了他的皇位，所以严禁私人研习谶纬之学。有一次，尚书郎王佩私下学读图谶之书，苻坚发现后，一气之下竟将之杀掉！此后就再也没人敢学习图谶了。

但苻坚内心却非常迷信图谶，以至到了十分荒唐的程度。后来攻打东晋失败，各族首领乘机起兵造反，自立为王，燕国的慕容氏又将他围困在都城，在这山穷水尽之际，他不想方设法打退敌人，竟然在长安也读起图谶书来。书中有一预言说："帝出五将久得。"他理解为：皇帝出兵五将山就会永远得胜，于是就信以为真，果然带兵出奔"五将山"。可他一到达，便被羌族的首领活捉杀掉了。

图谶神学实际上是古代社会中一些人在特殊的历史时期用来编造谎言、迷惑百姓，以达到个人目的的一种方法，而古代的有些人却深信不疑，实在是荒唐至极！

利用图谶篡权的典型人物是王莽。王莽在韬光养晦了一个阶段以后，逐渐收拢了人心，攫取了权力，准备篡夺汉室的皇位。

有一年，他又得到了一项符示。原来，梓潼人哀章，狡诈灵滑，看准王莽的心思，想趁机弄个官做。于是，他暗制一铜匮，扮作方士模样，在黄昏时交给了高祖的守庙官。王莽收到后打开一看，匮中断言王莽当做真天子，下列佐命十一人：一是王舜，二是平晏，三是刘歆，四是哀章，五是甄邯，六是王寻，七是王邑，八是甄丰，九是王兴，十是孙建，十一是王盛。

王莽当然知道这是假的，但他正好弄假成真，借此作为篡权的依据。初始元年（8年）十二月一日，王莽率领群臣朝拜高祖庙，拜受金匮神禅，回来后谒见太皇太后，说秉受天命，自己应该当皇帝，太皇太后正要驳斥，王莽已管不了许多，即跑出内宫，改换天子服饰，走至未央宫，登上龙廷宝座，文武官员也一律拜贺。王莽写好诏命，正式颁布，定国号为新，改十二月朔日为始建国元年正月朔日，服色尚黄，牺牲尚白。

然而，当农民起义烽火四起，江山风雨飘摇之时，王莽还想利用谶纬来蛊惑人心。从某种意义上说，他因图谶而得皇位，又因图谶而丢了性命，真可谓"出尔反尔"了。

据《旧唐书》记载，在唐太宗时，有一本名为《秘记》的书中有这样的一句话："唐三世之后，则女主武王代有天下。"今天看来已经十分明显了，在这句谶语的后半句中隐含了"武则天"三个字，其意当然是指后来女皇武则天称帝了。唐太宗想破掉这一谶语，就向当时著名的术士李淳风探问此事，李淳风说："根据我的占验，此人已经来到宫中了，您的后宫已经有了天子之气。三十年之后此人一定会据有唐朝的天下，但其后又会把唐朝还给李氏。"太宗说："既然如此，我把她找出来杀掉吧！"于是，唐太宗李世民将后宫女子集合起来，每一百人为一队，然后又问李淳风说："您看哪一队中有天子气？"李淳风说："在某一队中。"唐太宗又将这一队一分为二，让李淳风望气。李淳风又说："在某一队中。"唐太宗继续分队，李淳风说："在某一队中。我不能再说了，你自己去辨认吧！"唐太宗当然看不出哪个人有天子气，就想将那些人都杀掉，反正将来当天子的人就在这一队中。李淳风不同意这一做法，他急忙制止唐太宗说："您不能这样啊！您如果杀了这个女子，她将来就会化为男子降生，那时他怀着复仇的心理，一旦做了皇帝，将毁灭您的宗族了。这是定数，不可更改，您还是顺其自然吧！"于是，唐太宗听从了李淳风的劝说，就没有杀那些宫女。

据《汉书》记载，西汉初年，吕后专权，在吕后死了以后，丞相陈平、太尉周勃等人灭掉了吕氏，但刘氏宗族已经被吕后杀得差不多了，只有请刘邦所余不多的儿子之一代王刘恒即位当皇帝。刘恒是个生性淡泊的人，再加上不知当皇帝是吉是凶，便有些拿不定主意。于是，他就求教于占卜，得到的结果是龟甲烧裂后出现了一个横正的大纹。爻辞中写道："大横庚庚，余为天王，夏启以光。"这样的爻辞可以解释为"硕大的横纹预示着大吉，应该像大禹的儿子夏启一样继承父亲的事业，称王天下"。

刘恒得到了这样的预测结果，才决定入京继承王位，他就是中国历史上有名的汉文帝。

西汉末出了个预言，说是一个叫当涂高的人要当皇帝。当时，公孙述自立蜀王，建号"龙兴"。光武帝刘秀也曾怀疑这个谶言会在公孙述身上应验。后来袁术、王浚等都自己做起皇帝来，称这个谶言应了自己或是父辈的名字，结果都没做上皇帝，倒是曹操在东汉末年打下了一片江山。

唐朝出了个两角犊子的谶言。玄宗李隆基时的工部尚书因为姓牛，就被人弹劾了一场。后来，"牛李党争"时，两派互相攻讦得十分厉害，李德裕借此攻牛僧孺。几十年后，却是应在了朱温身上。

隋炀帝信谶言，认为姓李的王将来会夺他的天下，就把他所怀疑的李金才全族诛杀，后来却是李渊取代了隋朝。

李世民听说将来会有姓武的窃取国柄，为了保住子孙江山，滥杀和武氏有关系的五娘子，可武则天还是当上了中国第一也是唯一的女皇帝。后来武则天认为是姓刘的要取代武氏，但身边姓刘的没有显赫的人，就派遣几路使者到各地捕杀姓刘的。这时刘幽求正在辅佐李隆基，后来也协助李隆基平内乱、靖国难，武、韦二后的家族全部伏诛。

晋代张华、郭璞、魏朝、崔伯深这些人，都是天象卜筮的精通者，他们料事如神，别人都望尘莫及，但最终都不免身死族灭，更何况是那些不如他们的人呢？如果他们真的能够预言将来，为什么连自己也保不住呢？

中国古代的谶言是很荒唐的，但其中也并不是完全没有道理。有些谶言并不只是哪一个人闭门造车，在屋子里"研究"图谶弄出来的，而是民间的歌谣，有些歌谣是当时社会变化的反映。其实，在漫长的中国古代历史中，歌谣、谶语多得无法计数，应验的只是其中的极少数。这当中主要是偶然的因素在起作用，但有一些也确实是某些有见解的人通过对当时情况的分析而得出的预言性的结论，只是为了蛊惑人心，故意涂上了神秘的色彩。在后来的流传过程中，这种色彩也就越来越浓厚了。如果我们今天不细心地分析，往往也会被迷惑。

据《隋书》记载，隋炀帝到达东都时，在长乐宫饮酒，写了一首五言诗，最后两句是："徒有归飞心，无复因风力。"令宫中的美人再三吟唱，因为当时隋朝已经处于风雨飘摇之中了，他听了以后十分伤感，泣下沾襟，他身边之人无不哽咽。到达江都以后，炀帝又作五言诗曰："鸟声争劝酒，梅花笑杀人。"后来，他果然在三月被杀，这首诗准确地预告了他将在梅花盛开时节罹难。

据《后汉书》记载，东汉末年董卓在朝廷专权，当时就流传了一首民谣："千里草，何青青；十日卜，不得生。"前一句合起来是个"董"字，"十日卜"是个卓字。童谣既表现了董卓气焰熏天的权势，又预示了他的死亡。这首童谣通过小说《三国演义》的传播，可以说已经家喻户晓了。

然而，既然谶语可以兴国，自然也就可以亡国。后来曹魏兴起时，也列出了许多谶语，像"代赤者，魏公子""鬼在山，禾女连，王天下"等，这些都是说曹要代替汉朝的，证明灭汉乃是天意。谶纬神学发展到了这个阶段，统治者终于明白了，谶语可以兴国，也是可以亡国的。自己一旦取得了政权，就一定要禁绝谶纬神学。所以，在汉代以后的朝代里，统治者往往给那些研究和传播谶纬神学的人安上妖言惑众的罪名，处以极刑，甚至诛灭九族。

其实，这样的事并不少见。

据《汉书》记载，有位叫眭弘的术士上书指出："根据阴阳五行的理论，这两件怪事预兆着将会有一位平民百姓成为天子。由此看来，朝廷应该寻找贤人，把皇帝的宝位传给此人，以免上天的惩罚。皇帝在退位后可以封给一百里的地盘为食邑。"当时的当权者大将军霍光听了这话非常恼火，给他定了个妖言惑众的罪名，处以死刑。

汉宣帝时，盖宽饶上书说："五帝官天下，三王家天下。家天下者，应该传帝位给儿子；官天下者，应该传帝位给贤人。"这在当时实在是胆大包天的话，有关部门认为盖宽饶的意思是要皇帝让位，便处以死刑。

在中国历史上，各种各样的避讳有时令人感到莫名其妙，哭笑不得。在思想比较解放的唐朝，避讳倒是空前绝后的。

唐朝人是十分避家讳的，回避与自己父祖姓名同音、同形的字，甚至远远超出了当时法令规定的范围。

李贺参加进士考试时，忌妒他才华的人说，李贺的父亲叫李晋肃，"晋"与"进"读音相同，李贺因此就不敢参加考试了。

韩愈曾做了一篇文章，叫《讳辩》，深切论述避讳太严是不当的，但当时人难以接受，《旧唐书》甚至说韩愈这篇文章是错误的。由此可见当时避讳风气的盛行。

裴德融避讳"皋"字。他参加科举考试时，姓高的主考官说："他避讳'皋'字，在我主持下参考，如果我让他及第，肯定要连累他一辈子。"后来裴德融被任命为员外郎，他和新任命的郎官一起前去拜见他们的上司尚书卢简求。到卢府以后，卢简求只让那位郎官进去，郎官说："我是与新任命的屯田员外郎裴德融一起来的。"卢简求派手下人对裴德融说："你是在谁主持的考试中中进士的？现在主持有事，不能见你。"裴德融听了以后，无地自容，便急忙走了。

《唐语林》记载有另一件奇事。崔殷梦当主考官时，吏部尚书归仁晦对他说，自己的弟弟归仁泽这次要参加考试，请他给予照顾。崔殷梦只是口头答应而已，并没有把归仁泽的名字列上。归仁晦不知他是什么意思，三番五次前去拜托，最后他才非常严肃地说："我如果把你弟弟列入及第名单，我就放弃现在的官职。"归仁晦这时才明白，原来自家的姓，是崔殷梦的家讳。据唐代的《宰相世系表》记载，崔殷梦的父亲名叫龟，"龟"与"归"同音，因此他便不写"归"字。这与"高"和"皋"同讳一样。

李贺因父亲叫"晋肃"，便不敢参加"进士"考试；裴德融的父亲名"皋"，以及不把姓"归"的人列入进士籍中，这些都是在当时的规定之外的。

后唐天成初年，卢文纪任工部尚书，新任命的工部郎钟于邺按惯例去拜见卢文纪。卢文纪的父亲名嗣业，"业"与"邺"同音，卢文纪便坚决不见他。钟于邺认为卢文纪瞧不起自己，忧惧交加，一天晚上，竟上吊自缢了。卢文纪因此被贬为石州司马。

据说，这些避讳不仅是由于遵守封建礼教的缘故，同谶纬也有一定的关系。当然，在谶纬神学兴起的时候，有许多有见识的人起来反对，并写出了《神灭论》这样的不朽之作。其实，早在春秋战国时期就有人注意到这个问题了，他们认为国家的兴亡不在于一两句话，关键在于修明政治。

有时候，谶语很明显是被人们有意制造出来，以便为自己的某种目的服务的。众所周知，《史记》中记载的陈涉起义就是利用了谶语。陈胜、吴广起义时，曾让术士来占卜吉凶祸福，术士知道他们的心事，就说："我已经推测出您的事情可以成功，你们还应该问一下鬼神的旨意。"陈涉知道这是暗示他们装神弄鬼、蛊惑人心，于是往鱼肚子里装丹书，上面写着"陈胜王"；夜里又在丛林中模仿狐狸的声音在火堆旁叫"大楚兴，陈胜王"。戍卒们在杀鱼时得到了丹书，在夜里听到了这样的叫声，就真的以为天下将要归于陈胜了。这为陈胜的起义做了良好的舆论准备。

其实古人十分明白人事不是由谶纬决定的，"皇天无亲，唯德是辅"这句话便说出千古不变的真理：灭亡自己的不是别人，更不是什么谶纬，而是自己。

解　梦

占梦是中国古代众多占卜术中十分重要的一种。有关占梦的书籍很多，如《黄帝长柳占梦》《占梦书》《梦书》《解梦书》《周公解梦书》《先集周公解梦书》等等，不一而足。

其实，纵观各类解梦书，并无一定之规，随意性很大，不像星占那样有比较严谨的规范。

《左传》中记载，昭公三十一年（公元前511年）十二月初一，日食。当日的夜里，赵简子梦见一个孩子光着身子一边唱歌一边跳舞。他感到十分奇怪，第二天对史墨说："夜里我做了一个噩梦，现在又发生了日食，这是什么预兆呢？"史墨说："这预示着六年之后吴国将攻占楚国，并且是在庚日进入楚国的国都，但吴国最终是不能占有楚国的，结果对吴国还是不吉祥的。"《左传》还分析了史墨的"占卜"方法。史墨精通天文，他推算出六年后的庚日还将发生日食，其对应的地区是楚国，所以楚国要有灾难。再根据五行的原理，干支中的庚属金，当时楚国的仇敌是吴国，所以很有可能是吴国进攻楚国，但吴国是属金的，根据分野的理论，楚国是属火的，对应十二干支中的午，火胜金，所以尽管吴国可以攻占楚国，但最后还是会为楚国所灭亡的。

这实际上是把解梦与星占联系起来了。冯梦龙《智囊》中有一则舌上生毛剃（替）不得的故事，很有意思。故事是这样的：马亮任江陵知府，任期满了，职位将由别人继任。在他还没有离任的时候，有一天他梦见自己舌头上长出了毛。一位和尚给他算命，说："舌头上长毛，是不能剃（替）的，您一定会继续做知府。"事情的结果与和尚所说的一致。据冯梦龙《智囊》记载，宋王有病，夜里做梦梦见河水都干了，白天醒来以后脸上布满了愁云，心里非常恐惧。他认为，做王侯的都是以龙作为象征，如果河里没有水了，那龙就失去了存在的地方，因此这样的梦是一种不祥之兆。正好宰相们前来探问病情，宋王把这个梦告诉了宰相，并且问这个梦是怎么回事。有个宰相说："河里没有水，就是'可'字呀，这是说您的病很快就要好了。"宋王听了他的这一番话，觉得十分有道理，很高兴，不久就痊愈了。

据冯梦龙《智囊》记载，北齐文宣帝高洋将要接受东魏皇帝的禅让，事前他梦见有人用笔点他的前额，不知是什么预兆，吓得心惊肉跳。王昙哲听说了这个梦，向他祝贺说："王上加一点就是'主'字，您的位置又要高升一步了。"

隋文帝还没有显贵的时候，曾夜间在江中停船，梦见自己没有手，醒来后很讨厌这个梦。等到上岸，向一个草庵走去，那里有一老和尚，道术极为高明，隋文帝把做的梦全告诉了他。老和尚祝贺说："没有左手，也就是独掌的意思，是说您将要独立掌握大权，您将做天子。"隋文帝做皇帝以后，把这草庵改建为吉祥寺。

李世民与刘文静准备谋划反隋大计。当天晚上，李世民的父亲李渊做了一个噩梦，从床上落地，并且看见自己全身爬满了蛆虫，在吃自己身上的肉。他感到既恐惧又厌恶，不知该如何解释，心里很不舒服。为这件事，他去询问安乐寺的智满禅师。智满禅师说："您要得天下了。床下的意思就是陛下，众多的虫蛆吃您，这表明众生百姓仰仗您一个人才能活下去。"李渊非常赞赏禅师的这一番话，心无顾忌地起兵了。

通海节度使段思平，被杨姓嫉恨，逃离了通海。后来他在路上捡到了一个核桃，切开以后，里面有"青昔"两个字。段思平拆开这两个字，说："'青'是十二月，'昔'是二十一日。我们应当在这一天讨伐杨姓的敌人。"于是，便是从东边借援兵，到了黄河边准备渡河。渡河的前一天，段思平梦见别人把他脑袋砍下来了，又梦见玉瓶瓶耳打破了，镜子碎了，心里有些恐惧，因此不敢进军。军师董伽罗对他说："这个梦都是吉祥之兆啊。您是大夫，'夫'字去掉上面的头，便是'天'字，这是您要做天子的吉兆；玉瓶少了耳朵，剩下的就是'王'字；镜中有人影，好像是有个人与您相对峙，镜子破碎了，人的影子也就没有了，这等于说您的敌手不存在了。"段思平听了董伽罗的这一番话，十分高兴，当即决定继续进军。不久，就把杨姓打跑了，占领了他的国土，改名为大理国。

解梦有时候是很滑稽的。魏晋南北朝时期，周宣善于占卜别人的梦。有一个人梦见一只小狗，向周宣求教。周宣说："您一定能得到一顿美餐。"不久他的话就得到了验证。那人又去问周宣，这一次他撒谎说："我夜里又梦见小狗了。"周宣说："您应该防备，恐怕会有什么受伤的祸患了。"没过多久，那个人便因为从车上掉下来伤了脚。他感到很奇怪，又去找周宣，还撒谎说："昨夜又梦见小狗了。"周宣说："您要小心防护，防止家里着火。"不久家里真的着火了。于是他到周宣那里说："我三次都是梦见小狗，您三次给我占卜的不一样，却都应验了，这是为什么呢？"周宣说："小狗是一种祭祖之物，所以第一次做梦应该是吃的；祭祖结束了，要防止被车轮碾轧，所以你从车上掉了下来，伤了脚；经过车轮碾轧之后，你必将到家里劈柴做饭，所以就容易失火。"那人说："我第一次做的梦是真实的，后两次梦都是我编造的。"周宣说："吉凶祸福都产生于人的意念活动，您有了这种意念活动，就与真做了梦相同，所以我所占卜的都得到了应验。"

顾琮做补阙时，曾因有罪被囚禁在诏狱中，案子已被判决了，他心里十分忧愁，坐着打瞌睡，忽然梦见他母亲的下身。他感到十分害怕，认为这是极为不祥的征兆。当时有位善于解梦的人反而向顾琮祝贺说："您不必害怕，您母亲的下身正是您出生的道路呀。重新见到生路，这是大吉大利之事！"第二天，门下侍郎薛稷向皇帝上了奏疏，说他的案子判得与事实有出入，于是，他竟然能幸免于难。后来顾琮官至宰相。

狄仁杰曾经借梦进谏。据《旧唐书》记载，有一天，则天皇后召见宰相狄仁杰，对他说："朕有好几次梦见玩双陆，可都没有赢，这是什么意思呢？"狄仁杰说："玩双陆不赢，意思是说陛下没有儿子，这或许是上天在警告陛下吧？"武后听了这话，有所醒悟，当天把她贬黜的儿子庐陵王接了回来。

借梦进谏，在中国可谓是一种源远流长的进谏方式，往往能够收到意想不到的效果，当然必须把技巧掌握得十分巧妙。狄仁杰如此进谏，可想而知他的心中还没有忘记李氏君主。在武后当政时，李氏宗庙几乎就要断绝了，狄仁杰是一个孤立无助的老臣，在武氏家族之间委曲周旋，最后终于消除了嫌隙，并对挽救大唐的危机、使得李氏家族重新执掌天下起到了很大的作用。唐中宗复辟，狄仁杰的功劳首屈一指，通过这件事是可以想见的。

其实，古人对这个问题也早就有正确的认识了，"日有所思，夜有所梦"说的就是这个道理，即使拿今天的科学观点来看也是正确的。但从另一个角度看，如果由有道德、有水平的人来替人解梦，也未尝不是一件好事。

测　字

在阴阳家的方术中，恐怕没有比用测字来预测人的吉凶祸福更令人感到滑稽的了。说穿了，不过是那些有些知识、头脑灵活又富有社会经验的人在做把戏罢了。其实，测字是有一套所谓"科学方法"的。那些测字的办法，都被人归纳出来，写成了书。如果您看了这样的书，说不定也会觉得变成测字先生并不难。测字类的比较著名的典籍有《测字秘牒》《字触》《字说》《神机相字法》，等等。这里对其内容就不做介绍了，仅举一些古代比较有名的测字的例子。

南宋高宗建炎年间，有个叫周生的人善于通过看字来替别人预测吉凶祸福。当时，皇帝的车驾被迫到了杭州，因为正受金军的侵扰还心有余悸。执政的宰相招呼他前来拆字，随便写了个"杭"字让他看。周生说："恐怕有战争发生。"他把"杭"字右上的那一个点放到左边"木"字上，这样就成了"兀术"（金将领的名字）。不到十天，果然传来了金兀术向杭州进军的消息。

宋高宗时，宰相赵鼎和秦桧不和，都想辞职，两人都写了个"退"字。周生说："赵相一定会走，秦相一定会留下。"别人问他原因，他说："赵相所写的'退'字，其中的'艮'字中，'人'字离开'日'字远；秦相所写的'退'字，'人'字紧紧依附在'日'字下，'人'字左边那一撇斜插上方。秦相写的'退'字本来就是这样，难道能退得了吗？"不久，周生的这些话都应验了。

在这以前有人前去向周生问考试的事，写了一个"串"字，周生说："你不但在乡试中可以考中，在礼部考试时也会高中，因为在'串'字中藏了两个'中'字。"另一个书生在旁边听说后，就也写了个"串"字让他看，算命的人说："您不仅不能参加乡试，还会生病。"那个书生问他为什么这样讲，他说："那个人是在无心的情况下写了个'串'字，所以应当按字形所表示的那样给他拆字；您是在有心的情况下写的'串'字，'串'字下边加上'心'，正是'患'字。"后来，两个书生的情况果然如他所说。

据说，宋朝的谢石是一位测字的高手。他是成都人，于徽宗宣和年间到了京都，以拆字来测祸福。算命的人只要随便写一个字，谢石就以这个字为准，把它拆来拆去，分析祸福，说的没有不准的，因此而闻名天下。皇帝听说了，就写了一个"朝"，让受宠幸的宦官拿着这个字找谢石。谢石看了这个字，又仔细地看了看那宦官，说："这字不是您这位官人写的。"那宦官感到十分吃惊，说："你根据这个字来算卦吧，不要管是谁写的。"谢石把手放在脑门上说："把'朝'字拆开了，就是'十月十日'这几个字，这个字不是此月此日所生的富贵之人所写，还可能是什么人写的呢？"当时在场的所有人都大为吃惊。

那宦官回去禀报皇上，皇帝十分高兴。第二天，皇帝召谢石到后苑，命侍从和嫔妃们随意写字，让谢石看。谢石一个字一个字地看，一个字一个字地拆说，个个都说得有理，因此皇帝赐给他很厚重的礼，还封他承信郎的官职。从此以后，四面八方来找他拆字的人如潮水一般。

有一位朝廷小官员的妻子怀孕十个多月还没有生下来，她觉得十分奇怪，就写了一个"也"字，让她丈夫拿着去求问谢石。这天，来求问的人特别多，谢石很认真地看了他手持的那个字，对那个小官员说："这个字是你妻子写的吧？"小官员说："您根据什么这样说？"谢石说："所谓的语助词就是'焉、哉、乎、也'这些字。既然是'也'字，就是帮助你的人写的，因此知道是你的贤内助写的。"谢石又问小官员："你妻子现在正是壮年，是不是刚刚三十一岁？"小官员回答："对。"他又说："拿这个'也'字来看，上边是'卅'，下边是'一'字，所以我说你妻子三十一岁。"那个小官员又问："那么，我现在暂在此做官，正竭力想升迁，还有可能吗？"谢石说："我正在为此费脑筋呢！这个'也'字，如果加上水就成为'池'，有了马就成为'驰'。现在想从池上航行没有水，想在陆地上奔驰没有马，这样，怎么能挪动呢？此外，您的父母、兄弟、近身亲人，想必也没有人在世的了。因为'也'字加上'人'字，就是'他'字，现在独不见'人'字，所以我知道您必是如此。还有，您家的家产也不多了，因为'也'字加上'土'字就成为'地'字，但没有'土'字，所以我这么说。这些说法都对吗？"

小官员说："您真是神明啊！都如您所说。但是这些并不是我所要问的，我妻子怀孕超过了十个月不生，很发愁，这才是我们所要问的。"谢石说："有十三个月了，因为这个'也'字，中间是个'十'字，两旁是两竖一划，加起来就是十三。"他又对小官员说："这件事说来很是奇怪，本来我不想说，然而你所问的就是这件事，你看是不是要直截了当说给你听呢？"小官员恳求谢石把情况全都告诉他。谢石说："'也'字加个'虫'字，就是'蛇'（古字为'虫''也'相合）字，现在你妻子腹中所怀的大概是蛇妖怪胎啊！但现在只是个'也'字，未见'虫'字，所以这件事还不成其害。我教你一个办法，可以用药打下来验证一下。"

小官员听了谢石的一番话，感到十分奇怪，就把谢石请到家里去，让妻子吃下那种药；妻子把药吃下，产下好几百条小蛇。京城里的人越来越觉得谢石这个人实在是个神人了。

但人们却不知道他那种本事的奥秘所在。后来，谢石为当时的奸相秦桧拆"春"字，他认为"春"字的头太大，压住了太阳的光明，得罪了宰相秦桧，被流放并死于边镇。

有意思的是，测字也要因人而异。传说明成祖没有继位，还住在燕王府时，曾经穿着便服到处游览。他到了一个拆字算卦人的家里，写了一个"帛"字给拆字的人，那人马上跪下叩头，还念念有词，说："我该死。"成祖惊讶地问这是为什么，那人回答说："您写的字是'皇'字的头，'帝'字的脚，写这个字的人可不是一般人啊！"后来又有人也写了一个"帛"字让他看，那人说："这个字预示着您一定会遇上丧事，因为这个字的意思是'白巾'。"

古人有一种从小事中寻找祸福征兆的习惯，据说名字预示改朝换代。蜀汉末年，杜琼曾经说："古代官职名称没有叫'曹'字的。从汉代开始，官职名称尽是叫'曹'的，文官称为'属曹'，武官称为'侍曹'，后来果然曹操得了天下，这恐怕是天意吧？"谯周回答说："汉灵帝给两个儿子起名叫史侯、董侯，后来他的子孙就都被免去帝号而成了侯，也是属于此类。那么，先帝名'备'字，'备'这个字是具备的意思；后主名'禅'，'禅'这个字是授予的意思，这是说刘氏政权已经具备了，应当交给别人了。"又说："'曹'字是众的意思，'魏'字是大的意思。人众而且广大，天下恐怕要集中到曹氏子孙的手里了。刘氏具备了又交给人，刘氏政权恐怕在刘禅之后没有后继者了。"等到蜀汉灭亡，人们都争相认为他们的话太灵了，谯周说："我是从杜琼的话中推而想到的，并非有什么独到的奇特之处。"

魏元帝咸熙二年（265年），谯周在板上写道："典午忽兮，月酉没兮。"典午（按十二生肖，午为马）指司马氏，月酉是八月。到八月司马昭果然死了。

魏晋南北朝时期，降将侯景作乱，攻陷了台城，梁武帝对大臣们说："侯景肯定要篡位称帝，但是很快就会垮台，分析'侯景'这两个字，就是小人做百日天子的意思。"后来，侯景果然篡位称帝，而且确实称帝一百天就垮台了。

北宋绍兴年间，一只熊跑到永嘉城下，州守高世则对他的副手赵允韬说："熊这个字是由'能''火'两个字组成的，熊闯至城下，预示城里将有火情，在我们的管辖区，要对灯火实行管制。"这话说过几天以后，果然有十六家官吏和平民的房子失火。

弘治十年（1497 年）六月，有一只熊从北京西直门入城。兵部郎中何孟春听到这个消息后，也曾警告人们该注意火情。没过几天，礼部失火，又过了几天，乾清宫也被大火烧毁。

古人对于地名是十分讲究的。汉八年（公元前 199 年）冬，刘邦率军击韩王信于东垣（今河北省石家庄市正定县），返军过赵。贯高、赵平闻知，立即暗派刺客数人隐于柏人（今河北隆尧县西）行宫厕内，专等刘邦投宿，好见机刺杀。谁知刘邦似有神助，他刚到柏人，顿觉心中不安，忙问左右："此是何地？"有人答道："柏人。"刘邦悟道："柏人者，迫于人。此地不祥，速速离去。"随即带领人马连夜而去。贯高等的刺杀计划也随之破产。

隋朝末年，夏王窦建德援救被李世民围困的王世充，于牛口这个地方布阵。李世民听说以后，得意地说："窦（豆）子进了牛口必定不能保全自己。"不久，在一次交战中，窦建德果然被擒。

东汉时岑彭进攻四川，至成都附近的彭县丧命，他是因遇到刺客而死的，果然沉（岑）于彭。唐代马燧讨伐李怀光，他到了驻地，问驻地名叫什么，别人告诉他说："此地叫埋光村。"他十分高兴地说："一定能活捉李怀光。"事实果然如此。

科举对古代的士人来讲是最重要的了，因此，求问科举的人往往很多。孙龙光中了状元，在这之前的一年，他曾梦见几百根木头堆在一起，孙龙光在上面走来走去。不久，他请李处士替他解梦，李处士告诉他说："我要向您道喜呀，明年您必会中状元。因为您已经居众材（才）之上了。"

郭俊应举时，梦见一个老和尚穿着木屐，在床上摇摇摆摆地走来走去，醒来后很厌恶这个梦。占卜的人告诉他说："老和尚是佛寺中受尊敬的上座，他穿着木屐在床上行走，象征行屐（迹）高。先生大概是考中了。"等到见到张贴的榜文，郭俊确实中了状元。

谐音在测字中有很大的妙用。宋代李迪有一部漂亮的胡须，他去参加殿试的前一天，梦见自己的胡须全都剃光了。占卜的人说："'剃'就是'替'，今年乡试中的第一名是刘滋，在这次殿试中你将替代刘滋名列前茅。"后来，李迪果然中了状元。

曹确被任命为度支官，而且有进一步提升为宰相的希望。他做梦梦见自己剃发当了和尚，心里觉得挺别扭。有位读书人善于算命，曹确把他请来，问他自己的梦是怎么回事。这位读书人说："我前来向您祝贺，过不了几天，您必然能进一步得到升迁。出家，就是剃度，'度''杜'两字音同，您必将替代杜相做宰相。"不久，杜相调出，镇守江西，朝廷任命曹确为宰相。

以物拼字也是测字常用的方法。王浚梦见自家房梁上挂着三把刀，过了一会儿又多了一把刀。李毅为解梦说："三刀是州府，又加一把，是'益'字，您将要做益州的长官了吧？"后来王浚果然做了益州刺史。

东汉蔡茂在家闲居，做梦梦见得到一把稻禾，但不久又丢失了。郭乔卿说："'禾'失了就成为'秩'字，您肯定会得到大官了。"没过十天，蔡茂被征召进京做了司徒。

江西的曾迥参加乡试的那年秋天，梦见自己抱着一个小孩，忽然那个孩子右边又多生出一个耳朵来，过了一会儿，又看见这个孩子的手没有了。他认为这个梦很不吉祥。曾迥向哥哥曾进说了此事，哥哥向他恭喜道："你要考中了！为什么呢？右边添了一个耳，'耳'与'又'是'取'字。小孩是个'子'字，'子'没有首就是'了'字。你这个梦是说你已经'取了'。"不久，曾迥果然考中了。

这样的测字法在今天看来完全可以拿来当作相声的材料，至于是否可信，那是不言自明的了。

风　水

堪舆之学在阴阳家中是一门十分发达的学问，其著作众多，内容非常丰富，而且有许多流派。这类著作文字艰深，读起来很不容易理解。即使理解了文字的意思，对其实际上说了些什么也是很难捉摸的。历来关于风水的传说也非常之多，可谓不胜枚举。但我们没有必要多讲这些有关风水的传说和古代的帝王将相是怎样运用风水理论的，在这里只是对一些堪舆学著作做非常简单的介绍。

《黄帝宅经》是一部综论阳宅阴宅的经典。从现有资料来看，许多人撰写过宅经，如黄帝《宅经》、孔子《宅经》、司马师《宅经》、淮南子《宅经》、王微《宅经》，等等，几乎有数十部之多。此书认为选定好的宅基是一项综合的学问。怎样才可选择一个主吉之宅呢？此书认为，天下的宅书都自言秘妙，互推长短，其实是大同小异。主张以形势为体，以泉水为脉，以土地为皮肉，以草木为毛发。

《葬经》是一本堪舆理论的奠基之作，此书强调综合考察阴宅，阴宅应当以"形势为身体，像天地之形，山望之如却月形，或如覆舟，葬之出富贵；山望之如鸡栖，葬之灭门。山有重叠，望之如鼓吹楼，葬之连州二千石"。

《葬经》认为每个人的命运都是由葬地决定的。在谈风水保持的篇章中说："风水之法，得水为上，藏风次之……浅深得乘，风水自成。土者，气之体。有土斯有气。气者，水之母，有气斯有水。故藏于涸燥者宜浅，藏于坦夷者宜深。"水土保持是风水的关键，有土才有气，有气才有水，得水为上。这个观点有可取之处。人们如果不注意生活中的水土保持，就会造成无穷后患。《葬经》又叙述了地形的选址："地贵平夷，土贵有支，支之所起，气随而始；支之所终，气随以钟……"

《地理指蒙》是一部有关相地术比较系统的资料。从风水理论流派看，《地理指蒙》偏重形势，对山势地形有全面的论述。如《五鬼克应篇》说地形吉凶："形如拖旗，脱水忘归；卷脚回头，发迹他州。形如弯月，徒形鞠决；两角不锐，进财难退。形如缩龟，寡妇孤儿；曳尾不攒，谁云势短。形如曲尺，手艺衣食；横控如弓，一生不穷。形如开丫，立身不嘉；重婚两姓，归宗可定。形如覆船，尸验伤痕；不因赌博，必葬溪滩。"以物象比喻地形，十分绝对。

《天玉经》是一部理气派观点的堪舆著作，以《周易》卦理论述风水。如："江东一卦从来吉，八神四个一。江西二卦排龙位，八神四个二。南北八神共一卦，端的应无差。二十四龙管三卦，莫与时师话。忽然识得便通仙，代代鼓骈阗。"

《青囊奥语》是一气派的堪舆著作。序云："是经，大唐国师杨公筠松传家之奥旨也。以二气五行、一节二节之法，成赋……曲尽地理造化运行之机，真参赞化育之大力也。首言寻龙之法，审来龙以辨雌雄，察金龙以定水路，观血脉以究源流，认三义以明聚散，识阴阳以明运气交媾之情……"

上面非常简单地介绍了几部古代最重要的风水堪舆著作，但这里还是要介绍一个例子，即蒋介石相信"子午向"。蒋介石实在是个非常相信风水的阴阳家。

1946年3月17日，军统头子戴笠乘坐飞机坠毁身亡。8月初，蒋介石与宋美龄到南京灵谷寺志公殿，看了戴笠的灵柩并哀悼。半个月后的一个下午，蒋介石一个人又来了，他穿一件短袖夏威夷衬衫，戴着浅茶色遮阳眼镜，持手杖一直走到灵谷寺后的山顶，又转到烈士公墓山头上仔细察看后，顺着烈士公墓下山。他左顾右盼，指着山中有小水塘的地方告诉毛人凤说："我看这个地方很好，前后方向都不错，将来安葬时要取子午向。"

后来，另一个特务头子沈醉在《我所知道的戴笠》一文里写道："看来他（指蒋介石）对这些是很内行的。这位经常做礼拜、手不离《圣经》的虔诚基督教徒，原来还是一个迷信风水的阴阳家。他选择好地点，定好了方向之后，便叫毛人凤找人看什么时候下葬最适宜，再告诉他一声。"

1947年3月，军统安葬戴笠。毛人凤在下葬前一日和沈醉商量一个问题。其实他们已经预见到了，将来戴笠恐怕不会有好的结果，就专门指示"把戴笠的坟墓设法弄得特别结实，使得别人无法打开"。经过仔细地研究，他们决定用水泥渣搅拌入内，与棺材做成一个整体。后来国民党溃退的时候，曾经想把戴笠的尸体带走，但考虑到必须用炸药炸开，才没有带走。

蒋介石相信风水，给戴笠的坟墓取了个堪舆学上讲究的"子午向"，但这并没有挽救蒋家王朝覆灭的命运。后来，由于中央的政策，尽管戴笠罪大恶极，他的坟墓也没有遭到破坏。

易　占

　　《易经》是中国古代一部十分重要的哲学著作，在整个中国文化发展史中都有着十分重要的影响。但在阴阳术士那里，它变成了一部占卜的经典，在漫长的历史发展过程中形成了一个源远流长、体系庞大而复杂的占卜流派。这里只介绍一些历史上有正式记载的易占现象。关于占卜的方法，过于复杂，不便记录。

　　据《史记》记载，汉武帝时期的东方朔是一位善于用易理来预测的高手。据说，汉武帝曾经养了一只叫"守宫"的虫子，其外貌十分像蜥蜴，这种昆虫吃丹砂，长到七斤时把它捣碎，点在处女身上可以长时间地不褪色，不过一旦发生房事，红点就立即褪去了，再也点不上了，所以这种方法常被用来检验一个女子是否是处女，这种被点在身上的红点叫作守宫砂。

　　一天，武帝召集术士做射覆（猜物）游戏，他暗地里把这种昆虫盖于盂下，令众术士猜射。众术士屡猜不中。这时，东方朔正在宫内金马门待诏，闻讯赶来说道："臣曾研究过易理，能猜射此物。"武帝闻后，令他猜射。东方朔遂布卦推测，说道："臣以为，龙又无角，谓之为蛇又有足，跂跂脉脉善缘壁，是非守宫即蜥蜴。"武帝见他猜中，随口称善，令左右赐帛十匹。

　　武帝旁边的宠优郭舍人，见东方朔猜中，心生妒意，对武帝说道："朔不过侥幸猜中，不足为奇。臣愿令东方朔再猜，如能猜中，臣愿受笞百下，否则陛下将帛赐给臣。"武帝闻郭舍人如此说，兴趣更高，令人又将树上寄生（一种寄生树上的菌类）盖于盂下，让东方朔再猜。朔布完卦，含糊说道："盂下是一小物。"郭舍人闻言，大笑道："臣就知朔猜不中，又何必瞎说！"话音刚落，东方朔又说："此物生肉为脍，干肉为脯，在树上叫寄生，在盆下为小物。"郭舍人不禁面上变色，待人将盂打开，果然为寄生。因有言在先，武帝遂命监官将郭舍人按于殿下，用竹板狠打一百下。一时喝打声与呼痛声并起。东方朔见此，高兴得又蹦又跳，拍手大笑道："咄！口无毛，声嗷嗷，尻益高！"郭舍人听后，又痛又恨，当受笞完毕，用手捂着屁股一拐一瘸地走上殿阶，跪在武帝面前，哭诉道："朔胆敢辱天子从官，罪应弃市！"武帝闻言，对东方朔道："是呀！他故应打，你又为何辱他？"东方朔道："臣没辱他，刚才之言，乃是和他说的隐语。"武帝不知东方朔又出什么花样，问道："那是什么意思？"东方朔答道："口无毛为狗窦，声嗷嗷是鸟哺雏鸟声，尻益高是鹤俯首啄食状，这怎能说是侮辱他呢？"武帝听后，不由心中暗笑。

据《晋书》记载，隗照是一位能够预知后事的人。他精通《周易》，但平时没有向人显示，临终之前将一封信交给妻子，十分郑重地对她说道："我死之后，必定会出现饥荒的年景，你一定不要卖掉这所房子。五年之后的春天，有一位姓龚的人会来到这里，他欠我金子，你将这封信交给他，他就会给你金子的。"

他死后不久，果然饥荒连年，其家十分贫困，但是他的妻子始终不肯出卖宅院。到了第五年的春天，真的有一位姓龚的人路过他家，他的妻子就把那封信交给了那个人，并向他索要金子。龚生沉思良久，问道："你丈夫有何才能？"回答说："他精于《周易》，但未曾为人占卜。"龚生说："我明白了！"

于是，他取出筮草占了一卦，拊掌而叹道："你的丈夫真是占卜的高师啊！"

他对隗生的妻子说："其实不是我欠你丈夫金子，而是你丈夫自己有金子，他知道自己死后家境贫寒，怕你乱花，所以将金子藏了起来，等到天下太平的时候再来接济你们。他又知道我也善于用《周易》占卜，并且五年之后将路过你的家门，所以才设此信件，让我为你们算出金子藏匿的地方。现在已算出来了，他有五百斤金子，装在青瓷罐中，埋在堂屋东壁一丈远的地方，其深九尺。你可以去挖掘了。"隗生的妻子遵嘱挖掘，一切都如龚生所言。

据说，人的生死也没有什么定数，是可以根据人的意志来改变的，这显然是按照人间的模式想象出来的。据《晋书》记载，有一位名叫郗超的人，二十余岁时得了重病，奄奄一息，已经没有什么指望了，家人请术士杜不衍用《周易》为他算命。杜不衍说："从卦上看，你可以不死，但是需要到离这个地方三十里的上宫家里买一只雄雉，挂在东房檐下；九天之后，就一定会有一只雌雉飞来与这只雄雉交配。如果它们双双飞去，则不出二十天你将痊愈，并且可以活到八十岁；如果雄雉不肯飞去，则一周之内你的病就会痊愈了，但是你只能活到四十岁。"

当时郗超危在旦夕，没有指望能活多少岁，就十分满足地说："能活到四十岁已经太多了，只求一周之内病愈。"后来他按这个方法做了，果然飞来一只雌雉，雌雉与雄雉交配后，却不动。郗超赞叹地说："杜先生真是奇才啊！"他的病果然在一周内就好了，但到四十岁即病发而死。

《唐开元占经》用易占的方法占卜并记载了一些怪异的天象，如双日并出、日坠、日夜出、月变黑、日戴光、日无光、日昼昏、月行失道、月光明、月生齿等。对于这些怪异的自然现象，唐人有自己的解释。如"日戴光，天下大凶，期不出三年"。意思是说，如果出现了"日冕"现象，就会天下大凶，但其期不出三年。又有："月行失道，主不明，大臣执事。"意思是说，如果月亮不按原来的轨道行走，其对应的人间的政治就是皇帝昏庸、没有权力，大臣专权。

其实，占卜是很难有统一的定论的，往往是公说公有理，婆说婆有理。据《明史》记载，明成化十年（1474 年），江西举行科举考试，将要张榜的时候，尹公直正在北京，他让占卜的人占卜一下他的弟弟是否考中。占卜得了个"明夷"卦，内离外坤，三爻五爻发，二爻皆兄弟。于是，占卜人在一张纸上书写道："兄弟两人雷同，很难榜上有名。"尹公直说："三爻是白虎，五爻是青龙，龙须抖动，是高中的征兆。至于兄弟，这是因为我当兄长的问弟弟的，自然也就在卦里出来了。"没过几天，他们两人中举的喜报果然到了。

有一位父亲占卜儿子的病，卦上说父母当头，克子孙，是不吉利的象征，而子孙的爻又不上卦，占卜的人判断那孩子必定要死。当父亲的哭泣着回家，路上遇到一位朋友，问他怎么回事。他就把这件事告诉了对方，那朋友听了他介绍的情况后说："父母当头克子孙，要是子孙上爻，就受克了，现在孩子的生机全在不上卦上。好比父亲手持大棒打儿子，可是没有打上也就完了，你儿子一定平安无事。"儿子的病后来果然好了。

有人甚至把占卜当作实现自己某种目的的途径。据《魏书》记载，魏高祖孝文帝拓跋宏，有宏图远志，想成就霸业。魏都在平城（今山西大同市东北），为天兴元年（398 年）自盛乐迁都至此，都城偏居北地，很难有更大的发展。他一向仰慕中原文化，雅好古风古道，祀尧舜，祭周公，尊孔子，兴礼乐，正风俗，仿效中原推行文治。基于以上原因，他早就筹划迁都洛阳，雄居中原，一统天下。迁都是牵动全国、震动朝野的特大举措，况且由北方入中原，会有诸多不适，非有胆略，难以下此决心。他最担心群臣不从，会联合起来百般阻拦，便十分巧妙地采取了迂回之计，召集众臣议论，声称要大举南下攻打齐国，明是伐齐，暗为迁都，来个明修栈道，暗度陈仓。

他择一吉日，诏令太常卿王谌龟卜，预测南伐吉凶。说来也巧，卜得一个"革"卦，正合心意，他说道："爻签大吉，正是汤武革命，顺应天意。"此话一出，群臣肃然，很多人心中并不赞同，但无人敢出来争辩。此时唯有尚书任城王拓跋澄趋前进言："《易经》中所称'革'者，乃指更体改制，应天顺人，商汤、周武之卜，确为吉兆，但陛下已天下称帝，正该发扬光大，何谈改制？今日计议南伐，反得'革'的爻象，恐难称作全吉。"孝文帝龙颜大变，声色俱厉道："卜辞有'大人虎变'一语，何言不吉？"拓跋澄答："陛下登基已久，如何今日才有虎变？"孝文帝更加恼怒："社稷乃朕之社稷，难道你要败坏朕的江山吗？"拓跋澄并不退缩，抗言道："社稷原是陛下所有，但臣乃社稷之臣，怎能见危不言，不尽愚忠呢？"孝文帝心意已决，势在必行，拓跋澄不解其意，言语相对，以致龙颜不悦。但孝文帝仔细思量，亦觉拓跋澄所言不无道理，便徐徐申说道："各言己志，倒也无妨。"孝文帝回到宫中，将拓跋澄招来，单独与其密商，告以实情："今日在朝中计议伐齐，并非朕之本意，朕意在迁都洛阳，南伐之举，不过巧借名目而已。因事关重大，不得不谨慎从事，未敢言明。朝中辩白'革'卦，朕恐众臣竞相陈辞，坏我大计，故厉声厉色，令百官震慑，不敢妄言。"孝文帝稍作解释，又自陈心曲："朕之国家，兴起于北地，迁都平城，地域广大，但文轨不同，此地只宜施展武功，不便推行文治，如要移风易俗，成就天下大业，唯有迁都中原。洛阳乃帝王之都，最有王者气象，最合朕意。今日又卜得一'革'卦，正是改革征兆，迁都之举，其势可行，不知你意下如何？"拓跋澄明白了孝文帝的意思，非常赞同，欣然道："陛下迁洛，入主中原，制御华夏，经略四海，成就天下大业，乃苍生之幸，理应庆贺。"孝文帝仍心存忧虑，坦言道："北人恋土，故土难离，乍闻南迁，必然相互惊扰，人心动荡，朕不免顾虑重重。"拓跋澄会心一笑："此乃非常之举，原非常人所能知晓，只能决断于陛下，想他人也无能为力。"孝文帝笑道："汉高祖得谋臣张良成就大业，卿真不愧是我的张良啊！"随之加封拓跋澄为抚军大将军、太子太保，兼尚书左仆射。

一般说来，传统的术士们推往知来、预知吉凶祸福的方法不外乎有三种形式：其一是像东方朔那样，以占筮、占星、占候等手段为中介，间接地探知神明的意志；其二是直接与神明对话，即只有他一个人与神灵见面，把神灵告知他的信息转告给人世；第三种则是从各方面推算定数，包括算命、看相等等。但一般说来，大多数预测往往是只能知既定的事情，即所谓的"占所以知吉凶，不能变吉凶"，但有的观点也主张是可以趋吉避凶的，如祈禳等。

　　然而，有人就是不相信这一套，而且似乎并没有给国家和自己带来什么灾难，还因此而名垂青史。唐太宗时期的魏征就是这样的一个人。按照古代常理，上天的示警当然是要影响人间的政事的。据洪迈《容斋随笔》记载说，唐太宗贞观五年（631年），群臣以四夷俯首、天下太平为理由上表请太宗举行封禅礼。太宗下诏书不同意。第二年，有些人为了歌功颂德，讨好皇帝，就又请求太宗封禅。唐太宗对大家说："你们都认为封禅是皇帝的盛事，我可不这样看。如果天下的老百姓安居乐业，生活富裕，即使不封禅又有什么损害呢？秦始皇封禅泰岳，汉文帝却不去。后来的人难道会说文帝没有秦始皇贤明吗？况且敬天祭地的事，去登泰山峰巅、封它几尺山土才算对天地诚敬吗？"

　　太宗这番圣言，不要说是当时的大臣和一般的人，就是在今天看来，能不让人从心底折服吗！但不久他就改变主意赞成了封禅。下边又有人上书请求这事，他就同意了。魏征却认为这样不行，上书论封禅六害，与众人发生了争论，说这是崇尚虚名。这时，正遇上河南、河北发了大水，这件事就被搁下了。贞观十年（636年），太宗又让房玄龄制定封禅礼仪，将在贞观十六年（642年）二月到泰山封禅，只是因不巧又碰上彗星冲犯紫微星才算罢了。

　　即使是在科学昌明的今天，《易经》作为一种预测经典似乎仍然受到世人的青睐。只是他们不知道，在古人那里，高明的《易经》预测家与其说是用《易经》来预测未知的世事，不如说是借《易经》来分析当世的政事和人事。如果明白了这一点，那些希望通过单纯地学习《易经》来变得无所不知的人也许会真正地聪明起来。

星　占

中国古代天文学非常发达，但可惜的是这不是出于纯粹科学的原因，而是由于古人十分重视星占术的缘故。这种阴差阳错，有时不能不令人感慨。

星占术是个十分庞大复杂的体系，各代都有不同，这里无法详细介绍。其实也没有详细了解的必要。如果能多多少少知道一些关于星占术的常识，对于非专业人员来说也就足够了。

必须看到的是，古代的占星家在某种程度上实际是政治预测家。他们占星的主旨是为宫廷政治服务，所以不但要精通占星学，而且还要具有十分敏锐的政治洞察力，善于分析和把握社会动向以及社会发展的动态，否则就会有不可预测的灾难。古代的占星活动并不是民间的，不是随便谁都可以乱说的。其实，占星活动与其说是一项占卜活动，倒不如说是一项政治活动。古人认为，占星是一项非常重大凶险的活动，没有高超的才学和出众的智慧是无法胜任的，如果随便猜测，不仅会给别人带来灾难，还会祸及自己；同样，接受占星结果的帝王也是必须有一定的德智的，否则就会变成故弄玄虚，自欺欺人，结果自然是自讨苦吃。

司马迁在《史记》中列了《天官书》一章，后来的史书绝大多数都仿效了。他在其中把天空分为五官。所谓五官实际上是指把天空划分为五大区域，分别称为中官、东官、西官、北官、南官。其实它的理论基础还是以《周易》的思想为根据的，即以四象的理论来划分，只是又多划出一个中间区，称为中官，从而形成了五官。五官各有其对应物，但在具体的对应物上又没有统一的说法。虽然各有各的理论，但归结起来，也无非是把传统的四象变成五象、四兽变成五兽，使之更加符合阴阳五行的说法而已。司马迁在《天官书》中似乎试图将这些纷乱的说法归于统一，他将四方的四官对应四兽，中官定为北极。这样一来，东方的天象对应春天，南方对应夏天，西方对应秋天，北方对应冬天。

接下来的另一个重要问题是分野。分野就是将上天的星座按照一定的规则划分给地下的某一个地区、州域和诸侯国，当天上的星象发生变化时，它相应的地区也就会产生感应。汉代郑玄在注释《周礼》时说："九州州中诸国之封域，于星亦有分焉。"其意是说，帝王在划分各个诸侯国的时候，也给它们分封了相应的星座。但划分星际的方法很多，如十二次分野的分法是按照岁星的运行规律，将天空划分为十二等分，以一年为单位，每一年岁星到达一个相应的天上的区间，十二年之后岁星又回到原来的位置。分野的基本方法是将这十二个天上的区间与诸侯国对应起来，哪一个区间对应哪一个地区（诸侯国）是由古代天文学的权威（占星的权威）决定的，并不是随便划分的。另外还有二十八宿分野、五星分野、干支分野，等等。

在中国的古典诗文中有一个经常用到的典故，这就是"丰城剑气"。据《晋书》记载，西晋时的太傅张华见天上的斗、牛二宿中间经常凝聚一股紫气，不知是什么缘故，他就请当时著名的占星家雷焕推占，雷焕私下对张华说："我已经观察很久了，斗、牛之间确实有一团奇怪的云气。"张华问："这是什么预兆？"雷焕说："这是宝剑的精气，反射到了天上。"张华说："你推断得出在什么地方吗？"雷焕说："我能看得出来。我小的时候，有一位相面的人说我六十岁时可以做大官，并且能得到宝剑。现在果然应验了。"张华又问："宝剑在哪里呢？"雷焕说："根据分野来推测，宝剑应是在丰城。"于是，张华便任命雷焕为丰城县令，私下去寻找宝剑。雷焕到任后，在一间牢狱的地基下挖了四丈多深，得到一个石函，将其打开后，见其中放着两把宝剑。雷焕将其中的一把剑送给了张华，自己留下了一把。

后来张华认出那是春秋战国时期所铸的干将和镆铘剑。张华就派人去责备雷焕说，你怎么敢欺骗我呢？把雌剑给我，自己留下了雄剑。雷焕说："朝廷将有动乱，您也将不久于人世了。况且神来之物也是留不住的，终将化去。二剑早晚会聚合的。"

张华死后，那把剑不知去向了。后来，雷焕的儿子雷华带着他父亲的那一把剑经过延平津时，宝剑突然从他的剑鞘中跃出，落入水中不见了踪影。雷华派人寻找，但见两条巨龙在延平津中翻腾，波浪惊人。

中国古代的科学实际上是十分发达的，只是往往综合把握世界，没有分门别类地探讨各门科学的特点。更重要的是，中国古代的科学往往和阴阳迷信混淆，使人难辨真伪。例如，中国古代的气象学是很发达的，但往往和风角占候混为一谈，一些善于风角占候的方士几乎都是很高明的天气预报员。

据《后汉书》记载，当时一年好几个月没有下雨，天气大旱，任文公却对有关官吏说："五月一日将要发大水，应该赶快准备，否则就要吃大亏了。"人们当然都不相信任文公的话，他见别人都不相信，便自己建造了一艘大船，别人见他这样，不仅更不相信，甚至还嘲笑他。到了五月一日，天气炎热，根本没有下雨的样子，官吏们便纷纷嘲笑任文公料事不准。到了中午，风云乍起，暴雨骤至，河水涌起十余丈，一时间屋塌房倾，淹死了许多人，任文公却因乘坐着准备好的大船幸免于难。

唐代的李淳风不仅是数学家，他的占卜技艺也十分精湛。据《太平广记》和《旧唐书》等书记载，他"每占候吉凶，合若符契，当时术者疑其别有役使，不因学习所致"。一次，李淳风与张率共同服侍唐太宗，张率也是当时占卜的高手。此时，突然有一阵暴风从南边吹来，李淳风说："南方距离这里五里的地方，一定有人在哭泣。"张率不同意他的看法，认为"一定有人在演奏音乐"。为了证明他们两人占卜谁更准确，唐太宗让人骑马去观看，果然有人在演奏鼓乐，但那是一群送葬的人，所以现场哀号之声不绝。

有一次，李淳风对唐太宗说："明天北斗七星将要变成人的形状，到了时候你可请他们来做客。"唐太宗听信了李淳风的话，第二天派使者在指定的地方等候。不一会儿，从远方走来了七位僧人，他们从金光门进入西市的酒家，让人取来一石酒，在那里聚饮；饮完之后，又添了一些。这时，唐太宗的使者走上前来说："皇帝请你们入宫。"这些僧人相顾而笑，说："一定是李淳风这个小儿走漏了风声。"回头对使者说："我们饮完了这些酒便进宫，你不必着急。"喝完酒之后，使者在前面先走，过一会儿回头一看发觉身后无人，僧人都不见了，只见座下放着两千两银子。

古代专事天文历算的术士们通过观测天文星象的变化，来预测人世间的各种变化，尤其是政治上的变化，有时确也能言中。但是宋朝的星官术士们的技术却令人怀疑，他们往往不懂什么是占星术，而只知讨好皇帝和执政大臣，所以为了赢得皇帝的欢心，不惜谎话连篇，让人听起来忍俊不禁。

《四朝史·天文志》一书，上面记载了宋哲宗即位后八年之间的星象观测：

元祐八年（1093 年）十月戊申，有一流星从东壁西座出现，漫漫流动到羽林军星座的位置而消失。表示现在主上提拔任用文士，贤良的大臣在位。

绍圣元年（1094 年）二月丙午，有一流星从壁东座出现，慢慢流动至浊星的位置而消失。表示现在天下的文人才子均能登科录用，贤良大臣在位。

元符元年（1098 年）六月的一天，有一流星出现，慢慢流动到壁东星座的位置而消失，表示现在有文人受到重用，有贤明之士来到我国，贤良大臣受到重用。

元符二年（1099 年）二月癸卯，有一流星从灵台座出现，向北行至轩辕座东而消失。表示现在有贤良大臣在位，天子将有子孙之喜。

这些记述实在是胡诌八扯。其实，元祐八年（1093 年），高太后不幸归天，国家随之发生了巨变。原来真正的贤良大臣都被罢免流放远地，朝廷却起用了蔡京、蔡卞等奸臣辅政。

其实，古人早就不相信这一套了。据《晏子春秋》记载，有一次，齐国的上空出现了彗星，齐景公感到非常害怕，不知如何是好，便请人去祈禳。晏子去劝景公说："这么做没有什么好处，只是自我欺骗罢了。上天有道，不可随便去讨好它，不能对上天的意旨怀有二心，既然如此又何必去禳星呢！况且天上有彗星出现，是暗示国君应清除污秽，如果没有了污浊的德行，又何必祈祷呢？如果德行有污秽，祭告鬼神能有什么作用？《诗经》上说：'这位周文王啊，慎言行事，小心翼翼侍奉上帝，心地光明，得来大福大吉，他不违背道德规范，掌握了天命。'大王没有违背德义的行为，各国诸侯就会前来朝拜，还怕什么彗星呢？《诗经》上的话难道不值得借鉴吗？从夏到商，哪个不是因为淫乱失德的缘故使百姓最后流浪逃亡。要是真的违背德义，发生祸乱，百姓就将流亡他乡，即使祝史祭祀，也是无济于事的呀！"

齐景公听了很高兴，就立即停止了禳星的活动。

神　祇

中华民族在漫长的发展过程中，形成了很多神祇，其各自的来源和发展变化的历程都十分复杂，尤其是道教对中国神祇的形成和发展影响非常之大，甚至可以说，中国的神祇有百分之九十以上都纳入了道教神仙的谱系，就是舶来的佛教中的神佛，道教也毫不客气地给予了改造，使之符合中华本土的习惯。我们在这里仅仅是对一些最为民间所熟知的神祇做简单的介绍。

太上老君

即老子，历史上实有其人。《史记·老子韩非列传》："老子者，楚苦县历乡曲仁里人也，姓李氏，名耳，字聃，周守藏室之史也。"但在汉代看来，他的身世就不大清楚了，因为司马迁当时对老子的身份、事迹并没有作详细的记载。他曾当过周朝的守藏室史，即国家图书馆馆长，学识过人。后见周朝衰败，即辞职不干，打算去当隐士。他西出函谷关时，守关的"门官儿"尹喜也是个道家，久闻老子的大名，就邀为上宾，请他写部书，于是老子就写五千言而去，从此无影无踪。

据说孔子曾经向老子问过礼，以此推论，老子年纪比孔子大。孔子对他十分尊重，曾向弟子们慨叹说："我今天见了老子，他大概是一条神通广大的龙吧！"

据说老子活了一百六十岁，也有人说他活了二百岁。

事实上，老子是个"神龙见首不见尾"的传奇人物，他是道家学说的创始人。据说，道教的祖师是汉代创立五斗米道的张陵，自称曾经得到了老子的口授。后来，张陵的名字中间被加上了一个"道"字，大概是尊重的意思。东汉时，一些方士以道家的黄老学说为基础，吸收民间流行的传统的鬼神观念和迷信方术，创立了道教。老子就被这些人奉为祖师，以《老子》五千文为经典。道教是中国土生土长的宗教，有深厚的社会历史和文化基础，因此很快发展起来，不仅在民间流传，至东汉末年还得到皇帝的提倡，影响日渐扩大。道教夸大了《史记》中的关于老子的神奇传说，认为老子不是凡人，而是"道成仙化，蝉蜕度世，……世为圣者作师"（见《老子铭》）的神仙。到了晋代，大炼丹家葛洪称老子为老君，北魏时有了太上老君的称谓，这大概就是老君名称最初的由来。

据葛洪说，当时人们"或云老子先天地生，……或云母怀之七十二年乃生，生时剖母左腋而出。生而白首，故谓之老子"。不过葛洪自己也认为，这些说法"未足为据也"。但随着道教的发展，人们对老子的神化就更加升温，认为老子与元始天尊一样，乃是生成宇宙之本源。梁陶弘景所撰《真灵位业图》，以元始天尊为众神之首，称太上老君为太清道主。至唐初，老子的地位就更是高妙了，因为唐高祖李渊觉得老子与自己同姓，遂崇奉太上老君，历代唐皇累加尊号，甚至用行政命令的方式要求全国各地为老子立庙，老子地位之尊崇，至此极盛。

玉皇大帝

玉皇大帝是中国民间信仰中的最高神。人们常说："天上有玉帝，地下有皇帝。"它实际上是人们按照现实世界中的皇帝模式创造出来的天上的最高首领，是封建皇权在鬼神世界的象征。

然而，人们心目中的玉皇大帝，并非道观中玉皇殿里的像，而是《西游记》中万神之王的玉皇。他像人间的皇帝一样，有着最大的权力，有管辖一切天神、地主、人鬼的权威。按照《西游记》的描写，他住在天宫的灵霄宝殿，手下有许多文武仙卿，武神有托塔天王、巨灵神、四大天王、二十八宿、四值功曹、千里眼、顺风耳等，文神有太白金星、文曲星等。他还管辖着四海龙王、雷部诸神以及地藏菩萨、十殿阎罗。如此看来，这已经不是什么天堂，其实就是人间。不过，所有这些关于玉皇大帝的形象，基本上都是唐以后出现并定型的。

玉皇大帝的形象在唐朝以前就已经出现了，但在此以前主要表现为对大自然和神秘世界的恐惧和崇拜。中国自殷周以来，就已经有了最高之神上帝的观念，随着社会的发展，人们的神鬼观念也有了进一步的变化。随着社会分工越来越细，社会组织、社会压迫的加强，神鬼世界也逐渐等级森严，上帝也趋向社会化。

道教对中国神鬼世界的创造的影响是很大的。在道教产生前，天帝的形象比较抽象，没有具体的标准和固定的造型，是为了适应道教的需要，人们才进一步将其正统化和神化。于是出现了道教徒编写的各种典籍。

《玉皇经》这样描写道：在遥远的年代，有个光严妙乐国，统治者净德国王，妻子叫宝月光王后。净德国王没有儿子，十分忧虑，于是召集诸人向天神祈祷。一夜，宝月光王后梦到太上道君驾五色龙舆而至，抱一婴儿，身上毛孔放着红光，照亮了宫殿。王后见之大喜，乞求送给自己当儿子，以为社稷之主，梦醒而有孕。此人便是后来的玉皇大帝。不难看出，这是道教为了提高自己的地位而编造的故事。但在当时确实已经有了天帝的概念，唐代文人骚客又常称天帝为玉皇、玉帝，例如，李白、杜甫、韩愈、柳宗元等人的诗中吟咏玉皇，描绘其壮丽天宫、随侍群神的诗句就很多。

一般说来，神话中的人物在民间信仰中更容易人格化和社会化。唐朝以后，玉皇大帝变为具有人类情感的生动的形象。从现有的资料中可以看到，当时人们不但认为上帝也具有人的性情和人的弱点，而且其地位也不是一成不变的，也可由人来取代。民间信仰中的天帝和道教诸神中的玉皇合而为一，就逐渐形成了今天的玉皇大帝的形象。

玉皇大帝的形象塑造在宋代经历了一个十分特别的过程。赵匡胤夺取后周政权后，因为是欺负人家孤儿寡母，并不很光彩，所以想为自己涂脂抹粉，鼓吹君权神授，把自己说成是玉皇大帝的儿子，为自己夺取政权制造舆论，玉皇大帝的形象就得到了进一步的丰富和发展。到了宋真宗的时候，为了掩饰与北方少数民族征战失败的耻辱，在王钦若等人的唆使下，宋真宗装神弄鬼，伪造符命，把民间信仰的玉皇正式钦定为国家的奉礼对象。到了宋徽宗，则干脆把玉皇与昊天合为一体，上尊号为昊天玉皇上帝。到了北宋末期，国家、道教、民间三方面的信仰正式合流，玉皇大帝也就正式诞生了。

但近古以来人们对玉帝的认识并不是来源于关于玉皇大帝的经典和国家颁发的什么文件，而是主要受小说中描绘的有关玉皇大帝的形象的影响，这些小说主要是《西游记》《南游记》以及《北游记》等。在这些小说中，玉帝的形象一般是头戴十二行珠冠冕旒，身穿九章法袍，有的还手持玉笏。

由于玉帝是道教的尊神，所以在全国各地许多道观中都有玉皇大帝的塑像，还有专门为他修建的庙观，如玉皇庙、玉皇观、玉皇阁等等。不仅道教教徒对玉皇大帝祭祀，普通百姓也有对他进行祭祀的习惯。

寿　星

寿星古有二义，一指天空的某一区域，其范围相当于二十八宿中角、亢二宿；一指属于西宫的南极老人星，因其位于列宿之首，故名寿。秦汉时期的寿星实际上是指南极老人星，在民间传说中主要掌国家、个人寿命长短。

寿星自古以来就是受人欢迎的神，并能流传至今而不衰。但今天的寿星实际上已经很少有神的色彩，神的味道十分淡薄，人味极浓，他常常被人们挂在墙上、立在案头，其模样既十分可爱，又逗人发笑。他身量不高，弯背弓腰，一手拄着龙头拐，一手托仙桃，慈眉善目，笑逐颜开，白须飘逸过腰，脑袋极大，脑门特别突出，十分醒目。在人们的心目中，他不是什么神，而是一位慈祥和善的长者，是长寿和吉祥的象征。

寿星又叫南极老人、南极仙翁。南极仙翁的故事在民间广为流传，如明代的《白蛇传》弹词，以及后来流传更广的《盗灵芝》（根据《白蛇传》改编）中就有南极仙翁的形象，并且是正义、慈祥、和善的化身。在其他许多戏曲故事中也都有南极仙翁出现。

文曲星、武曲星

对于非常有才华的文人和非常勇武的武将，中国民间在称赞他们时历来有文曲星下凡、武曲星转世之说，如在著名的小说《儒林外史》中，范进的丈人就说中举的士人"都是天上的文曲星"等等。这是民间传说中两个主管人世间功名的星神。

文曲星就是指文昌星，武曲星不是指一定的星座，而是相对于文曲星推衍出来的。这两个神没有固定的祭祀仪式和特别的供奉场所，主要在民间传说和小说戏曲中存在。

北　斗

北斗在民间传说中经历了一个十分复杂的发展过程，后来逐渐变成主管人间祸福的神，主要领人间命籍，掌诸人间生辰，传说只要尊奉本命辰之星，就可获得神佑。

人们很早就发现了北斗七星在季节变化上和方向标志上的重要意义，对它的尊崇很可能起源于初民对自然的恐惧和崇拜。北斗在其人格化的过程中，也先后有几种传说，如东汉时把它当作黄帝，元明时期道士为了提高自己的地位，编造出紫光夫人一胎生九子，七幼子则为北斗七星的说法。

城　隍

这是一尊在中国民间被广泛信仰的神，全国各地几乎到处都有城隍庙。他是著名的土地神。

其实，城隍最初是水神。由于古代的战争要靠高墙和深池来防御，"隍"的意思就是水池、水渠，城隍便成了守护水渠、防卫城池的神了。

唐代对城隍进行了封爵，五代时又陆续加封为王，但当时还仅仅限于少数地区，中唐以后，对城隍的尊崇已经十分普遍了，至宋代则几乎天下府州县城皆立庙供奉，再往后它就成为国家的守护大神了。由于城隍神信仰在民间影响扩大，像对其他诸神一样，道教也把他纳入了自己的神谱体系之中，以为它能黜恶除凶、护国安邦，能旱时降雨、涝时放晴，并能保护一方。

明太祖朱元璋极力利用民间信仰巩固自己的统治，对城隍神大加提倡。从明代以后，崇拜城隍蔚然成风，在民间主要是在城隍庙里进行祈雨免涝以及各种免灾求福的活动，有的地方也搞大规模的游神活动，有着浓厚的封建迷信色彩。

土　地

　　土地，即民间所说的土地神，是一个在民间被广泛信仰的神，其影响不亚于城隍。甚至可以说，凡有人烟处，都敬土地神。

　　土地神的产生主要起源于原始宗教对土地的崇拜，与社神有着十分密切的关系，在汉代以后，社神逐渐消失了，土地神便取而代之，但那些对社神进行祭祀的仪式却保留下来。"社之所祭，乃邦国乡原之土神也"。后来，自然崇拜的性质已消失，就像任何其他神一样，他转化为具备多种社会职能的人格化的地区守护神。

　　在汉代，由于当时特定的以宗族乡里为信仰祭祀团体的习惯，人们对土地的信仰也是一种聚合本地区、本宗族力量的特殊的组织形式。土地信仰的盛行是在宋代，当时无论城乡、住宅、园林、寺庙、山岳都有自己的土地神，并且已经有了十分明确的地域划分标准。

　　另外应该提到的是，土地神有"地方特色"，各地方都有自己不同的信仰习惯，尤其在少数民族中，这种不同就更加明显了。与对城隍的信仰一样，由于这一信仰非常广泛，所以也在民间形成了比较浓厚的迷信色彩。

太　岁

　　太岁的来源已经说不太清楚了，有人说它是十二辰之神，有人说它就是月神，有人认为它就是岁星（即木星），或者说它是四时寒暑之星。但总的来说，他是一位凶神，俗语有云："谁敢在太岁头上动土？"

　　其实，太岁这种凶神的观念的产生，很有可能与阴阳五行学说有关系。人们认为太岁每年所行经的方位与动土兴造、迁徙、嫁娶的禁忌有关。这种迷信在民间流行，尤其是说如果在太岁所行的方位动土，就会挖到太岁的化身，从而遭到不可避免的惩罚。

张天师

张天师，即东汉五斗米道的创始人张陵，道教徒称之为张道陵。

东汉出现的早期道教起初分为两支，一支是曾被后来的张角兄弟利用来组织黄巾起义的太平道，起义失败后，太平道也瓦解了；一支为丰县人张陵在蜀郡所创的五斗米道，以后历世相传，成为道教的正宗，张陵也就被推崇为道教的祖师，得到神化。到了魏晋南北朝时期，张陵已经被尊为天师了，并且越来越玄，说他是白日升天的仙人。金元以来，道教得到了更大的发展，北方出现全真道，张陵的地位也就越发高了。天师之号，乃道教自封。

龙　王

龙王本应归于动物神，但在演变过程中，它逐渐地与动物脱离开来，成为主宰人间的神，其数量也越来越多，几乎占据了江、河、湖、海之神的地盘。

它的演变过程很清晰，《云麓漫钞》曰："古祭水神曰河伯。自释氏书入，中土有龙王之说，而河伯无闻矣。"意思是说在佛教传入中国以前，水神是只有河伯而没有龙王的，但在佛教传入中国以后，就只有龙王而没有河伯了。看来，龙王是受佛教影响而产生的一种神。龙本是中国古人自己幻想出来的动物神，后来逐渐成为民族的象征性的崇拜物，因而它在古代神话传说中有相当的地位，后来成为象征祥瑞的"四灵"（麟、凤、龟、龙）之一，每当有龙出现，就是最大的吉兆或是真命天子出现的象征。

在中国古代传说中，龙具有降雨的神性，如《山海经》中的应龙和烛龙。到了后来，龙能化身为天子，又成为古代帝王的象征。中国古代传说中的龙神虽有种种神性，却并无守土之责。唐宋以后，道教吸取龙王信仰，称有诸天龙王、四海龙王、五方龙王，把龙王分到了各个海域和河流湖泊，并赋予了它主宰降雨的神力，于是中国到处都有龙王庙，其数量和影响力与城隍庙、土地庙不相上下，而其在民间似乎主要是在旱灾时祈雨所用。

阎　王

也称阎罗王、魔王，是佛教之地狱王，经过了中国民间和道教的改造以后，它变成了中国民间最知名的阴司之王、地狱的主宰。

阎罗乃古梵语的音译，其原来的意思为古印度神话中之阴间主宰。后来根据佛教的地狱轮回说，人们把他封为地狱王。他不仅主宰地狱世界，而且与人世的吉凶祸福也多有关系，尤其能主宰人寿数的长短，因此，人们对他始终怀有敬畏和恐惧的态度。

关圣帝君

简称关帝，俗称关公，在中国历史上实有其人。由于小说《三国演义》的影响，中国人几乎没有不知道关羽的。关羽死后被封为王，后来被奉为帝，到了清朝，则晋升到了圣的最高点。他之所以被层层加封，主要的原因就在于历代统治者要提倡其忠，而普通的百姓则仰慕其义。

自魏迄唐，他在民间影响不是很大；自宋以后，他平步青云。北宋末年，始封为公；元乃封王；明初复为侯；至明中叶及清代，则为关圣帝君。民间对他可谓既十分普遍地崇拜又真诚地尊重，甚至使他成为人神之首，与文圣孔子齐肩而为武圣。更有意思的是，民间各行各业莫不对其顶礼膜拜，并争相把他聘请为自己的行业神。

门　神

这也是一个为民间广泛信仰的神。著名的歌剧《白毛女》中有这样一段唱词："门神门神骑红马，贴在门上守住家。门神门神扛大刀，大鬼小鬼进不来。"每逢过年的时候，许多家庭都会在大门上贴一张画，画上的人物一手持剑，一手抓妖怪，形象十分猛恶。据说贴上此种图像则家中可以不受鬼的搅扰，这就是所谓的门神。

据唐朝《逸史》所载，说是唐明皇由于身体不适，白天梦见了一个戴着破帽、穿着蓝袍，相貌凶恶的大鬼在宫中捉小鬼吃。他自称是终南地方的书生钟馗，因科举落第，所以触阶而死。后来便来到了宫中，专门守卫皇帝，捉小鬼吃。唐明皇醒来以后，就下诏让当时著名的画家吴道子将钟馗的像画出，以便纪念他的功劳，这就是钟馗捉鬼的来由。民间为了趋吉避凶，就把他的像挂在门上，不让邪祟进入家门。

灶　神

也称灶君，至今是在民间被广泛信仰的神。《淮南子》《礼记》《说文解字》等古书以古代神话中的炎帝、祝融等为灶神，可见灶神的起源是很早的。近代也有称之为南方火帝君的。

灶神的起源之所以很早，可能因为它和土地、井、门户、道路等一样，与人们的饮食起居密切相关，所以早就成为自然崇拜的一项内容。唐以来民间又称之为炊王，是中国民间信仰最普遍的神，上自天子，下至庶民，家家户户都供奉。但是这种信仰的源流也是比较复杂的。从有关的资料来看，从汉代起，无论是在宫廷还是在民间，灶神信仰是相当流行的。

据说，灶神是主管和记录厨事的神，因为每家都一定要有一个做饭用的锅灶，所以每家也就必然住着一个灶神。在中国的许多地方都有这样的传说，据说灶神会在阴历的十二月二十四日去天上向玉皇大帝汇报每一家一年来的所作所为，不论善恶，他都要据实汇报。但中国人相信神也是像人一样有私心杂念的，是可以通过贿赂和讨好来改变他的做法的，于是，人们为了让灶神为自己向玉皇大帝说好话，便在每年他要赴天宫的时候祭祀他。

财　神

财神的传说有很多种，最著名的要数赵公明了。关于他的传说起源也很早。魏晋南北朝时期干宝的《搜神记》中就有相关的记载，说上帝差三将军到人间杀人，赵公明即其中之一。

在魏晋至南北朝时，赵公明在道教中并不是什么财神，实际上是冥神、瘟神一类，所以隋唐以后，又把他当作五瘟神之一。但到了明小说《封神演义》中，赵公明则变成一尊财神爷了。近代奉他为财神，应该是始于此时。

八　仙

与其他神灵不同的是，八仙是一群十分受人们欢迎的群体。现在人们熟知的道教八仙是指铁拐李、汉钟离、张果老、何仙姑、蓝采和、吕洞宾、韩湘子、曹国舅。他们的故事传说经历了一个很复杂的历史过程，到了元代的戏曲中才汇拢到一起，人选也不是一下就定好的，元代马致远的《吕洞宾三醉岳阳楼》中就没有何仙姑，明代小说《三宝太监西洋记通俗演义》中的八仙没有张果老、何仙姑。直到明代的《八仙出处东游记》才确定了八仙的名次。

后　记

历史是什么？历史不是唐宗宋祖、秦皇汉武，也不是强权暴力、阴谋诡计，历史是一种文化，是一种大智慧，谁掌握了这种文化和大智慧，谁就掌握了历史！

据说，中国人天生都是政治家，传统政治的运作方式又是"人治"，所以传统文化的精髓也就成了"治人"。于是，人人也都似乎成了谋略家，所谓"世事洞明皆学问，人情练达即文章"之类的话就说透了这个意思。许多中国人把自己的一生都花在谋划、算计别人上，并将其上升为一种根深蒂固的处世态度甚至是人生之"道"，何其谬也！

实际上，智谋的根源是文化，智慧原是文化的一种表现方式。如果智谋仅仅是一种方法、一种技术，那么，帝王之学人人可讲，只要照本宣科，岂不是人人都可以君临天下？

权谋，绝不仅仅是一种技术，中国的智慧在本质上是一种至为深刻的文化，只有人的身心内外都渗透了这种文化，才能自然而然地达到内谋谋圣、外谋谋智的境界，才能成为真正的圣、智兼备的谋略家。

人，不是权谋的动物，却是文化的动物。没有文化素质的人，玩弄权术只会玩火自焚；而只要达到了"内圣"的境界，不用刻意玩弄权谋，也会做出利人利己的"外王"的业绩来。

因此，中国的智慧是学不来的，要用生命来体味！只有熔铸了自己整个的情感与生命，才能得到中国智慧活的灵魂，才能用中国智慧建立起自己高大的人格和杰出的功业！

被历史抛弃的往往是那些没有文化理想的"神算子""智多星""奸雄""枭雄"，而传统文化的精华却是长江之水，奔流不息，不断地淘汰着历史的沉渣。这正应该是我们面对历史长江时的澄明心境，也应该是我们读史的大智慧。

本书曾以《读史有智慧》《读懂中国历史》等名称出版。此次修订除修改了前言、后记外，对部分文字和内容也做了修改。另外需要说明的是，本书大部分内容由本人完成，"佛家智慧"主要由张法完成，"阴阳家智慧"主要由宋伟完成，宋伟还提供了其他一些资料。自《智典》等出版时本人就多次坚持注明上述情况，但因种种原因未果，故借此机会说明。此次还征求了他们以及出版方的意见，在此处注明作者。另外，署名和本人姓名相同的一些著作有的不是本人编纂，有的未经本人同意，有的有很多窜入和讹改的文字，那都是本人无能为力的事，但也还是要为此向读者深表歉意。

冷成金

2019 年 9 月